현장중심

유아교육개론

현장중심

유아교육개론

INTRODUCTION TO EARLY CHILDHOOD EDUCATION

김정희·송 영·임미자·김주영
박주현·조은정·박채린 공저

동문사

머리말

우리 사회의 변화와 가족구조의 전환은 유아교육에 대한 사회적 관심을 높였으며, 유아교육을 한 가정의 문제가 아닌 공공의 관심사로 확대하는 계기가 되었습니다. 특히 국가적 차원에서부터 개인적 차원에 이르기까지 모두가 유아교육에 주목하는 이유는 유아기는 모든 발달의 기초가 되는 시기로서, 질 높은 유아교육은 유아가 전인으로서 행복한 삶을 영위하며 잠재 능력을 발휘하도록 돕고 민주 시민으로 기능하여 국가의 인적 자원이 되게 하기 때문입니다. 또한 유아교육은 유아를 대상으로 하는 특수성을 가짐과 동시에 종합적이고, 실천적이며, 응용적인 특성을 가지고 있기에 저자들은 이와 관련된 지식을 종합적이면서 구체적으로 풀어낼 필요가 있다고 생각했습니다. 본 저서인 「현장중심 유아교육개론」은 개론이라는 단어가 의미하듯이 유아교육에 대한 입문서가 됩니다. 유아교육전공과 관련된 학과에 입문하는 학생과 유아교육에 관심이 있는 사람이 이에 대한 전반적인 이론을 배우는 길잡이로서 본 저서가 활용되기를 희망합니다. 저자들은 유아교사를 희망하는 예비유아교사들을 위해 전공 입문과 이론적 기초를 쌓는 것을 돕는 이론서로 활용되기를 기대하는 마음으로 현장전문가로서의 역량을 충분히 발휘하여 현장중심적인 내용을 중점으로 집필하였습니다.

본 책은 유아교육 전반에 대한 이해와 유아교육이 나아가야 하는 방향을 제시하였으며 총 13장으로 구성되어 있습니다. 1장 유아교육의 개념 및 중요성에서는 유아교육의 보편적인 개념과 사회 변화에 따른 중요성에 대해 살펴보며 우리나라 유아교육기관을 소개했습니다. 2장 유아교육 사상에서는 서양과 한국의 유아교육사상을 정리하였습니다. 3장 유아교육과정에서는 유아교육과정의 개념을 파악하고 우리나라의 유아교육과정 변천을 살펴보며 국가수준 유아교육과정을 기술하였습니다. 4장 유아발달에서는 발달의 개념과 발달 이론을 정리하고 유아기 발달적 특징을 다루었습니다. 5장 유아놀이에서는 유아놀이의 특성과 중요성을 살펴보고 놀이 이론과 유형을 파악하였으며 연령별 놀이발달과 자유놀이 시간을 살펴보고 놀이 지원을 위한 교사의 역할을 제시하였습니다. 6장 유아교사에서는 유아교사의 역할과 역량을 살펴보고 교직윤리와 양성과정을 소개하였습니다. 7장 유아교육과 부모에서는 부모와 자녀와의 관계를 파악하고 부모역할과 양육태도를 소개하였으며 부모참여와 부모교육을 제시하였습니다. 8장 영유아교육환경에서는 영유아교육 환경의 개념과 중요성을 파악하고 실내·외 환경 구성을 소개하였습니다. 9장 영유아교육의 사회적 요구에서는 현대사회의 특징과 사회적 변화와 유아교육의 새로운 방향을 살펴보고 영유아교육과 지역사회 연계에 대한 실제를 담았습니다. 10장 유아교육 프로그램에서는 다양한 유아교육 프로그램을 기술하였습니다. 11장 유아교육 평가에서는 교육과정, 영유아, 교사, 영유아교육기관에 대한 평가를 제시하였습니다. 12장 유아교육기관 운영관리에서는 유아교육기관 운영관리 이해와 영역별 주요 내용을 파악했습니다. 13장 유아교육과 초등교육의 연계에서는 유·초 연계의 개념 및 필요성을 기술하고 외국과 한국의 유·초 연계를 소개하였습니다.

이 책은 유아교육에 대한 전반적인 것들을 짧은 기간에 바르게 익히기 위한 개론서로 출간되었습니다. 그러므로 본 저자들은 「현장중심 유아교육개론」이 유아교육에 대한 이해를 도울 수 있는 유용한 자료로 활용되기를 바라며 몇 가지에 집중하여 집필하였습니다. 첫째, 유아교육의 내용을 포괄적으로 다루기 위해 기본적이며 필수적인 내용을 간결히 정리하였습니다. 둘째, 유아교육에 대한 전반적 내용을 이해하기 쉽도록 어려운 표현보다 쉬운 표현을 사용하였습니다. 셋째, 유아교육의 핵심적인 내용을 수록하면서도 시각적으로 편안한 책이 되어 가독성을 높이도록 노력하였습니다. 넷째, 유아교육 관련 이슈,

정책의 변화, 프로그램의 다양화, 유아교육과 초등교육의 연계 등을 통해 현장을 충분히 담아낼 수 있도록 하였습니다. 다섯째, 각 장의 마무리에는 「생각해 봅시다」를 제시하여 학습한 내용을 떠올려 보며 복습하고 서로의 의견을 공유하여 정리할 수 있도록 구성하였습니다.

저자들은 유아교육 현장의 상황을 기반으로 하여 쓰인 「현장중심 유아교육개론」을 통해 유아교육의 이론을 전반적으로 이해하고 실질적인 교육의 실천 방향을 제시하고자 하였습니다. 그러므로 예비유아교사뿐 아니라 현장에서 유아를 교육하는 교사와 더 나아가 유아교육에 대해 접해 보고자 하는 학부모에게도 길잡이가 될 수 있기를 희망합니다. 이 책을 통해 예비교사들과 현직 교사, 학부모가 학문적으로 성장함과 동시에 현장에 대한 전반적인 이해를 도울 수 있기를 바랍니다. 본 책을 탈고하는 과정에서 발견되는 여러 미흡한 부분은 지속적으로 보완하며 채워나가도록 노력하겠습니다. 아낌없는 조언과 질책을 부탁드립니다. 마지막으로 책이 나오기까지 어려움이 있었으나 바쁜 가운데 맡은 부분을 잘 감당해 주신 저자들에게 고마움을 전하며, 이 책을 출판하기까지 물심양면으로 도와주시고 편집을 위해 애써주신 동문사 대표님과 직원분들께도 진심으로 감사드립니다.

2025. 2.
저자 일동

차례

머리말 _ 5

Chapter 01
유아교육의 개념 및 중요성 13
1. 유아교육의 개념 15
2. 유아교육의 중요성 20
3. 우리나라 유아교육기관 24

Chapter 02
유아교육사상 31
1. 서양의 유아교육사상 33
2. 한국의 유아교육사상 58

Chapter 03
유아교육과정 63
1. 유아교육과정의 개념 65
2. 우리나라의 유아교육과정 변천 70
3. 국가수준 유아교육과정의 이해 74

Chapter 04
유아발달 85
1. 발달의 개념 87
2. 발달 이론 91
3. 유아기 발달적 특징 101

Chapter 05

유아놀이 109

1. 유아놀이의 특성 및 중요성 111
2. 놀이 이론 112
3. 놀이의 유형 115
4. 연령별 놀이 발달 119
5. 유아교육기관의 자유놀이 시간 123
6. 놀이지원을 위한 교사의 역할 129

Chapter 06

유아교사 137

1. 유아교사의 이해 139
2. 유아교사의 역할과 역량 140
3. 유아교사의 교직윤리 149
4. 유아교사의 전문성과 양성과정 157

Chapter 07

유아교육과 부모 163

1. 부모와 자녀와의 관계 165
2. 부모역할과 양육태도 168
3. 부모참여와 부모교육 174

Chapter 08

영유아교육 환경 197

1. 영유아교육 환경의 개념과 중요성 199
2. 실내 환경 구성 207
3. 실외 환경 구성 216

Chapter 09

영유아교육의 사회적 요구 223

1. 현대사회의 특징 225

2. 사회 변화와 유아교육의 새로운 방향 230
3. 영유아교육과 지역사회 연계 237

Chapter 10
유아교육 프로그램 247
1. 프로젝트 접근법(Project Approach) 249
2. 발도르프 교육 251
3. 몬테소리 프로그램 254
4. 레지오 에밀리아 접근법 259
5. 숲 프로그램(Forest School) 265
6. 생태친화보육(Ecological Care) 268

Chapter 11
유아교육 평가 275
1. 교육과정 평가(놀이 관찰 및 평가) 277
2. 영유아평가 282
3. 교사평가 287
4. 영유아교육기관에 대한 평가 297

Chapter 12
유아교육기관 운영관리 309
1. 유아교육기관 운영관리 이해 311
2. 유아교육기관 운영관리의 영역별 주요내용 319

Chapter 13
유아교육과 초등교육의 연계 333
1. 유·초 연계의 개념 및 필요성 335
2. 외국과 한국의 유·초 연계 340

Chapter

01

유아교육의 개념 및 중요성

유아교육은 우리 사회의 교육의 출발점에 위치해 있으며, 유아의 개별적 특성이 고려된 전인발달을 위해 제공되는 교육이다. 국가적, 사회적 변화에 따라 유아교육을 바라보는 시각도 지속적으로 변화되어 오고 있다. 이와 관련하여 본 장에서는 교육과 유아교육에 대한 정의를 내려보고, 유아교육의 특징을 제안한다. 더불어 유아교육의 중요성을 발달심리학적 관점, 아동관, 사회변화에 따라 다양한 측면에서 살펴본다. 그리고 유치원과 어린이집으로 대표되는 우리나라 유아교육기관의 특징을 제시하고자 한다.

학습목표

1. 교육과 유아교육에 대한 정의와 유아교육의 특징을 설명할 수 있다.
2. 유아교육의 중요성을 발달심리학적 관점, 아동관의 변화에 따른 관점, 사회변화에 따른 관점에서 제시할 수 있다.
3. 우리나라 유아교육기관의 설립유형과 기관의 특징, 관련된 법적인 내용 등에 대해 설명할 수 있다.

1. 유아교육의 개념

유아교육의 개념을 정리하기에 앞서 먼저 교육의 개념을 살펴본 후, 몇 가지 차원에서 유아교육 개념을 정립하고자 한다. 유아교육 개념은 고정불변하지 않고 시대의 특징이나 요구를 반영하게 되는데, 전통적 개념과 현대적 개념을 대조해 본다. 그리고 유아교육이 상급학교의 교육과 다른 특수성을 제안하고 보편적으로 적용할 수 있는 유아교육의 원리를 정리해 본다.

1) 교육의 개념

교육이라는 용어는 '가르칠 교(敎)'와 '기를 육(育)'으로 구성되어 있는데, 특정 대상에게 목적하는 바를 위해 가르치고, 가르친 것을 잘 이해하여 행위로 나타날 수 있도록 꾸준히 기르는 것을 의미하며, '인간 행동의 계획적인 변화'라고 정의할 수 있다(김정희 외, 2023). 가르친다는 것과 기른다는 것의 의미는 일시적인 행위가 아니라 목적한 바를 이룰 때까지 가르치는 자와 배우는 자의 수많은 노력이 내포되어 있음을 알 수 있다. 이에 대해 이연섭 등(2002)은 교육의 긍정성을 추가하여 '인간 행동의 계획적이며 긍정적인 변화'로 정의하였는데, [그림 1-1]과 같이 인간행동, 방향성, 변화성, 계획성 등 4가지 요인을 포함할 수 있다.

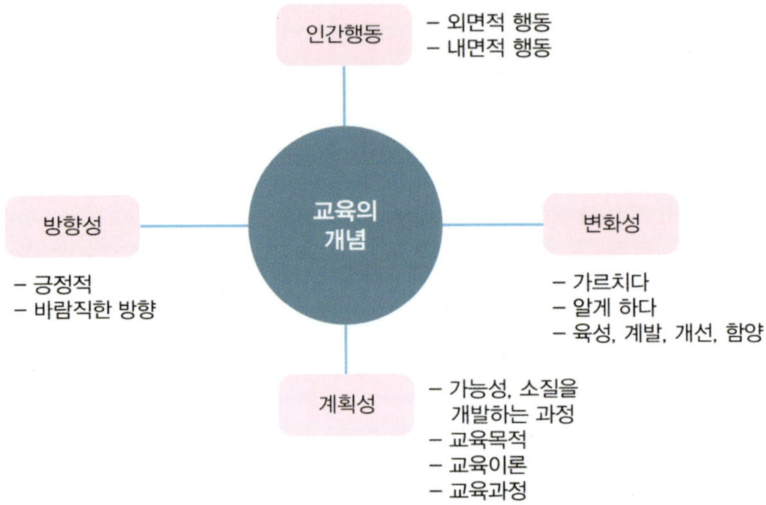

[그림 1-1] 교육의 개념

출처: 권미량, 조채영, 좌승화, 최진원(2022). 유아교육개론. p. 13.

2) 유아교육의 개념

교육의 개념을 근거로 유아교육의 개념을 살펴보면, 일반적으로 출생에서부터 취학 전 연령을 대상으로 유치원과 어린이집 등의 유아교육기관에서 이들의 창의력 계발 및 인성 함양을 포함한 전인적 교육을 일련의 과정을 통해 수행하는 것이다. 인간이 평생 필요로 하는 지식은 교육적, 윤리적, 사회적, 정치적, 문화적, 예술적인 총체적 현상을 학습하고, 경험하고, 분별하고, 관찰하며 숙고의 과정과 절차를 통해 획득해 나간다. 교육이 인간의 잠재된 가능성을 배움을 통하여 끌어내는 행위라고 본다면, 지식은 전 생애 가운데 다양한 과정을 통해 인간이 필요로 하는 것을 얻게 되는 물질적, 정신적 세계의 총체이다(이정규, 2008). 따라서 유아교육은 지식과 지혜를 얻는 하나의 방편인 가르치고 배우는 것을 비롯해 총체적인 경험과 활동을 포함한 넓은 교육으로 개념이 정립되어야 한다.

유아교육의 개념을 정의할 때 교육의 대상, 교육장소, 교육형식, 교육방향 등 4가지 측면을 포함하여 구체적으로 제시할 수 있다. 먼저 유아교육의 대상이 지니는 특수성으로 인하여 초·중등 일반 교육과정의 의미와는 차이가 있다. 유아교육에서 지향하는 이상적인 유아는 '전인아동'을 의미하는 것으로, 이는 유아의 인지적·정서적·사회적·신체적 능력이 조화롭게 통합된 상태를 의미하는 것이다. 또한 교육의 대상은 유아뿐 아니라 부모, 형제 등 가족까지 포함된다. 따라서 가르쳐야 할 교육의 내용은 유아의 흥미와 발달과 연관해야 할 뿐 아니라 부모교육, 가정연계 교육까지 포함되는 것이 바람직하다.

유아교육이 수행되는 장소는 형식적인 유아교육기관뿐 아니라 가정과 지역사회, 자연환경 등 비형식적인 곳까지 해당하기에 포괄적인 유아교육을 적용할 수 있는 자세가 필요하다. 유아교육이 효율적으로 이루어질 수 있는 형식으로는 놀이중심·생활중심의 개별화된 상호작용을 통한 교육방법을 적용하는 것이 영아기에는 적합하다. 유아기에는 선호하는 교육주제를 적용한 개별, 소집단, 대집단 활동을 통한 교육을 진행할 수 있다. 또한 발달이 각각 분리되어 이루어지는 것이 아닌 것처럼 과학활동, 미술활동, 극놀이, 언어놀이 등의 한 영역의 교육은 다른 영역들을 함께 포함해야 하며 효과적인 교수방법도 그들 각 영역 간의 내적 통합 속에서 이루어져야 한다. 유아교육의 방향은 행동의 결과와 성취물을 강조하기보다 유아의 참여과정을 통한 전인 발달에 있기에 유아 개인의 탐색과 관심, 성향을 적극 반영하는 것이 적절하다.

유아교육의 개념은 시대에 따라 변화되어 왔는데 <표 1-1>을 통해 구체적으로 살펴볼 수 있다.

〈표 1-1〉 유아교육 개념의 변화

전통적 유아교육 개념	현대 유아교육 개념
교육의 책임이 엄마(가족)를 대신하여 기관에게 주어짐	가족을 포함한 모든 사회구성원과 국가의 교육 수행 의무가 있음
훈육: 엄격한 통제와 체벌에 의한 훈련	인권을 중요시한 전인교육
보호와 교육의 분리	보호와 교육의 통합
조기교육: 영유아기에 잠재능력의 계발에 초점	적기교육: 개인차를 고려한 발달에 적합한 교육
준비교육: 초등학교의 준비와 선행학습에 중점	평생교육의 관점에서 연계교육에 중점
저소득층 유아 대상의 문화 결핍에 대한 보상 서비스	유아의 흥미와 관심을 충족하는 교육 서비스
선택적 수혜: 특별한 유아들만이 교육복지를 누림	보편적 서비스: 모든 유아 대상의 보편적인 무상교육을 제공 받음

3) 유아교육의 특수성과 교육원리

유아교육은 초·중등교육에 비해 독특한 측면이 있는데, 특수성을 크게 4가지 차원에서 제시하면 다음과 같다.

첫째, 대상 연령의 모호성이다. 출생부터 초등학교 취학 전 연령이 유아교육의 대상이 된다. 이 가운데 유치원은 현재 만 3~5세를 대상으로(유아교육법), 어린이집은 7세 이하의 취학 전 아동을 대상으로(영유아보육법) 교육과 보육을 수행하고 있다. 보통의 경우 단일연령으로 학급이 구성되고 있으나 혼합연령으로 반이 편성되어 운영되기도 한다.

둘째, 교육기관의 다양성이다. 현재 우리나라의 공식적인 교육기관은 유치원과 어린이집 양 기관이 있다. 이 중 유치원의 경우 국립과 공립, 사립으로 유형이 구분되어 있다. 2024년 4월 기준 전체 8,294개교가 운영되었으며, 이 가운데, 국립은 3개교, 공립은 5,105개교, 사립은 3,186개교가 있었다(교육통계, 2024). 어린이집의 경우 국·공립, 사회복지법인, 법인·단체 등, 직장, 가정, 협동, 민간 등으로 유형이 구분되어 있다. 2023년 말 기준 전체 28,954개소가 운영되었으며, 이 가운데 가정어린이집이 10,692개소로 가장 많은 비중을 차지하였고, 다음으로 민간어린이집이 8,886개소, 국·공립어린이집이 6,187개소 순이었다(보건복지부 보육정책과, 2023).

셋째, 교육과 보호의 역할을 동시에 수행한다. 유아교육의 대상자인 출생부터 취학 전 연령의 특성상 가정 양육자를 보완하는 역할로서 유아의 생리적 욕구와 안전의 욕구 등을 충족시켜 주어야 한다. 또한 생애교육의 출발선에서 첫 교육을 시작해야 하는 중요한 역할을 수행한다. 이와 관련하여 유아교육은 교육학, 사회복지학 등의 학문과 관련 현장과 유기적인 연관을 가져야 하는 특성이 있다. 유아교사의 역할이 두 가지 차원에서 보다 전문적으로 수행되어야 하는 상황에서 우리나라는 유보통합이라는 국가적 정책이 시행되는 변화의 시점에 와 있다.

넷째, 교재교구의 특수성이다. 초·중등교육에서는 정해진 교과서를 중심으로 교사 중심의 교수법이 주로 활용되는 데 비해, 유아교육은 국가수준의 교육과정은 있으나 이를 기초로 교사가 다양한 교재교구를 활용하여 놀이와 활동 중심으로 교육하고 있다. 동일한 교과서를 사용하는 상급학교에 비해 각 기관마다 유아의 호기심과 흥미에 따라 개별화된 놀이나 소집단 위주의 활동을 통해 창의적인 교재교구와 놀잇감들이 교육의 중요한 매체가 되고 있다. 즉 유아는 교재교구를 포함한 환경과의 상호작용과 또래 집단을 포함한 다양한 인적 자원들과의 상호작용을 통해 자기주도적인 교육을 이루어 나간다.

유아교육에서 다루어야 할 보편적 원리는 특수한 것이 아닌 일반적이며 공통적인 원리로서 언제, 어디서, 누구든 적용할 수 있는 원리가 될 수 있다. <표 1-2>와 같이 10가지 차원에서 유아교육의 원리를 제시할 수 있다(이상욱 외, 2011).

〈표 1-2〉 유아교육의 원리

유아교육의 원리	내용
유아관	유아기는 그 자체로서 가치 있는 것. 생애의 한 부분으로 보고 단순히 어른을 위한 준비기로 보지 않음. 교육도 동일한 입장에서 현재의 교육을 중요하게 보며, 미래를 위한 준비나 훈련으로만 보지 않음
전인 발달의 중요성	전인 아동이 중요한 존재로 고려되어야 함. 건강함, 신체적, 정신적 발달과 함께 정서, 인지와 영적 발달도 동등하게 강조되어야 함
통합 학습	학습은 부분적으로 분리되지 않음. 모든 것은 연결되고 통합되어 있음
내재적 동기의 가치	유아 주도적이고 자기지시적인 활동을 일어나게 하는 내재적 동기가 가치 있는 것으로 여김
자기 훈련 강조	자기 스스로를 통제하고 절제할 수 있는 훈련의 기회를 제공함
결정적 시기	발달의 다른 단계에서 특별하게 받아들이는 학습 시기가 있음
학습의 출발점	유아가 할 수 없는 것보다는 할 수 있는 것이 유아교육의 출발점이 됨
내면세계 인식	유아가 좋아하는 조건에서 표출되는 내적인 세계와 생활이 있음
유아교육의 참여자	유아가 상호작용하는 사람(가족, 교사, 주변 성인, 유아 등)은 핵심적인 교육환경이 됨
상호작용	유아교육은 일방적 접근이 아닌 유아가 환경과의 상호작용, 특히 타인의 경험, 지식을 포함한 환경과의 상호작용임

2. 유아교육의 중요성

유아교육이 중요하다는 견해는 일반적으로 우리 사회에서 수용할 수 있는 것으로, 그 근거가 되는 측면을 정리하는 것이 필요하다. 이에 따라 발달심리학적 관점, 아동관의 변화에 따른 측면, 사회변화에 따른 측면 등 3가지를 기초로 유아교육의 중요성을 제시해 본다.

1) 발달심리학적 관점에서 본 유아교육의 중요성

유아교육의 본질에는 발달의 모든 영역이 포함된다. 유아교육은 발달에 적합해야 하는 교육의 방법뿐 아니라 교육활동이 발달에 도움을 주어 발달을 촉진하도록 하는 교육내용과 전인 발달에 그 목적을 두고 있다(이상욱 외, 2011). 개인의 생애 가운데 유아교육의 중요성을 발달적인 관점에서 제시하면 <표 1-3>과 같다.

〈표 1-3〉 발달의 기본 원리

발달의 기본 원리	특징
적기성	인간 생활에 필요한 핵심적인 내용을 배우고 성장하는 데는 가장 적합한 시기가 있음. 유아기에 익히고 경험해야 할 것들을 이 시기를 놓치거나 앞당겨서 교육할 때 그 결과가 효과적이지 않음. 결정적 시기, 민감기와도 연관됨
기초성	생애 초기에 습득한 경험이나 교육의 결과는 이후의 발달에 중요한 영향을 주게 됨
누적성	유아기의 부적절한 경험이나 교육 결핍, 아동학대 등은 성장한 이후에도 지속적인 영향을 미치게 됨
불가역성	생애별 이전 시기에 발생한 결손을 보충하려고 나중에 노력하더라도 이것이 보완되기에는 한계가 있음

이외에도 유아의 발달 특성은 초등학교 이상의 아동과는 양적인 차이와 함께 질적인 차이가 매우 큰 존재이다. 그러므로 유아교육은 일반교육과 다르게 교육방법도 그 수준에 적합한 것이어야 한다. 일반적인 유아의 발달 특성을 다음과 같이 정리할 수 있다.

- 유아의 발달은 개인차가 있다.
- 유아의 발달은 사회문화적 맥락의 영향을 받는다.
- 유아의 신체, 언어, 인지, 정서, 사회성 등의 발달은 서로 밀접하게 관련된다.
- 유아기에는 긍정적 자아개념과 타인에 대한 존중감 및 친사회적 행동이 발달해 간다.
- 유아의 의사소통능력은 말하기, 듣기, 읽기, 쓰기 등이 상호연관되어 발달해나가며 사회문화적 맥락 속에서 진행된다.

2) 아동관의 변화에 따른 유아교육의 중요성

지금의 유아교육은 유아의 행복한 생활을 위해 존재해야 한다. 즉, 유아를 위한 사회적 서비스 활동으로 보호적, 교육적 차원의 형식적, 비형식적 활동이 이루어지는 모든 노력이 유아교육이라 볼 수 있다. 과거의 유아에 대한 견해는 미성숙하며, 성인이 되기 위한 준비기로서의 존재나 노동의 수단, 성인의 축소판으로 여기는 완성되지 못한 불완전한 존재로 간주되었다면 현재는 인격적이며 권리자로서의 가치 있는 존재로 관점이 변화되었다. 이러한 아동관에 따라 개인적이며 사회적인 차원에서 아동을 바라보아야 할 모습과 유아교육에 포함되어야 할 내용은 다음과 같다.

- 유아의 행복에 최대의 관심을 쏟는 태도
- 유아의 존엄성을 인정하는 태도
- 유아를 서로 다른 개성을 지닌 인격체로 수용하는 관점
- 유아를 자신의 삶의 주체로 인정하는 태도
- 유아의 현재와 미래를 동시에 고려하는 자세
- 유아를 윤리적으로 대하며, 수단화시키지 않는 유아 자체가 목적이 되는 정책

3) 사회변화에 따른 유아교육의 중요성

현대사회의 특징과 변화가 유아교육에 미치는 영향은 지대하다고 볼 수 있는데, 교육은 사회상을 반영하기 때문이다. 사회가 가지는 특징은 곧 교육 현장의 변화를 요구하고 유아는 우리 사회의 일원이기에 유아교육도 이에 부응하면서 변화해 나간다. 현대사회변화의 특징과 함께 유아교육의 중요성을 정리하면 다음과 같다.

첫째, 가족구조 형태의 변화 및 맞벌이 가정의 증가가 해당한다. 핵가족화와 맞벌이 가족의 증가에 따라 가정 내에서 자녀가 돌봄과 교육을 받을 수 있는 환경은 매우 제한된다. 이에 따라 유아교육기관의 역할과 지원이 보다

전문적이고 포괄적으로 진행되어야 한다. 부모와 유아교육기관 간의 소통과 협력이 더욱 중요해졌고, 야간연장 보육과 주말 보육 서비스 같은 유연한 운영을 하며 가정의 기능을 보완해 가야 한다.

둘째, 유아 권리에 대한 인식의 변화이다. 「유엔아동권리협약」에서는 유아가 누려야 할 기본요소를 생존권, 보호권, 발달권, 참여권으로 명시하고 있다. 유아의 권리를 옹호한다는 것은 일상생활로부터 시작되어야 한다. 유아가 유아답게 놀아야 하고, 교통사고를 예방하는 물리적 환경이 제공되어야 하고, 체벌과 학대로부터 안전하게 보호받는 환경에서 자라야 하는 등 인적, 물리적 측면에서 각종 유해한 환경으로부터 보호받을 수 있는 유아교육을 실현해나가야 한다.

셋째, 교육의 기회균등에 대한 요구이다(지옥정 외, 2021). 교육의 기회균등은 성별, 종교, 신념, 인종, 사회적 신분, 경제적 지위, 또는 신체적 조건 등을 이유로 교육에서 차별을 받지 아니하며(교육기본법, 제4조), 교육을 받을 수 있는 기회가 누구에게나 보장된다는 것이다. 이러한 측면은 일반적으로 무상 공교육을 통해 실현될 수 있다. 우리 사회는 기본교육/보육료의 무상화와 누리과정을 통한 교육내용의 기회균등을 실현해 오고 있다. 이러한 정책 실현은 경제적·사회적 취약 계층의 유아들이 양질의 교육을 받을 수 있는 기반을 마련하는 핵심적인 방안이 될 수 있다. 다만, 우수한 교육을 기본으로 한 유아교육의 공공성 강화를 위한 노력은 계속적으로 추진되어야 한다. 유아교육은 개별적으로 필요한 질 높은 교육과 돌봄을 제공하는 사회안전망 역할을 해야 함과 동시에 농어촌과 도시의 지역 간 교육 격차 해소, 기관별 전문교사 확보, 교육비 지원 확대 등과 관련된 노력이 지속되어야 한다.

넷째, 지역사회와의 연계를 통한 유아교육의 발전이다. 지역사회는 유아교육에 필요한 다양한 자원을 제공할 수 있는 중요한 환경이다. 경찰서, 소방서, 재래시장, 도서관, 박물관, 공원, 농장 등 공공시설은 유아들이 실제 경험을 통해 학습할 수 있는 기회를 제공한다. 유아교육기관은 가정과 지역사회를 연결하는 중요한 매개체 역할을 한다. 부모와 유아가 함께 참여하는 환경보호

활동이나 지역사회 봉사활동은 부모와 지역사회의 유대를 강화하며, 유아들에게 긍정적인 롤모델을 제공한다. 또한 지역사회 중심 유아교육은 지속 가능한 발전을 위한 교육의 일환으로, 유아들이 환경과 사회에 대한 책임감을 배우고 실천할 수 있도록 돕는다. 유아교육기관은 재활용 캠페인, 자원 절약 교육, 지역 환경보호 활동 등 지속 가능한 실천을 유아교육 프로그램에 포함시킬 수 있다.

3. 우리나라 유아교육기관

유아교육기관은 설립주체, 목적, 교육관, 유아의 연령 등과 같은 다양한 유형으로 설립된다. 우리나라 유아교육기관은 관할부처 이원화로 인해 교육부 산하인 유치원과 보건복지부 산하인 어린이집으로 나뉘어 운영되었는데, 교육부 직제 개정안이 시행되어(정부조직법 2024년 6월 27일 공포) 교육부 산하에 유치원과 어린이집이 운영되고 있다. 2025년에는 유치원과 어린이집은 통합교육기관으로 영유아학교 또는 유아학교 등의 명칭 개정이 진행될 예정이다. 기존 운영된 두 기관은 유아교육의 목적과 기능 측면에서 유사성을 가지지만 운영과 체제 면에서 다른 점을 가진다. 유아교육기관의 세부 사항은 다양한 분류 기준에 따라 나눌 수 있다.

1) 유치원

유치원은 만 3세부터 초등학교 취학 전까지 어린이를 대상으로 하며, 유아의 교육을 위하여 「유아교육법」에 따라 설립·운영되는 학교를 말한다. 유아교육법 시행령」 제11조에 의하면 학기는 매 학년도를 두 학기로 나누되, 제1학기는 3월 1일부터 유치원의 수업일수·휴업일 및 교육과정 운영을 고려하여 유치원의 장이 정한 날까지, 제2학기는 제1학기 종료일 다음 날부터 다음 해 2월 말일까지로 한다. 유치원은 교육과정인 개정 누리과정에 기초한 운영을 하며 「유아교육법」 제18조에 의해 국립유치원은 교육부장관의 지도·감독을 받으며, 공립·사립유치원은 교육감의 지도·감독을 받는다.

(1) 설립유형에 따른 분류

유치원은 「유아교육법」 제7조에 따라 <표 1-4>, [그림 1-2]와 같이 구분한다.

〈표 1-4〉 설립유형에 따른 유치원 분류

설립유형	특징
국립유치원	국가가 설립·경영하는 유치원
공립유치원	지방자치단체가 설립·경영하는 유치원(설립 주체에 따라 시립유치원과 도립유치원으로 구분할 수 있다) 종류: 단설유치원, 병설유치원
사립유치원	법인 또는 사인(私人)이 설립·경영하는 유치원 종류: 종교단체, 법인(학교법인, 사회복지법인, 사단법인, 재단법인 등), 개인 등이 주체하는 유치원

서울윤중초등학교병설유치원
(공립)

총신대학교 부속유치원
(사립)

영락유치원
(사립)

[그림 1-2] 유형별 유치원

(2) 운영과정에 따른 분류

유치원은 유아교육법 제13조 제1항에 의해 교육과정을 운영하여야 하며, 교육과정 운영 이후에는 방과후 과정을 운영할 수 있다. 방과후 과정은 「유아교육법」 제2조 제6항에서와 같이 교육과정 이후에 이루어지는 그 밖의 교육활동과 돌봄활동을 말한다. 국가교육위원회는 「유아교육법」 제13조 제1항에 따라 교육과정의 기준과 내용에 관한 기본적인 사항을 정하며, 교육감은 국가교육위원회가 정한 교육과정의 범위에서 지역 실정에 적합한 기준과 내용을 정할 수 있다. 또한 「유아교육법」 제13조 제4항에 따라 교육부장관은 유치원의 교육과정 및 방과후 과정 운영을 위한 프로그램 및 교재를 개발하여 보급할 수 있다.

2) 어린이집

어린이집은 영유아(7세 이하의 취학 전 아동)를 대상으로 하며, 영유아의 심신을 보호하고 건전하게 교육하여 건강한 사회 구성원으로 육성함과 아울러 보호자의 경제적·사회적 활동이 원활하게 이루어지도록 함으로써 영유아 및 가정의 복지 증진에 이바지함을 목적으로 「영유아보육법」에 의해 보호자의 위탁을 받아 영유아를 보육하는 기관을 말한다.

어린이집은 교육과정인 제4차 표준보육과정(0~2세)과 개정 누리과정(3~5세)에 기초한 운영을 하며 「영유아보육법」 제41조에서 교육부장관, 시·도지사 및 시장·군수·구청장은 보육사업의 원활한 수행을 위하여 어린이집 설치 · 운영자 및 보육교직원에 대하여 필요한 지도와 명령을 할 수 있다.

(1) 설립 주체에 따른 분류

어린이집은 「영유아보육법」 제10조에 따라 국공립어린이집, 사회복지법인 어린이집, 법인 · 단체 등 어린이집, 직장어린이집, 가정어린이집, 협동어린이집, 민간어린이집으로 구분하는데 <표 1-5>, [그림 1-3]과 같다.

〈표 1-5〉 설립유형에 따른 어린이집 분류

설립유형	특징	규모
국공립어린이집	국가나 지방자치단체가 설치 · 운영하는 어린이집	상시 영유아 11명 이상
사회복지법인 어린이집	사회복지사업법에 따른 사회복지법인(이하 "사회복지법인"이라 한다)이 설치 · 운영하는 어린이집	상시 영유아 21명 이상
법인 · 단체 등 어린이집	각종 법인(사회복지법인을 제외한 비영리법인)이나 단체 등이 설치· 운영하는 어린이집으로서 대통령령으로 정하는 어린이집	상시 영유아 21명 이상
직장어린이집	사업주가 사업장의 근로자를 위하여 설치 · 운영하는 어린이집(국가나 지방자치단체의 장이 소속 공무원 및 국가나 지방자치단체의 장과 근로계약을 체결한 자로서 공무원이 아닌 자를 위하여 설치 · 운영하는 어린이집을 포함한다)	상시 영유아 5명 이상
가정어린이집	개인이 가정이나 그에 준하는 곳에 설치 · 운영하는 어린이집	상시 영유아 5명 이상 20명 이하
협동어린이집	보호자 또는 보호자와 보육교직원이 조합(영리를 목적으로 하지 아니하는 조합에 한정한다)을 결성하여 설치 · 운영하는 어린이집	상시 영유아 11명 이상
민간어린이집	제1호부터 제6호까지의 규정에 해당하지 아니하는 어린이집	상시 영유아 21명 이상

구립로이어린이집(국공립)

흥덕IT밸리직장어린이집(직장)

영락교회어린이집(법인 · 단체 등)

○○어린이집(가정)

[그림 1-3] 유형별 어린이집

(2) 운영시간에 따른 분류

어린이집은 「영유아보육법」 제24조의2에 의해 보육시간을 구분하여 운영할 수 있다. 기본보육은 어린이집을 이용하는 모든 영유아에게 필수적으로 제공되는 과정으로, 보건복지부령으로 정하는 시간 이하의 보육이며, 연장보육은 기본보육을 초과하여 보호자의 욕구 등에 따라 제공되는 보육이다.

어린이집의 운영일, 운영시간 및 보육시간은 「영유아보육법 시행규칙」 제23조, 제34조 및 제34조의2 관련 [별표 8]에 의해 주 6일 이상, 하루에 12시간 이상 운영하여야 한다. 다만, 보호자의 근로시간 등을 고려하여 보호자 및 그 영유아에게 불편을 주지 않는 범위에서 어린이집의 운영일 및 운영시간을 조정하여 운영하는 경우로서 어린이집의 원장이 미리 영유아의 보호자에게 동의를 받은 경우에는 그러하지 아니하다. 어린이집은 기본보육시간을 하루 7시간으로 운영해야 하고, 연장보육시간은 보건복지부장관이 정하는 바에 따라 기본보육시간이 종료된 후부터 운영해야 한다. <표 1-6>에 어린이집 운영시간에 따른 구체적인 분류내용을 볼 수 있다.

〈표 1-6〉 어린이집 운영시간에 따른 분류

유형		내용
기본보육		오전 9시에서 오후 4시까지 7시간 동안 이루어지는 보육 * 지역별·어린이집별 사정에 따라 보호자와 협의하여 오전 9시에서 오후 4시까지 전후 30분 범위 내에서 보육시간 탄력조정 가능 * 등원지도 시간(07:30~09:00 ±30분)과 하원지도 시간(16:00~17:00 ±30분)은 기본보육으로 간주
연장보육		오후 4시부터 오후 7시 30분까지 이루어지는 보육
시간제보육		가정양육 시에도 지정된 제공기관에 시간단위로 보육 서비스를 이용하고 이용한 시간만큼 보육료를 지불하는 보육 서비스
그 외 운영시간	야간연장보육	오후 7시 30분부터 밤 12시까지 이루어지는 보육 * 오전 7시 30분 이전에 이용하는 경우도 야간연장보육으로 간주
	야간 12시간 보육	오후 7시 30분에서 익일 오전 7시 30분까지 이루어지는 보육
	24시간 보육	오전 7시 30분에서 익일 오전 7시 30분까지 이루어지는 보육
	휴일 보육	일요일, 공휴일에 오전 7시 30분에서 오후 4시까지 이루어지는 보육

생각해 봅시다

1. 유아교육에 대한 정의를 육하원칙에 의해 한 개씩 정리해 보고, 전체를 한 문장으로 연결하여 서로 제시해 봅시다.

> 유아교육은
> ① 누가 하는가?________
>
> ② 왜 하는가?__________
>
> ③ 어디서 하는가?________
>
> ④ 어떻게 하는가?________
>
> ⑤ 무엇을 가르치고 배우는가?___________
>
> ⑥ 언제 하는가?______________
>
> 즉, 유아교육은 ____________________________라고 정의한다.

2. 예비교사로서 우리 사회(학부모 등)에서 기대하고 있는 유아교육의 역할과 교육내용에 대해 토의해 봅시다.

3. 본인이 영유아 시기에 다녔던 유아교육기관을 찾아 현재 운영되고 있다면 사진, 홈페이지 등을 이용하여 소재지, 설립유형, 교원 수, 시설특징 등을 소개하고, 기억나는 경험을 공유해 봅시다.

참고문헌

교육통계(2024. 4). https://kess.kedi.re.kr/index. 검색일: 2025. 1. 30.

권미량, 조채영, 좌승화, 최진원(2022). 유아교육개론. 경기: 지식공동체.

김정희, 송영, 윤미승, 이순복, 탁정화, 홍지명(2023). 개정 누리과정에 기초한 유아교육과정. 서울: 동문사.

보건복지부 보육정책과(2023). 2023년 말 기준 보육통계. 세종: 보건복지부.

이상욱, 정희영, 최영해, 장은희, 황현주, 유은정, 신현정, 김성원, 김정희, 윤선화, 정희정(2011). 유아교육개론. 서울: 학지사.

이정규(2008). 대학교육이 행복한 생활을 위한 황금 열쇠인가?. 대학교육, 155, 125-132.

지옥정, 김수영, 정정희, 고미애, 조혜진(2021). 유아교육개론(5판). 서울: 창지사.

Chapter

02

유아교육사상

서양의 유아교육사상은 크게 고대, 중세, 근대, 현대로 나눌 수 있다. 본 장에서는 현대 유아교육에 기저가 되는 사상인 서양의 고대, 중세, 근대의 유아교육사상가를 살펴보고 현대의 유아교육사상과 어떻게 이어지는지 살펴보고자 한다.

학습목표

1. 서양의 유아교육사상가(고대-중세-근대)의 철학을 이해하고 나만의 교육철학을 확립할 수 있다.
2. 한국의 대표적 유아교육사상가인 방정환의 아동관에 대해 알아본다.
3. 서양과 우리나라의 유아교육사상을 바탕으로 유아교육의 중요성과 나아가야 할 방향을 이야기할 수 있다.

1. 서양의 유아교육사상

1) 고대의 유아교육

그리스의 유아교육은 아테네와 스파르타로 나누어 살펴볼 수 있다. 스파르타의 유아교육은 교육목적이 군인다운 시민 양성에 있다 보니 자유보다는 복종을 중요시하였고 아테네의 유아교육은 시민 양성에 교육목적을 두어 자유를 중요하게 생각하였다. 스파르타의 교육내용은 체육, 군사기술, 인내력을 배양하는 것이었고, 아테네는 7자유교과를 배웠다. 교육목적에서 나타난 차이는 교육방법에서 또한 큰 차이를 보였다. 스파르타는 훈련을, 아테네는 도야와 학습을 교육방법으로 사용하였고 아테네에서 교사는 멘토이자 선지자 역할을 하였다.

그러나 아테네의 유아교육과 스파르타의 유아교육에는 차이점만 있지는 않다. 아테네와 스파르타 모두 유아기에 해당하는 0~7세 교육을 '무릎학교'라고 칭하며 가정에서의 교육을 중요하게 생각하였다는 공통점을 가지고 있다.

〈표 2-1〉 고대 그리스 아테네와 스파르타의 교육

구분	아테네	스파르타
교육목적	교양 있는 시민 양성	군인다운 시민 양성
교육내용	7자유교과	체육, 군사기술, 인내력 배양
교육방법	도야, 학습	훈련
교사의 역할	멘토, 선지자	군사 교관
0~7세의 교육	무릎학교	
7~18세의 교육	체육, 음악교육	군대식 병영 체험
18~20세의 교육	군사훈련	예비사관
20세 이후의 교육	수학, 변증법	실제 전투 참가
35세 이후의 고등교육	철학, 수사학, 정치학	국가에서 부여한 역할 수행

(1) 소크라테스(Socrates, B.C. 469~399 추정)

① 생애

소크라테스(Socrates)

소크라테스는 조각가였던 아버지와 산파였던 어머니 사이에서 태어났다. 그는 석공소를 운영하였던 아버지에게 석공 기술을 배웠는데 석공 기술 외에도 다양한 분야의 학문을 공부하였다. 기하학, 천문학, 철학 등에 영향을 준 인물이지만 그 중 철학에 대해서는 소크라테스가 서양 인물 중 가장 먼저 평가 받는 인물이다. 소크라테스는 이상주의적이고 목적론적인 철학을 가지고 객관적이며 보편타당한 진리를 추구하였는데 생애 말에는 그의 철학이 신성을 모독하고 젊은 세대들을 타락시켰다고 오해를 받아 사형에 처하게 된다.

② 교육관

소크라테스는 고대 그리스의 대표적인 철학자 중 한 명으로, 진리를 아는 것이 교육의 목적이라고 하였다. 즉, 교육을 통해 무지의 세계에서 애지의 세계로 개선함으로써 지덕이 합일된 도덕적 인간을 육성하는 것이 교육의 목적인 것이다. 소크라테스는 올바른 인간은 올바른 도덕적 판단을 할 수 있다고 생각하였는데, 좋은 결정이란 도덕적으로 올바른 결정이라 여겼다.

소크라테스의 교육은 문답법을 통해 이루어졌다. 문답법에는 두 가지 방법이 있다. 첫째, 반어법이다. 이는 질문을 하여 대답 속에 모순을 찾아내고 그 모순을 벗어나기 위해 계속하여 질문을 함으로써 스스로 무지를 깨우치게 하는 방법이다. 둘째, 산파법이다. 참 진리는 타인에 의해 주어지는 것이 아니라 자신의 내부에서 이끌어내는 것이라고 생각한 소크라테스는 교사의 역할이 산파와 같다고 보았다. 따라서 교사는 정신적 활동을 자극하고, 유아와 동반자적 존재로서 역할을 해야 함을 강조하였다.

(2) 플라톤(Platon, B.C. 427~347)

① 생애

플라톤(Platon)

플라톤은 소크라테스의 제자이자 아리스토텔레스의 스승으로 아테네 귀족 출신 사상가이다. 플라톤은 소크라테스를 만난 후 그가 사형을 당할 때까지 스승으로 따랐는데, 소크라테스가 죽음을 맞자 큰 충격에 빠졌다. 그래서 플라톤은 충격으로 인해 정치가라는 꿈을 접고 정의를 가르치기로 결심하며 『국가론』, 『향연』, 『파이드로스』 등 여러 저서를 집필하였다.

② 교육관

플라톤의 교육관을 살펴보려면 먼저 그의 사상적 배경을 아는 것이 중요하다. 그는 이원론적 세계관을 주장하며 현상계와 이상계를 구분하였다. 현상계는 실체를 의미하고 이상계는 관념이나 본질을 의미하는 것으로 이상계는 이데아에 의해 지배된다고 하였다.

이데아는 물질에 대립하는 말로, 정신이나 마음의 소산을 일컫는 단어이다. 플라톤 철학의 핵심개념으로 볼 수 있는 이데아는 흔히 동굴 속에 있는 그림자에 비유되는데, 이는 그저 가짜 허상에 불과함을 뜻한다. 즉 현상세계에 있는 모든 사물들은 이데아와 유사한 부분을 지니고 있지만 완전히 일치하지 않고, 이데아는 영원불변하는 참된 존재라고 하였다.

플라톤은 교육목적을 덕의 함양으로 이야기하며, 덕의 조화로운 상태인 정의론을 제시하였다. 플라톤이 이야기하는 덕은 인간이 가지고 있는 모든 능력이 이상적으로 발휘되는 것으로, 덕의 완성은 국가가 교육을 통해 실현할 수 있다고 보았다. 국가는 생산자, 군인, 통치자의 세 가지 계층이 자기 역할을 충실히 할 때 이상적인 국가가 된다. 그리고 정의란 이 세 계층을 조화롭게 하는 것을 뜻한다. 플라톤은 인간의 본성은 욕망, 의지, 이성의 세 가지 요소로 구성되어 있고 이 세 요소가 절제, 용기, 지혜라는 덕으로 완성되기 위해서는 놀이를 통한 교육이 이루어져야 한다고 강조하였다.

〈표 2-2〉 플라톤이 제시한 인간 본성의 세 요소

인간관(본성)	계층	덕	교육내용
욕망	생산자	절제	음악
의지	군인	용기	체육
이성	통치자	지혜	변증법

(3) 아리스토텔레스(Aristoteles, B.C. 384~322)

① 생애

아리스토텔레스
(Aristoteles)

아리스토텔레스의 아버지는 궁중에서 일하는 의사였다. 그래서 아리스토텔레스는 어릴 때 마케도니아의 왕자와 소꿉동무로 자랐다. 그는 17세기에 플라톤의 아카데메이아에 입문하며 플라톤의 제자로 살았지만 플라톤의 이데아론을 맹비판하며 실재론을 제시하였다. 아리스토텔레스는 형상과 질료의 결합으로 사물이 배열되었다고 이야기하며 현실태인 형상과 가능태인 질료가 개개의 사물 속에 내재 되었다고 보았다. 즉 사물의 본질이 이데아에 있다고 주장했던 플라톤과 반대로 사물의 본질이 잠재력, 가능성의 형태로 사물 안에 있다고 본 것이다.

② 교육관

그는 진정한 정의란 공정한 분배라고 생각하였다. 지식을 획득하기 위해서는 사물을 관찰하고 이성을 계발하는 감각적 경험이 있는 교육을 해야 한다고 보았다. 그리고 궁극적으로는 교육을 통해 중용에 이르기를 원했다. 중용이란 덕에 의해 이성의 실현이 가능하도록 하는 것인데, 인간을 인간답게 하는 것이야말로 이성이고 이것은 합리적 사고와 판단을 할 수 있도록 한다. 다시 말해 행복은 교육을 통해 획득이 가능한 것이므로 행복한 삶을 살게 하는 것이 교육의 목적이다.

교육은 3체의 기본 구조를 가지고 있는데 여기서 3체는 자연, 습관, 이성이다. 교육의 3단계인 신체 발육, 습관 형성, 이성의 도야를 통해 인간은 선하고 귀하게 된다. 가장 1단계인 신체 발육은 유아기에 중점을 두어 교육해야 하는 것으로, 가정에서 유아가 신체적 발육이 이루어질 수 있도록 해야 한다.

유아기는 섭생에 유의해야 하는 시기이므로 가정에서 양육을 해야 한다. 부모는 자녀의 개인차를 고려하여 자녀가 가진 잠재력이 최대한 발휘될 수 있도록 양육해야 한다. 아리스토텔레스는 유아들이 7세가 될 때까지 가정에서 어머니나 유모에게 양육을 받고, 이후에는 국가가 규제하여 모든 유아들이 같은 교육을 받아야 한다고 주장하였다. 이는 교육의 공공성을 의미하는 것으로, 국가가 담당하고 책임지는 공교육이 필요하다고 본 것이다.

2) 중세의 유아교육사상

중세는 성인과 유아의 차이를 질적인 차이로 보지 않고 양적인 차이로 인식하던 시기이다. 즉 중세의 유아기는 인간 발달 단계에서 가장 주목받지 못한 시기인 것이다. 그래서 중세 시대에는 유아를 성인의 축소판으로 인식하였고, 성인과 같은 옷을 입히고 성인에게 요구되었던 종교적인 계율 또한 똑같이 적용하였다.

중세의 교육은 기독교교육과 시민교육으로 구분된다. 먼저 기독교교육은 초등교육의 성격을 띤 문답학교와 교사 양성을 목적으로 운영된 고등문답학교, 그리고 사원학교와 귀족 자제의 교양교육, 성직자 양성을 목적으로 한 수도원학교가 대표적이다. 다음으로 시민교육은 조합학교가 대표적인데 조합학교는 조합원을 교육하여 상공인으로 양성하는 데에 교육목적이 있었고, 시민교육을 통해 대학이 유래하게 되었다.

3) 근대의 유아교육사상

근대에는 유아를 성인의 축소판이 아닌 독립적인 인격체로 인식한 시기로,

유아교육에 대한 중요성과 관심이 증폭되었다. 근대의 대표적인 유아교육사상가들을 살펴보면 다음과 같다.

(1) 코메니우스(Comenius, 1592~1670)

코메니우스
(Comenius)

① 생애

코메니우스는 1592년 체코슬로바키아에서 태어났다. 그는 독실한 기독교 가정에서 자랐는데, 12세에 부모님이 돌아가셔서 잘 보호받지 못했고 라틴어를 배울 기회도 갖지 못했다. 그는 부모님이 돌아가신 후 신학교에 입학하여 성직자가 되기 위해 신앙교육을 받았는데, 성직자가 되기 전에 교사생활을 잠시 하였다. 코메니우스는 생애 동안 망명생활을 각지로 하였는데, 결국 1670년에 암스테르담에서 생을 마쳤다.

② 교육관

코메니우스는 인간을 선한 존재로 보고, 유아기부터 지식, 덕성, 신앙을 길러주어 내세의 준비를 위한 교육을 해야 한다고 이야기하였다. 그의 교육관은 객관적 자연주의, 감각적 실학주의로 요약할 수 있는데, 그 내용을 구체적으로 살펴보면 다음과 같다.

먼저 객관적 자연주의 교육은 자연에 순서에 따르는 교육으로, 단순한 것에서 복잡한 것으로 나아가 합자연의 원리에 따라 교육해야 함을 의미한다. 자연에는 태양에 따른 절기와 같이 일정한 질서와 법칙이 있다. 코메니우스는 이러한 자연의 순서를 교육에 적용하여 일반적인 것에서 구체적인 것으로 세분화되는 확실성의 원리, 쉬운 것에서 어려운 것으로 심화되는 용이성의 원리, 근원에서부터 시작하는 철저성의 원리가 적용된 객관적 자연주의적인 교육을 해야 한다고 주장하였다.

다음은 감각적 실학주의 교육이다. 코메니우스는 직관주의 교육의 창시자로 이는 훗날 페스탈로치에게 영향을 준다. 코메니우스는 감각을 통해 지식을 쌓을 수 있다고 생각하였다. 그렇기 때문에 유아기에는 실물을 통한 감각교육을 해야 한다고 강조하였다. 예를 들어 유아에게 '5'라는 숫자를 가르칠 때, '5'를 단순히 언어로 알려주거나 개념을 주입하는 것이 아니라 다섯 개의 공, 다섯 개의 쿠키와 같이 양을 경험하는 과정을 통해 '5'를 인식하도록 하는 것이다.

[그림 2-1] 세계도회(Orbis Pictus)

실물과 사물을 통한 교육을 중요하게 생각했던 코메니우스는 1657년에 최초의 그림책인 『세계도회』를 펴냈다. 세계도회는 라틴어 그림 사전으로, 모든 주제를 작은 그림으로 설명하였는데, 이는 학생들에게 자세한 설명보다는 그림으로 제시함으로써 지루함을 덜어주었다.

코메니우스는 1632년에 『대교수학』을 저술하였다. 이는 최초의 체계적인 교육학으로, 『대교수학』에서는 모든 어린이들이 교육받을 권리가 있고 단계별 학습, 학년별 학습이 중요하다고 이야기하고 있다. 『대교수학』은 교육의 목적과 원리 등을 설명한 점에 대해 오늘날까지 우수하게 평가받고 있다. 코메니우스가 근대적 실학주의자임에도 불구하고 중세 사상의 테두리를 벗어나지 못한 것은 비판을 받기도 하지만 그는 진보적인 교육사상가로서 위대한 업적을 남겼음에 틀림이 없다. 『대교수학』은 출생부터 성인기까지를 4단계로 구분하고 각 단계마다 어떤 교육이 이루어져야 하는지 구체적으로 제시하고 있는데, 그 내용은 <표 2-3>과 같다.

〈표 2-3〉『대교수학』에 제시된 인간발달 4단계에 따른 교육내용

시 기	연 령	학 교	교육내용
유아기	1~6세	어머니의 무릎학교 (모친학교)	건강, 일상언어, 도덕 및 신앙, 자연계의 사실과 진리 어머니가 가정에서 교육 담당 사물의 명칭을 바르고 분명하게 인식하여 말하도록 안내 감각을 통해 지식을 습득하기 때문에 놀이를 중요시함
아동기	7~12세	모국어 학교 (언어학교)	모국어 중시 산수, 역사, 종교, 지리, 미술, 물리 모국어로만 교수하고 라틴어를 포함하여 다른 외국어는 배우지 않음 무상, 의무 초등교육기관
소년기	13~18세	라틴어 학교 (중등학교)	모국어, 라틴어, 히브리어, 그리스어, 자유7학과, 지리학, 물리학, 도덕과 종교 오성과 판단력 훈련
청년기	19~24세	대학 및 외국 여행	모든 방면의 지식, 여행과 고전을 중시함

(2) 로크(Locke, 1632~1704)

① 생애

로크(Locke)

로크는 영국 출생으로, 치안 판사들의 법률 대리인이자 서기인 아버지와 청교도적인 상인 가문 출신 어머니 사이에서 1632년에 태어났다. 로크는 14세에 웨스트민스터 학교, 20세에 옥스퍼드 대학에 진학하여 공부를 하였다. 그는 신학, 자연과학, 의학을 공부하였는데 학교를 졸업한 후에도 연구를 멈추지 않고 계속하였다. 로크는 신학, 자연학, 의학뿐만 아니라 경제, 교육 등 여러 분야에서 논문을 발표하였고, 생애 동안 두 차례 망명을 하다가 끝내 독신으로 1704년에 생을 마감하였다.

② **교육관**

로크는 사회적 실학주의 교육사상가로, 실학주의의 기저에 입각하여 형식도야설을 제시하였다. 형식도야론은 단련주의로, 인간은 상상 이상의 능력을 가지고 있는데 이 능력의 발휘는 반복적인 연습을 통해 가능하다는 것을 의미한다. 따라서 그는 과학적 방법을 통한 교육을 강조하고 감각적이며 습관형성을 할 수 있는 학습이 필요하다고 생각하였다. 인간은 백지상태(tabula rasa)이기 때문에 경험과 환경이 중요함을 강조하며 교육만능론을 제시하였다. 이는 자연스럽게 조기교육과 이어지는데, 로크는 유아기에 반복과 모방, 철저한 훈육, 칭찬과 존중을 통한 학습을 통해 원하는 모양이 있다면 틀을 통해 만들어낼 수 있다고 생각하였다. 이것은 '주형'으로서의 교육관인데 이것은 후에 행동주의 심리학의 철학적 기초가 되었다.

로크는 『인간오성론』, 『교육에 관한 의견』, 『교육에 관한 고찰』, 『가난한 아동을 위한 노동학교 계획서』 등을 저술하였다. 저서를 통해 그는 학교교육보다 가정교육의 중요함을 강조하였다. 그 이유는 학교는 인위적인 틀을 제공하나, 가정은 개개인의 특성을 반영하는 개별적 교육이 가능하고 이것이 아동에게 더 유익하기 때문이다.

그는 높은 수준의 인격과 품격을 가진 인간을 신사라고 하였다. 그래서 신사의 양성을 교육의 목적으로 삼았다. 신사 양성을 위한 교육내용은 그의 저서인 『교육에 관한 의견』에서 찾아볼 수 있다. 로크는 체·덕·지를 강조하며 단련주의에 입각한 교육을 해야 한다고 말하였는데, 구체적인 교육내용을 네 가지로 나누어 살펴보면 다음과 같다.

첫째, 체육론이다. 로크는 건전한 신체에 건전한 정신이 깃든다고 보아 신체의 단련을 가장 중요하게 생각했다. 무용, 수영, 승마, 펜싱, 레크리에이션 등을 통해 신체를 강건히 할 수 있고 얇은 옷 입기, 식사량 조절하기, 냉수로 목욕하기 등의 구체적인 방법을 제시함으로써 신체적인 건강과 정신적인 건전함을 강조하였음을 알 수 있다. 이는 당시 영국 가정에서 자녀를 과잉보호하고, 상류사회에서는 사치스러운 풍조가 있었는데 이를 비판하고 경고하기 위한 것이었다.

둘째, 덕육론이다. 유아는 이성이 발달되기 전에 부모에게 복종하는 훈련을 해야 하는데 이것은 자기의 욕망을 억제할 수 있는 힘을 기르기 위함이다. 가정에서는 유아가 본인의 욕구나 기질에 따라 스스로 놀이를 선택하게 하고, 부모는 그것을 존중해야 한다. 이것은 유아가 좋은 성질을 갖도록 조장하는 밑거름이 된다.

셋째, 지육론이다. 지식은 사색을 깊이 하고, 오로지 덕을 쌓는 데 필요한 수단일 뿐 목적이 되어서는 안 된다. 즉, 로크는 지육 그 자체를 목적으로 하는 교육은 지양하였다.

넷째, 심의론이다. 로크의 저서인 『인간오성론』에서 모든 지식은 감각경험의 사실 관찰로부터 나온다고 이야기하고 있다. 그는 인간은 태어날 때부터 백지이고 학습은 그 이후에 감각을 통해 얻어지는 것이라고 주장하였다.

(3) 루소(Rousseau, 1712~1778)

루소(Rousseau)

① 생애

루소는 스위스 제네바에서 태어난 자연주의 사상가이자 계몽사상가이다. 그는 스위스에서 태어났지만 생후 10일 만에 어머니를 여의어 어머니의 사랑을 경험해보지 못했다. 루소는 어머니가 돌아가신 후 아버지와 살다가 그의 나이 10세에 아버지마저 돌아가시면서 대부분의 생애를 프랑스에서 보냈다. 그는 어린 시절을 무시와 속박 속에서 자랐는데 방랑생활을 하던 중 16세에 바랑(Warens) 부인을 만나 다양한 영역의 학문을 독학하였고 여러 권의 책을 저술하여 이름을 알렸으나, 그의 다섯 아이 모두를 고아원에 맡겨 비판을 받기도 하였다.

② 교육관

루소는 인간을 선한 존재로 보아 개인이 갖고 태어난 자연적 본성을 잘 보전하는 것이 교육의 목적이라고 보았다. 즉, 자연인 육성이 궁극적으로 교육을 하는 이유인 것이다. 루소에게 선(善)은 도덕적 차원의 선이 아니다. 그가 이야기했던 선(善)은 도덕적 규율, 법 질서를 준수하기 이전의 상태, 자유롭고 무구한 상태를 의미한다. 그러므로 루소는 유아들이 원하는 것을 하도록 지지해야 하며, 성인은 어떤 제약이나 장애물을 두어서는 안 된다고 이야기하였다. 따라서 루소는 어린이의 발견자이자 아동 존중 사상의 시작을 외친 사상가라고 볼 수 있다.

이러한 루소의 인간관과 아동관은 자연스럽게 '소극적 교육'이라는 교육관으로 이어진다. 그는 소극적 교육을 강조하였는데, 소극적 교육이란 유아가 스스로 선택하고 판단할 수 있도록 환경을 조성해주는 것을 의미한다. 즉 교사를 포함한 성인은 무엇을 가르쳐주는 것이 아니라 그저 안내의 역할을 하는 존재이고 유아가 가지고 태어난 선한 본성을 보존하기 위해 간섭을 최소화해야 한다. 루소는 인간의 발달을 식물의 성장에 비유하며 각 단계에 맞는 교육이 있다고 하였다.

가정은 자연적인 사회로, 사회의 근본을 배우는 기관이나 다름없다. 부모는 자녀를 사랑으로 양육하여 자녀의 능력이 자연스럽게 발휘되도록 돕는 역할을 하는데, 그렇기 때문에 부모의 역할이 매우 중요하다. 가정에서 부모는 자연적인 최초의 교사이자, 영원한 교사인 것이다. 어머니는 자녀를 나쁜 것으로부터 보호해야 할 의무가 있다고 하며 어린아이를 유모나 교사에게 맡기는 것은 매우 비난 받을 만한 일이라고 여겼다. 루소는 어머니가 양육을, 아버지가 교육을 담당하는 것이 좋다고 이야기하며 아버지도 자녀 교육에 있어 중요한 역할을 한다고 강조하였다.

루소의 이러한 교육관은 그의 저서 『에밀』에 가장 잘 드러난다. 루소는 출생부터 성인기에 이르기까지 구체적인 교육목적과 교육내용을 제시하였는데, 그 내용을 살펴보면 <표 2-4>와 같다.

〈표 2-4〉 루소의 『에밀』에 제시된 연령별 교육

시 기	연 령	법 칙	덕 목	내 용
유아기	1-5세	필연성	운동성	• 움직이기 편한 옷을 입고 되도록 찬물로 목욕을 시킬 것 • 모유로 양육할 것 • 신체적인 활동을 많이 하여 건강을 유지할 것 • 어린이의 도덕성에 관심을 가질 것 • 욕망과 습관을 되도록 억제할 것
아동기	5-12세	쾌락	감수성	• 언어의 습득과 오관의 연습이 이루어질 것 • 경험을 통하여 사물을 배울 것 • 자기애와 이타애의 도덕 개념을 발달시킬 것 • 도덕성을 설교로 배우게 하지 않고 선악과 옳고 그름을 언어로 배우게 하지 말 것 • 독서를 강요하지 말 것
소년기	12-15세	유용성	지성	• 이 시기는 지적 도야기로, 지적 교수가 가능함 • 천문학, 물리학, 지리학, 자연과학 이외에 수공을 가르칠 수 있는 시기이나 교사가 가르치는 게 아니라 학습자가 스스로 발견해야 함 • 직업교육 실시
청년기	15-18세	도덕성	사랑	• 역사학, 종교학과 같이 사회생활과 관련된 교육을 할 것 • 감성교육의 적기 • 성적 호기심을 가지고 질문하면 직접적인 대답으로 성교육을 할 것
성인기	18-20세			• 인간성의 시기 • 이 시기는 결혼을 하여 독립된 사회인이 되는 시기로 올바른 성교육이 필요함 • 여성은 남성의 노예나 희생적인 봉사자가 아니라 남성의 동반자임 • 결혼에 앞서 수학여행을 떠나서 직접적인 경험을 하는 것이 중요함 • 여성교육, 시민교육

(4) 오베르랑(Oberlin, 1740~1826)

① 생애

오베르랑은 프랑스의 사상가이자 목사이다. 그는 1767년에 프랑스 한 마을의 목사로 부임하게 된다. 오베르랑은 그 지역의 가난한 사람들이 영적·물적으로 풍요롭게 살기 바랐다. 그래서 농업협동조합을 설립하였고, 초등학교, 중간학교, 성인학교를 세워 교육의 개혁도 도모하였다(권미량 외, 2024). 이러한 교육 개혁이 이루어지게 된 배경은 프랑스가 오랜 전쟁 후 황폐화된 것에 있다. 오베르랑은 프랑스 사람들의 생활 재건을 위해 경제적·교육적·사회적 개혁을 추진한 것이다.

② 교육관

오베르랑은 종교적인 감정의 발달은 신, 부모, 교사, 은인 등에 대해 감사하는 마음을 갖게 하고 이웃을 사랑할 것이라고 생각하였다. 그래서 종교교육과 조기교육을 중요하게 여겼다. 종교교육을 할 때는 짧은 가사나 격언을 가르치는 것이 아니라 이야기를 반복하여 들려줌으로써 유아가 자연스럽게 기억하도록 해야 하며, 예배 시 노래를 부를 수 있도록 노래를 가르쳐야 한다. 또한 프랑스어를 가르쳐서 유아가 불명확한 방언을 하는 것을 방지해야 한다.

학습은 놀이 중심으로 이루어져야 한다고 오베르랑은 주장하였다. 유아들이 이해하기 어려운 개념을 가르칠 때에는 채색 동판화나 그림을 사용하는 등 직관적인 교육방법을 선택해야 하고 교사들은 교수법을 배워 유아를 교육하기 전에 철저히 준비하여야 한다. 오베르랑의 구체적인 교육내용은 다음과 같다.

❶ 종교·도덕 교육: 종교교육은 성서에서 뽑은 격언은 이야기로 들려주고, 찬송가를 지도하여 교회에서 부를 수 있도록 한다. 또한 도덕교육은 상벌에 따라 유아를 격려하는 과정을 통해 이루어지도록 한다. 교사는 '모범아 기록 노트'에 빨간색, 녹색, 검은색의 점으로 유아의 행동을 평가하여 학년말에 상장을 수여한다.

❷ 언어교육: 프랑스어를 가르치고 회화를 연습시켜 방언을 하지 않도록 한다.

❸ 미술교육: 채색 감각을 훈련하고 자연물을 사용하여 성인이 지시하는 것을 만드는 연습을 한다.

❹ 지리교육: 유럽이나 프랑스, 혹은 마을을 지도로 그려보는 교육을 한다.

❺ 수공 노동: 양모, 비단, 목면, 아마 등 소재를 분류하고 여러 사물을 형태에 따라 분류해보는 교육을 한다. 바느질 하는 방법, 뜨개질 하는 방법 등 편물을 가르친다.

그는 1770년에 편물학교를 설립하였다. 편물학교는 탁아기능을 주로 하는 기관으로 교육과 복지가 결합된 곳이다. 부모가 일을 하러 가면 어린이들은 편물학교에서 보호를 받았는데, 이는 유럽의 최초 유치원으로 1840년에 프뢰벨에 의해 설립된 킨더가르텐보다 70년이나 앞선 유아교육기관이다. 편물학교에서는 가정에서 형성된 나쁜 습관을 제거하고 좋은 습관을 가지도록 교육받았고, 그렇기 때문에 훈육과 상벌이 중시되었다.

(5) 오웬(Owen, 1771-1858)

① 생애

오웬(Owen)

오웬은 1771년 5월 14일, 영국에서 태어났다. 그는 영국 산업혁명 시기의 대표적인 공상적 사회주의자이자 박애주의자이며, 특히 유아교육의 창시자로 주목된다. 어렸을 때부터 학교 성적이 우수했던 오웬은 교장 선생님의 지시로 7살의 나이에 다른 아이들을 가르쳤다. 오웬은 그러한 현실에 회의감을 느꼈고, 부실한 교육과정을 가진 학교를 비판하게 되었다. 그는 1816년에 성격형성학원을 공장 내에 창설하였고,

공장법 제정운동을 추진하였다. 1824년에는 미국에 '뉴하모니 협동촌'을 건설하였지만 실패하였고, 1827년에 귀국하여 평화적 수단에 의한 개혁 운동을 전개하였다.

② **교육관**

오웬은 로크의 사상에 영향을 받았고, 교육적인 측면에서는 페스탈로치, 펠렌버그 학교의 영향을 받았다. 오웬도 아리스토텔레스와 같이 인생의 궁극적 과제는 행복이라고 생각하였다. 그에게 있어 행복은 건강한 신체를 기르고 빈곤을 근절하며 인격을 완성하는 것이었다.

오웬은 로크의 영향을 받아 성격형성론을 제시하였는데, 그 당시 오웬의 성격형성론은 매우 진보적인 이론이었다. 인간은 자연적 자질을 갖고 태어나고 이어 환경에 영향을 받아 선천적인 것과 후천적인 것의 상호작용으로 인해 성격이 형성되므로 성격을 개선하기 위해서는 환경이 개선되어야 한다는 것이 그 내용이다. 특히 유아기의 환경은 매우 중요한 역할을 하는데, 그 이유는 인간의 성격 형성에 유아기가 큰 영향을 주기 때문이다. 오웬은 인간의 본성은 선하나 환경에 따라 성격 형성을 달리 하기 때문에 좋은 환경을 조성해주어야 한다고 이야기하였다. 즉, 합리적인 성격의 기초를 만드는 것이 교육의 목적이라고 본 것이다.

오웬은 바른 성격형성을 위해 집단적인 생활 훈련이 필요하다고 보았다. 이는 규율과 복종을 습관화하여 합리적인 사고를 할 수 있다고 생각한 것에서 비롯되었는데, 음악과 군사교련과 같은 구체적 교과를 교육 내용에 포함시켰다. 또한 실물 교육을 중시하여 자연물이나 주변의 사물을 실물, 모형, 그림을 통하여 배우고 놀이하게 하는 등 직관 교육을 강조하였다.

(6) 프뢰벨(Fröbel, 1782~1852)

프뢰벨(Fröbel)

① 생애

프뢰벨은 1782년 독일의 한 목사 집안에서 태어났다. 그는 여섯째로 태어났는데 생후 9개월 만에 어머니를 여의어 제대로 된 어머니의 사랑을 받지 못하였다. 프뢰벨이 14세가 되었을 때 산림관의 제자로 들어가게 되는데, 이러한 삼림생활은 통일성, 보편성에 대해 깊이 생각해보도록 하는 계기가 되었다(이윤경 외, 2020). 프뢰벨은 산림감독관, 건축사 등 다양한 경험을 하는데 그러던 중 프랑크푸르트의 한 학교에서 가정교사가 되어 자신의 교육적 사상을 세우게 된다. 프뢰벨은 1836년 블랑겐부르크에서 '아동의 양육 활동강습소(Child Nurture and Activity Institute)'라는 이름을 가진 유아학교를 설립하였는데 이는 나중에 '유치원(Kindergarten)'이라는 명칭으로 변경되었다.

② 교육관

프뢰벨은 유아 내면에 신성이 있다고 생각하였다. 그래서 교육을 통해 잠재된 능력이 표출되도록 도와주어야 한다고 이야기하였는데, 신성이 표출된 형태가 바로 노동, 놀이, 작업이다. 그래서 교육의 목적은 신, 인간, 자연의 통일을 이해할 수 있도록 하는 유아 내면의 신성을 개화하는 것이었다. 프뢰벨은 이상주의, 낭만주의의 영향을 받았는데 낭만주의의 교육은 주어진 법칙이 있고, 그 법칙대로 자연적으로 성장하는 내부의 힘을 발현한다고 본다. 이러한 낭만주의의 영향으로 프뢰벨의 사상은 신비주의적 경향을 띠고 있는데, 이 사상은 만물이 신에게 속한다고 생각한 만유재신론으로 표현이 되었다. 루소의 소극적 교육과 같이 프뢰벨은 유아의 성장을 자연적 법칙에 따른다고 생각하였다. 이는 '발달순응적교육'이라고 불리는데, 발달순응적교육은 명령적인 교육방법에 대해서 어느 정도 필요하다고 인정하였다. 이것은 단순히 자연법칙이 있으니 수동적인 태도로 유아의 성장을 기다리라는 뜻은 아니다. 성인은 유아에게 주의를 기울이고 보호를 하며 필요할 때는 적극적으로 작용할 수 있도록 준비해야 함을 의미한다. 구체적인 프뢰벨의 교육원리를 살펴보면 다음과 같다.

❶ 통일의 원리

세계는 복잡한 양상을 가지고 있는 것처럼 보이나 사실은 그 본질에 있어 하나라는 것을 의미한다.

> 모든 것은 신적인 것, 또는 신으로부터 나오고 신적인 것, 혹은 신에 의해서만 제약된다. 신 안에서만이 모든 것의 유일한 근원이 있다.

프뢰벨은 교육은 신성의 개념으로부터 출발한다고 이야기하였다. 복잡한 우주라고 할지라도 통일성(신성)을 가지고 있으며 교육은 이러한 신성을 외부로 표현되도록 하는 것이다.

❷ 자기 활동의 원리

인간은 외부의 구속, 강요에 의해 발달을 하는 것이 아니다. 내부로부터 발달하는데 인간은 신성이 내재되어 있기 때문에 이것이 가능한 것이다. 어린이의 신성은 놀이를 할 때 가장 순수하게 나타나기 때문에 신성이 발휘될 수 있도록 놀이, 자기활동, 작업을 하도록 도와주어야 한다.

❸ 노작의 원리

노작의 목적은 신성의 표현에 있다. 즉 노작 자체가 활동의 목적이 되며, 인간이 신성을 표현하도록 하는 창조적·자발적 활동인 것이다. 프뢰벨은 단순한 생산 노동 모두를 노작으로 보았는데, 노동이 중요하다는 것을 강조하며 어려서부터 이를 위해 교육해야 한다고 이야기하였다. 어린이에게 생산활동은 놀이이며 이것은 최초의 생산활동이다.

❹ 계속성(연속성)의 원리

유아기에서 아동기, 소년기, 청년기, 성년기에 이르기까지 교육은 연속적이며 계속적인 단계에 따라 진행된다. 이러한 단계가 진행될 수 있도록 유아는 연령에 따라 점점 복잡한 게임과 작업을 하게 되는데 이러한 교육을 할 수 있도록 만든 것이 바로 프뢰벨의 은물이다.

❺ 인본주의 원리

프뢰벨의 교육은 가정을 중심으로 한다. 그 이유는 가정이야말로 안정과 풍요를 느낄 수 있는 공동체이기 때문이다. 가정이 조화로우면 유아도 조화롭게 발달할 수 있다. 따라서 협동, 예절교육 등 사회화를 위한 교육은 유아기에 받아야 할 교육의 중심적인 내용이다.

프뢰벨은 『인간의 교육』, 『어머니와 아기의 노래』를 저술하며 구체적인 교육내용을 제시하였는데, 프뢰벨의 교육을 살펴보면 다음과 같다.

❶ 은물

프뢰벨은 신으로 받은 선물인 은물을 통하여 유아가 자연법칙을 알게 되고 신성이 표현되며 우주의 진리를 깨닫게 된다고 이야기하였다. 은물은 기성품이 아니라 기본적인 요소와 형태를 가지고 있는 이상적인 놀잇감으로, 계속적이며 단계적인 활동이 있다. 프뢰벨은 각 활동의 순서와 방법을 명확하게 제시하였는데 은물은 단순한 것에서 복잡한 것으로, 구체적인 것에서 추상적인 것으로, 가벼운 것에서 무거운 것으로, 잘 알려진 것에서 덜 알려진 것으로 점차 발전되게끔 구성되어 있다.

1은물 (공) | 2은물 (입체 도형) | 3은물 (분할과 조합) | 4은물 (구성) | 5은물 (건축)

6은물 (비례) | 7은물 (면) | 8은물 (직선) | 9은물 (곡선) | 10은물 (점)

[그림 2-2] 프뢰벨의 은물

출처: froebel® gitfs. https://froebelgifts.com/ 2025. 1. 13. 검색.

❷ 작업

작업은 여러 가지 기능을 개발하기 위해 계획된 자료로, 유아의 내면에 있는 자연성을 발전시키도록 하는 것이다. 이는 생명이 없는 대상들과 친밀하게 접촉을 하도록 하는 활동인데 은물이 형체에서 면으로, 면에서 선으로, 선에서 점 순으로 배열이 되었다면 작업은 은물과 반대의 순서를 가진다. 즉 점에서 입체로 나아간다.

❸ 노래

프뢰벨은 어머니가 자녀에게 들려줄 노래, 게임, 이야기를 담은 책인 『어머니와 아기의 노래』를 저술하였다. 즉 이것은 부모교육과 관련된 역할을 하였는데, 여기서 노래를 강조한 이유는 은물과 작업을 통해 배운 배경을 보강하기 위한 역할을 하기 때문이다.

❹ 게임

유아의 신성은 놀이를 통하여 나타나기 때문에 유치원 교육과정에서 놀이는 굉장히 중요한 역할을 한다. 놀이의 목적은 즐거움과 쾌락을 추구하는 것인데, 유아는 순수한 정신활동인 놀이를 통해 학습한다. 여기서 게임은 놀이로 학습할 수 있도록 하는 방법이자 수단이다.

❺ 정원 가꾸기

정원을 가꾸는 것은 유아로 하여금 책임감을 가지게 하는 것이며, 유아가 알지 못하는 힘의 작용을 이해하도록 돕는 교육이 된다. 즉 전체와 부분의 관계를 알게 되고, 식물이 생육하기 위한 필수적인 원리를 이해하도록 돕는 활동인 것이다.

4) 현대의 유아교육사상

(1) 듀이(Dewey, 1859~1952)

듀이(Dewey)

① 생애

듀이는 1859년에 10월 20일 미국에서 태어났고 미국에서 자라면서 자본주의, 민주주의 이념에 영향을 받았다. 그는 4형제 중 셋째로 태어났다. 듀이의 첫째 형과 둘째 형이 어린 나이에 세상을 떠났고 그 영향으로 듀이의 어머니는 종교를 개종한다. 듀이의 아버지는 전쟁에 참여하였다가 전쟁 후에는 담배 가게를 운영하였는데 자신처럼 장사를 할 것이라고 생각했던 기대와 달리 듀이는 자신의 고향을 떠나 고등학교 교사가 되었다. 듀이는 1882년에 존스 홉킨스 대학교 철학 대학원에 진학하여 철학 박사 학위를 수여 받고 시카고 대학교, 미시간 대학교, 컬럼비아 대학교의 교수가 되었다가

1952년에 폐렴으로 사망하였다(박찬옥 외, 2023).

② 교육관

듀이는 이상주의적이고 기계주의적인 교육을 비판하며 실용적인 교육을 해야 한다고 주장하였다. 그는 특히 프뢰벨의 이상주의를 비판하였는데, 그 이유는 듀이의 철학적 배경에 실용주의, 도구적 지성주의가 있었기 때문이다. 듀이는 진리가 고정불변하는 법칙이 아니라고 생각하였다. 그렇기 때문에 인간이 자발적이고 자주적이며 자유롭게 경험해야 하는데, 끊임없이 변화하는 사태에 대처하도록 하는 것이 교육이며 이러한 과정은 경험을 재구성하는 과정이라고 이야기하였다. 듀이는 선천적으로 부여된 자연성을 부정하며 유아가 변화에 적응할 수 있도록 주도적인 능력을 키워야 한다고 보았는데, 유아가 성장을 하기 위해서는 미성숙해야 한다고 말했다. 즉, 미성숙은 성장을 위한 기본 조건이고 잠재적으로 성장할 수 있는 가능성을 의미한다.

듀이는 교육이 단순히 미래의 삶을 준비하기 위한 것이 아니라 현재의 삶에 중점을 두어 삶의 질을 높이는 수단이 된다고 이야기하였다. 그는 경험을 재구성하여 문제를 해결하고 이러한 과정에서 반성적 사고를 한다고 보았다. 반성적 사고는 유아가 경험에 직면하여 활동 자체에 관심을 가지는 단계, 그 활동 중 실질적인 문제가 발생하는 단계, 유아가 문제를 해결하기 위해 정보를 모으고 관찰하는 단계, 문제해결의 방법을 찾아 그 방안을 체계적으로 다듬는 단계, 실제에 적용해보며 아이디어를 분명히 하는 단계, 아이디어가 타당한지 스스로 확인하는 단계와 같이 5단계의 교수학습 과정을 거친다.

듀이는 실험학교를 설립하여 아동중심, 흥미중심, 경험중심의 교육을 전개하였다. 실험학교는 고정적인 교사, 공간, 시간 등이 설정되어 있지 않고 학습활동에 따라 운영되었다. 학생들 또한 고정된 학년에 따라 구분되는 것이 아니라 흥미와 능력에 따라 학급이 구성되었다. 그러나 흥미와 능력에 따라 구분하여도 대체로 연령별로 구성되었다. 주목할 만한 점은 연령별로 그룹이 형성된다고 할지라도 그 안에서는 융통성이 있었다는 점이다. 실험학교의 시간표는 전통적인 교과에 따르는 것이 아니라 주요 활동에 따라 나뉘었다. 듀이는 흥미에 기초한 구성작업을 하면 문제해결력이 길러지고, 조금 더 수준 높은 행동과 사고를 하는 데 효과적이라고 생각하였다.

(2) 몬테소리(Montessori, 1870-1952)

몬테소리(Montessori)

① 생애

몬테소리는 1870년 8월 31일, 이탈리아에서 태어난 아동교육학자이자 의사이다. 그녀는 의과대학에 진학할 당시, 심한 아버지의 반대를 받았다. 그럼에도 그녀는 정신과 의사가 될 수 있었다. 하지만 의과대학에서도, 정신과 의사가 된 후에도 여성이라는 이유를 차별을 받았고 어린이들이 학대를 당하는 당시의 관습을 보며 교육학을 배우고자 결심한다. 그리하여 그는 1907년 로마시의 빈민가에 '어린이의 집(Casa dei Bambini)'을 설립하였고, 그만의 교육관을 가지고 교육을 전개하였다. 몬테소리는 이탈리아, 네덜란드, 영국, 인도 등에 자신만의 교육법을 전파하였고 81세의 나이로 1952년에 생을 마감하였다.

② 교육관

몬테소리는 어린이들을 관찰하였더니 정신발달에는 발달단계가 있고, 그 단계마다 중요한 측면이 있다고 생각하였다. 그의 교육학은 관찰과 데이터를 토대로 논리를 추론하는 논리학적인 실증주의에 기반한 것이다. 어린이들은 '영적 태아'이기 때문에 태어날 때부터 작업을 통해 자신들의 사명을 수행한다. 그렇기 때문에 몬테소리는 '복종'을 지지하였다. 여기서 복종은 성인에게 어린이가 굴복하거나 강요 받는 것이 아니라 오히려 작업과 같은 자기 훈련을 통하여 자신의 자율성을 따르는 것을 의미한다. 그는 유아가 작업에 흥미를 가지고 그것을 집중, 반복함으로써 만족감을 얻는 것이 교육의 목적이라고 하였으며 이것은 '정상화'이다.

정상화에는 총 3단계가 있다. 1단계는 유아가 무엇을 할지 모르는 단계이다. 다음은 교구를 선택하지만 큰 흥미가 없고 성인이 가르쳐주는 방법대로 놀이하는 것이 두 번째이다. 마지막 세 번째 단계는 교구를 선택할 때 흥미에 의해 선택하고 반복·몰입·집중하는 단계이다. 정상화된 유아는 현실에 애착을 갖고 자발적인 자기 훈육을 한다. 또한 독립성과 주도성을 가지기 때문에 스스로 외부와 접촉하며 인지 능력을 구성해 나간다.

몬테소리는 유아에게는 스스로 경험하고 배우는 특성인 '흡수정신'이 있다고 보았다. 유아는 0~6세 사이에 감수성이 예민하여 쉽게 배울 수 있는 시기가 있는데 이것이 바로 '민감기'이다. 민감기의 구체적 시기는 유아마다 다르고 행동 특성 또한 다르다. 민감기는 질서에 대한 민감성에서 오관에 대한 민감성, 그리고 걷기에 대한 민감성, 세부에 대한 민감성, 사회생활에 대한 민감성으로 발전해나가며 교사는 유아가 올바른 성장을 할 수 있도록 '준비된 환경'을 조성해주어야 한다. 준비된 환경은 민감한 관찰에서 비롯되며 유아의 발달단계를 파악하여 적절한 교구를 지원하고 정신적 태아인 아동을 보호하는 것을 의미한다. 몬테소리 교육의 구체적인 내용은 다음과 같다.

❶ 일상생활 훈련

일상생활에서 사용하는 도구를 이용하여 집중력을 기르고 독립성을 형성하도록 하였다. 몬테소리는 바로잡힌 습관을 토대로 감각교육, 산수, 언어, 문화교육 등으로 교육의 영역을 확장해야 한다고 주장하였다. 일상생활 훈련은 환경에 대한 배려, 나에 대한 배려, 사회적 관계활동 등이 있다.

❷ 감각교구

감각교구는 오감 발달에 도움이 되도록 고안된 교구로, 추상적인 개념을 구체적으로 익힐 수 있게 하였다. 예를 들어 크다, 작다의 크기 개념을 익힐 때 소리가 나는 원통을 흔들어서 소리 크기에 차이가 있음을 알게 하는 것이 그 예이다.

❸ 수학교육

유아는 몬테소리 교구를 탐색하며 십진법을 이해하였다. 인간은 수학적 정신을 갖고 태어났기 때문에 유아기에는 수학적 개념을 익히기 위한 기초를 형성하였다. 몬테소리는 구체적이고 감각적인 교구를 통해 수 개념을 이해시키려고 하였고, 그의 수학교구는 논리적 사고가 가능하게 하는 교구로 역할을 하였다.

❹ 문화교육(3-6세)

자연교육, 종교교육, 지리, 역사 등을 배우며 다른 사람들과 원만하게 생활하는 방법을 익히는 것이다.

❺ 언어교육(모국어)

언어교육의 궁극적인 목표는 유아의 의사소통능력을 발달시키는 것이다. 몬테소리는 쓰기가 읽기보다 덜 추상적이라고 생각하여 읽기보다 앞선다고 생각하였다. 유아의 언어는 의식적, 일방적으로 주입하는 것이 아니라 흡수정신에 의해 자연스럽게 발달하므로 언어교육의 민감기인 6세까지는 다양한 환경을 제공해야 한다고 보았다. 언어교육의 구체적인 방법은 노래 부르기, 질문하기 게임, 경험 말하기 등이 있다.

(3) 슈타이너(Steiner, 1861-1925)

① 생애

슈타이너(Steiner)

슈타이너는 1861년 2월 27일에 태어났다. 그는 1879년에 실과학교를 다녔는데 실과학교에 진학 중임에도 불구하고 장래의 직접보다는 보이지 않는 정신세계에 대한 관심이 더 컸다. 실과학교에 다니면서 그는 칸트(Immanuel Kant)의 순수 이상 비판을 여러 번

읽고 실과학교를 졸업한 후에는 공과대학에서 수학과 자연과학을 전공하였다. 슈타이너는 공과대학 시절에도 지적 탐구를 소홀히 하지 않았는데 슈레어(Schroer) 교수로부터 영향을 받아 괴테의 인식방법에 대해 철학적으로 연구하게 된다. 그리하여 1894년에 『자유의 철학』을 통해, 지적 탐구를 하는 내면의 힘이 신비주의적인 것이 아니라 인식의 문제로 생각한다는 슈타이너의 사상을 확립하였다.

② 교육관

그는 인간중심 사고에 기초한 인간학인 인지학을 제시한 학자로, 인간은 육체, 영혼, 정신이 통합된 존재라고 생각하였다. 인간의 육체에는 의지가, 영혼에는 감정이, 정신에는 사고가 있는데, 이것은 삼지적 구조를 띠고 있다. 이 세 가지의 구조가 조화롭게 통합되면 비로소 참다운 인간이 되고 인간의 성장이야말로 교육이 지향하는 바로 인식하였다. 즉 교육의 목적을 '참다운 인간'이라고 설정하여 육체, 영혼, 정신이 하나로 통일된 상태가 되기 위해 인간본성의 본질을 파악해야 하는 것이다.

슈타이너는 1919년 9월 7일에 '자유발도르프학교(Freie Waldorfcshule)'를 개설하였는데, 이 학교는 담배공장 사장인 몰트(Emil Molt)에 의해 지어졌다. 몰트는 사회문제에 관심이 많은 기업가였다. 그는 제1차 세계대전이 일어난 이유는 잘못된 교육 때문이라고 생각하였고 담배공장에 다니는 사원들의 자녀를 교육하기 위해 발도르프에게 부탁하여 학교를 설립하게 된 것이다. 자유발도르프학교는 인지학적 인간에 대한 이해와 삼지화 이념에 기초를 두고 설립되었는데 감각을 통한 교육, 모방과 본보기를 통한 교육, 창의성과 감성교육, 리듬과 질서를 통한 교육을 전개하였다. 자유발도르프학교의 구체적 교육 원리는 다음과 같다.

❶ 리듬의 원리

인간은 외적인 리듬뿐만 아니라 내적인 리듬을 가지고 있는 존재로, 가정이나 유아교육기관에서는 유아가 다음에 일어날 일을 예측할 수 있도록 환경을 조성해야 한다. 유아는 단순한 신체적 감각기관을 통해 주위의 환경을 무의식적으로 따르기 때문에 다양한 인간의 이름을 만들 수 있도록 방향을 제시해주는 것이다.

❷ 모방과 본보기의 원리

인간은 태어날 때부터 학습을 할 수 있는 능력을 가지고 태어난다. 따라서 유아는 모방을 통하여 학습을 하게 되는데 여기서 모방은 단순히 성인의 시범적 행동을 따라 하는 것이 아니다. 성인과 유아의 유대관계 속에서 성인의 존재 자체를 인식하고 영향을 받아 자유롭게 자신의 능력을 발휘하는 것이 슈타이너가 이야기한 모방이다.

❸ 질서의 원리

공간에서의 질서, 시간에서의 질서, 내적인 질서를 알도록 환경을 조성하여 독립적이며 신뢰로운 인간이 되도록 만드는 것이다.

또한 슈타이너는 자유발도르프학교에서 기질에 따라 교육을 해야 한다고 주장하였다. 인간은 정신세계에서 가지고 태어난 것과, 부모로부터 받은 유전적인 것의 중간 단계인 기질을 가지고 있는데 담즙질, 다혈질, 점액질, 우울질로 총 4개로 구분된다.

2. 한국의 유아교육사상

1) 무속과 유아교육사상

무속에서의 인간은 자연의 질서에 순응하는 존재이고 돌봄을 받아야 하는 존재이다. 그렇기 때문에 아동 또한 자연의 주인이 될 수 없고 자연에 순응하며 살아야 하고 조상이나 부모로부터 돌봄과 보호를 받아야 하는 존재이다.

무속에는 '치성'이라는 개념이 존재하는데, 치성은 신에게 정성스럽게 기도를 드려 자식을 점지해달라고 하는 행위를 의미한다. 임신이 되면 10개월간 매달 다른 신이 태아에 영향을 주는데, 신에 의해 명(命)과 복(福)은 결정되어 있지만 인간이 간절히 기도하면 그 운명이 바뀔 수 있다고 믿었다. 무속에서 교육은 신, 자연과 더불어 생활하고 자연의 질서에 순응하는 것에 목적이 있었으나 명확한 개념이 존재한 것은 아니다.

2) 불교의 유아교육사상

불교는 아동의 존엄성을 존중하였다. 아동이 지닌 불성은 순수하기 때문에 어른이 본받아야 할 면모로 보았고 아동이 하는 놀이는 인간 발달 과정에서 매우 중요한 수단이자 과정으로 인식하였다. 불교에서 부모와 자녀의 관계는 다겁다생의 인연이라고 보았는데, 부모는 자녀를 보호하고 교육시켜야 할 책임과 의무가 있고 자녀는 부모가 베푼 은혜에 보답하기 위해 노력해야 한다고 가르쳤다. 불교는 결과보다 원인을 중요하게 생각하는 '연기설'을 제시하며 부모교육을 강조하였다. 즉 임신 전·후의 신체적, 정신적 건강을 다스려야 훌륭한 자녀가 된다고 본 것이다.

불교에서의 교사는 유아가 스스로 알을 깨고 나올 수 있도록 기다려주고 적절한 자극을 주는 존재로, '줄탁동시'의 교육방법을 제시하였다. 이는 비고스키의 비계설정과 유사한 방법으로, 유아가 깨달음의 적기에 올바른 깨달음을 할 수 있도록 적절한 자극을 주어야 한다고 이야기한 것이다.

3) 유교의 유아교육사상

유교에서는 태내에 잉태되는 순간부터 하나의 인격체로 존중하여 태교를 강조하였다. 그래서 교육 단계로 태교기, 가정교육기, 소학교육기, 대학교육기로 나누어 성인에 의해 적극적인 교육이 이루어지도록 하였다. 성인은 유아가 나쁜 행동이나 습관이 생기지 않도록 적극적으로 관여를 해야 하며 하늘로부터 부여받은 성품이 잘 보존되어 성인군자로 자랄 수 있도록 교육해야 한다.

4) 천도교의 유아교육사상

천도교는 1980년 최제우에 의해 창도된 동학사상을 바탕으로 한 종교이다. 1905년에 천도교로 개칭이 되었는데 그전에는 남성 중심의 사상이 기저에 있었다면 천도교에서는 여성과 유아를 중심으로 한 교육관이 강조되었다. 그래서 유아에 대한 체벌이 반대되었고, 유아 존중, 생명 존중을 강조하였다. 이는 후에 방정환의 아동 중심 사상으로 이어졌다.

5) 한국의 유아교육사상가

방정환

(1) 방정환(1899-1931)

한국의 대표적인 유아교육사상가는 방정환이다. 방정환은 손병희의 사위이자 천도교의 간부로 활동했는데 모든 인간은 존엄성을 가지고 있다는 인내천 사상과 동학사상을 기반으로 그의 아동중심사상을 다지게 된 바탕이다.

방정환은 성선설적 아동관과 천사주의 아동관을 가지고 있어서 아동을 독립된 인격체로 존중해줄 것을 이야기하였다. 그래서 어린이에게는 존댓말을 사용해야 하고 아동이 자율적으로 삶을 살아갈 수 있도록 지적 교육과 정의적 교육을 조화롭게 해야 한다고 주장하였다.

방정환은 어린이운동을 통해 적극적으로 출판을 하였는데 그것은 천도교의 출판 운동과 함께 1920년에 발표된 『개벽』을 중심으로 이루어졌다. 1922년에는 『사랑의 선물』을, 1923년에는 『어린이』, 『신여성』을 출판하였고 1922년 5월 1일 '천도교 소년회'를 주최로 시작된 소년 운동은 1923년 5월 1일 제1회 어린이날 제정으로 이어졌다.

생각해 봅시다

1. 코메니우스는 객관적 자연주의 교육을, 루소는 주관적 자연주의 교육을 강조하였다. 두 학자가 제시한 자연주의는 어떤 차이가 있는지 이야기하여 봅시다.

2. 서양과 한국의 유아교육사상을 바탕으로, 유아교육의 중요성에 대해 이야기하여 봅시다.

참고 문헌

권미량, 조채영, 좌승화, 최진원(2024). 유아교육개론. 경기: 공동체.

박찬옥, 김지영, 권덕수, 우민정, 안지영, 이예숙(2023). 유아교육개론. 경기: 정민사.

이윤경, 문혁준, 안선희, 김민정, 김지은, 나종혜, 안지영, 임희옥, 천희영, 최은미, 황혜신, 황혜정(2020). 유아교육개론. 서울: 창지사.

froebel® gitfs. https://froebelgifts.com/

Chapter

03

유아교육과정

유아교육에 대한 사회적 관심이 증가하면서 유아를 위한 교육 서비스의 질을 높이고, 유아 발달에 적합한 환경적 지원을 하기 위해 질적으로 우수한 교육과정을 개발하고 있다. 유아교육과정은 기본적으로 국가 수준의 교육과정에 따라 실천되며, 지역과 유아교육 기관의 특수성을 고려해 진행되고 있다. 그러므로 교육과정이 실행되는 현장에서 교육의 목표와 본질이 바람직하게 구현되기 위해서는 교사가 교육과정에 대해 바르게 이해하는 것이 요구된다.

이에 본 장에서는 유아교육과정을 이해하기 위해 유아교육과정의 개념을 살펴보고 우리나라 유아교육과정의 변천을 탐구해 본다. 또한 현재 시행되고 있는 국가수준 유아교육과정과 운영에 대해 알아보고자 한다.

학습목표

1. 교육과정에 대한 이해와 유아교육과정의 개념을 설명할 수 있다.
2. 우리나라 유아교육과정의 변천을 나열할 수 있다.
3. 국가수준 교육과정을 토대로 유아교육의 방향을 제시할 수 있다.

1. 유아교육과정의 개념

1) 교육과정

교육과정(curriculum) 용어의 어원은 라틴어 '쿠레레(currere)'에서 찾을 수 있으며 뜻은 경주로, 트랙, 수행해야 할 교수요목을 의미한다. 학생에게 무엇인가를 의도적으로 가르치는 것을 '교육'이라고 한다면 그 '무엇'이 교육의 내용이 된다. 즉 교육과정은 교육 목적을 달성하기 위해 거쳐야 하는 과정의 의미를 내포한다고 볼 수 있다.

교육과정이 교육학의 전문 용어로 대두된 것은 보비트(Bobitt, 1918)의 『교육과정』이며, 우리나라는 대한민국 정부 수립 이후 교육과정이라는 용어가 처음 사용되었다. 교육과정은 추상적인 개념으로 의미 자체가 모호하며, 학자들마다 본인의 철학적인 배경과 견해에 따라 다양한 정의를 내리고 있으므로 하나로 정의하여 나타내기가 어려운 실정이다. 또한 교육활동은 학습자, 학습적 환경, 사회·문화적 맥락 안에서 변화하는 역동적 과정을 설명하므로 지속적으로 변화한다. 학자들이 일반적으로 공통되게 정의하고 있는 교육과정은 의도적인 학교 교육에서 교육의 목표를 성취하기 위해 일정한 수준의 교육내용을 선정하여 조직한 공통의 기준이라고 종합해볼 수 있다.

교육과정의 개념은 다양한 분류기준에 따라 나뉜다. 무엇을 교육과정의 실체로 보는지에 따라 내용으로서의 교육과정, 경험으로서의 교육과정, 계획으로서의 교육과정, 결과로서의 교육과정으로 나눠지며, 누구를 교육과정의 주체로 보느냐에 따라 의도된 교육과정, 전개된 교육과정, 실현된 교육과정으로 구분하기도 한다. 교육과정 개발자의 의도성 유무에 따라 잠재적 교육과정, 공식적 교육과정, 영 교육과정으로 나눠지기도 하며, 교육내용 결정 주체의 역할 분담에 따라 국가수준 교육과정, 지역수준 교육과정, 기관수준 교육과정으로 구분하기도 한다.

이처럼 교육의 기본 설계도인 교육과정은 학습자에게 학습경험을 선정하고 조직하며 교육 경험의 질을 구체적이고 체계적으로 관리하는 것이라고 할 수 있다. 대표적으로 교육과정은 유아교육, 초등교육, 중등교육, 대학교육 등의 과정으로 나누어 구분한다(김춘경 외 2015). 이 중 유아교육과정은 교육과정의 전체 범주 안에서 유아교육이 가진 고유한 특성이 고려되어야 한다. 그러므로 유아교육과정은 교육과정의 한 분야로 유아교육 영역과 관계되는 교육과정이라고 정의할 수 있다.

2) 유아교육과정

(1) 유아교육과정의 개념

유아교육과정은 유아교육의 핵심적 요소 중 유아에게 어떤 내용을 가르칠 것인지에 대한 문제와 연결되어 있다. 이는 유아교육의 핵심적 연구 영역의 하나로 교사와 유아 간의 상호작용을 안내하고 촉진하는 통로 또는 과정이라고 할 수 있다. 이처럼 유아교육과정은 유아교육의 방향과 목적을 제시해주고 목적 달성을 위해 필요한 교수-학습 내용과 활동을 체계적으로 선정하여 조직하며 실제적인 교육상황에서 실천한다는 측면에서 중요하다.

유아교육과정은 교육과정을 바라보는 관점과 시대에 따라 다양하게 인식되며 학자에 따라 다양하게 정의된다. 알미(Almy)는 유아교육과정을 유아교육기관 내의 계획적 경험뿐 아니라 가정과 지역사회에까지 연장될 수 있는 교육적인 경험이라고 하였고, 스포텍(Spodek)은 유아교육기관에서 유아에게 학습 기회 제공을 위해 계획된 조직화 된 경험이라고 하였다. 슈바르츠와 로빈슨(Schwartz & Robison, 1982)이 분류한 유아교육과정의 다섯 가지 개념은 다음과 같다.

① 우연히 일어나는 것으로서의 교육과정(Curriculum as a happening)

교육과정을 우연히 일어나는 것으로 보는 관점은 학습의 내용보다 학습 과정에 가치를 둔 것으로, 유아교육과정의 개념을 정의하기 위해 유아를 가장 중심에 둔다. 유아는 자신에게 가장 적절한 건설적인 활동을 선택할 수 있고, 자신의 흥미와 욕구에 따라 선택한 활동에 몰두하게 될 때 가장 효과적인 학습이 이루어진다고 본다.

따라서 교사는 유아의 선택에 민감하게 반응해야 하며 유아가 선택한 활동에 따라 학습을 지원해야 한다. 또한 유아의 흥미와 요구에 맞춰 자연스럽게 활동할 수 있는 분위기를 만들어주고 행동을 관찰해야 한다. 이때 교사는 유아의 적극적 참여를 이끄는 특별한 활동과 교재·교구의 사용을 계획할 수 있으나 구체적으로 활동을 선택하는 것은 유아의 몫이 되므로 교육과정은 우연히 일어나게 되는 것이다.

본 관점은 유아가 본인의 흥미와 경험에 따라 학습활동에 참여하는 것에 가치를 두며, 가르치는 일은 유아의 선택과 활동으로부터 파생되므로 미리 계획될 수 없다. 그러므로 순간순간 적절한 의사결정을 할 수 있는 풍부한 경험을 가진 유능하고 통찰력 있는 교사 역량을 가져야 한다. 이 같은 교육과정은 개별적인 유아를 중심으로 하는 개별화 교육이 가능한 장점을 가지고 있으나 교육과정의 범위가 모호하다는 단점이 있다.

② 유아가 교육기관에서 갖게 되는 모든 경험으로서의 교육과정 (Curriculum as all of the child's experiences in school)

본 교육과정은 잠재적 교육과정의 개념을 포함하며 교사의 의도적·계획적 경험뿐 아니라 비계획적·우발적 사건의 영향까지 중요하게 여긴다. 이는 유아가 갖는 경험의 개별성으로 인해 학급 유아 수만큼 다양한 교육과정이 존재함을 정의한다. 이와 같은 교육과정은 유아의 생활과 경험이 교육과정의 핵심을 차지한다는 의미로 생활중심, 경험중심 교육과정으로 표현되기도 한다. 교실의 분위기, 상호작용, 집단의 역동성, 정서적 의사소통, 물적·인적 환경 등의 영향 등을 강조한다.

본 교육과정은 유아의 학습에 영향을 줄 수 있는 부모, 가족 환경 등과 같은 전반적 인간관계에 대한 고려와 지원이 필요하며, 교사 간의 협력, 외부 자원,

지역사회 등의 지원을 갖춰야 하는 어려움이 있다. 또한 학습의 결과에 대해 예측할 수 없고 교사가 교실을 통제할 수 없다는 의식을 갖게 되는 것을 단점으로 지적하고 있다.

③ 교수계획으로서의 교육과정(Curriculum as plans for teaching)

교수계획으로서의 교육과정은 유아교육에서 가장 보편적인 교육과정 정의로서 유아의 선택보다 교사의 사려 깊은 결정이 가지는 장점을 중시하는 교사중심적 교육과정이다. 즉, 교사의 교육 장면에서 유아가 접하게 되는 교육목표, 교육방법, 교육내용이나 절차 등에 따라 세운 계획을 교육과정으로 정의한다. 의도적 교수계획으로서 교육과정을 구체적이거나 포괄적으로 제시할 수 있으며 장기적 또는 단기적으로 적용할 수 있다. 또한 이 같은 교육과정은 유아의 활동에 강조점을 둔 활동중심 계획, 유아가 학습해야 하는 지식, 기능, 정보 등을 강조한 내용중심 계획, 유아의 장기적 발달 과정을 강조한 과정중심 계획의 세 영역으로 구별된다.

본 교육과정은 교사가 유아의 흥미와 욕구를 예견하고 그에 따른 교구와 환경을 조직하도록 도와주므로 교사에게 큰 어려움이 없게 한다는 장점을 가지고 있다. 그러나 계획에 따른 실천을 지나치게 강조하면 융통성이 부족해질 수 있으며 유아의 흥미와 욕구 변화에 대해 대처하기 어렵다는 비판을 받고 있다.

④ 교수요목으로서의 교육과정(Curriculum as plans a syllabus)

교수요목은 문서화된 포괄적 계획으로 교육과정을 위한 장기적인 지침으로 사용되며 주로 행정 부처에서 중요하게 다루게 된다. 그러므로 교육과정을 교수요목으로 보는 관점은 가장 좁은 의미의 교육과정 정의이며, 교사가 유아에게 가르치고자 하는 목표와 내용을 교과나 영역으로 열거해 둔 일련의 문서화된 계획인 교수요목을 교육과정으로 본다.

이와 같은 교육과정은 국가와 사회가 설정한 목표와 내용을 유아에게 가르치도록 하고 성취 결과를 확인하는 것에 장점을 가지고 있으나, 유아의 흥미와 개성, 지역사회와 유아교육기관의 실정 등을 무시하는 획일화된 교육과정이라는 비판을 받고 있다. 교수요목 교육과정은 유아가 유아교육기관에서 갖게 되는 실제적인 현장의 경험이 반영되기 어려운 특성을 가진다.

⑤ 프로그램으로서의 교육과정(Curriculum as a program)

프로그램으로서의 교육과정은 유아교육 분야에서 주로 볼 수 있는 독특한 관점으로 한 가지의 특정한 접근방법이나 이론에 기초한다. 프로그램은 철학적 배경과 이론적 관점에 대한 차이와 유아교육기관 유형과 상황에 따라 다양한 형태로 나타날 수 있으며 주로 프로그램을 개발한 개발자 또는 교육기관의 이름을 딴 유아교육 모형을 의미한다.

이러한 관점에서는 교육과정을 학습을 위한 하나의 디자인으로 보며 일련의 독특한 특성의 연합으로 인식한다. 교육과정을 포괄적인 개념으로 바라보며 유아교육의 특수성과 다양성을 잘 반영한다는 장점을 가지고 있다. 그러나 프로그램의 성격이 규정되기 전까지는 교육과정의 실체를 알 수 없다는 문제점이 있다.

(2) 유아교육과정의 유형

콜버그와 메이어(Kohlberg & Mayer, 1972)는 유아교육의 인식론적 관점, 심리학적 관점, 가치론적 관점 등을 중심으로 유아교육과정 모형을 분류하였다. 유아교육의 과정과 방법을 결정짓는 다양한 요인을 종합하여 낭만주의, 문화전달주의, 진보주의 모형으로 분류하고 있다.

낭만주의 모형은 유아의 권리, 행복, 자유를 자치의 주요 척도로 보며 유아의 성숙, 욕구, 흥미를 중심으로 한다. 그러므로 유아를 모든 가능성을 가진 존재로 보며 개인의 자유가 보장되면 자기실현이 가능하다고 본다. 문화전달주의 모형은 학습의 환경적인 요인을 중시하며 행동주의 이론에 근거한 교육과정 유형이다. 환경을 자극으로 보며 유아가 환경에 따라 반응하며 학습한다고 본다. 진보주의 모형은 듀이의 진보주의와 구성주의에 기초한다. 학습자의 주체적인 학습을 중요하게 생각하며 교사는 학습자의 수준과 적절한 자극의 상호작용이 활발하게 이루어지는 환경을 조성해야 한다고 본다. 콜버그와 메이어의 교육과정 유형을 표로 제시하면 다음과 같다.

〈표 3-1〉 콜버그와 메이어의 교육과정 유형

	낭만주의	문화전달주의	진보주의
교육목적	전인적 아동으로서의 성장	학교와 사회에서 성공을 위한 특별한 지식과 기술을 강조	능동적 지식의 구성과 학습 태도 및 성향의 형성
지향점	현재 지향적	미래 지향적	현재, 미래를 함께 지향
심리학 이론	성숙주의	행동주의	인지발달
아동관	능동적 존재	수동적 존재	능동적 존재
교수방법	아동 중심	교사 중심	아동과 교사의 상호작용
학습관	내적 동기유발	외부 환경으로부터 동기유발	내, 외적인 요소로부터 동기유발

출처: 서현아 외(2015). 유아교육개론. 서울: 창지사.

2. 우리나라의 유아교육과정 변천

1) 유치원 교육과정

〈표 3-2〉 유치원 교육과정의 변천

교육과정		내용
유치원 교육과정	제1차 유치원 교육과정 (1969-1979)	• 1969년 2월 19일 문교부령 제207호로 제정, 공포됨 • 교육과정의 제정 취지는 어린이의 바람직한 인격 형성을 위하여 어린이의 욕구와 흥미에 알맞은 환경을 만들고자 함 • 유치원 교육의 필요성 및 유아기 신체, 사회, 인지, 정서적 특징을 서술하고 유아의 학습 특성을 고려하여 건강, 사회, 자연, 언어, 예능의 5가지 영역의 목표와 지도 내용을 제시함 • 교육철학은 듀이(Dewey)의 영향을 받은 경험중심 교육과정이라고 볼 수 있으며 교육과정의 조직을 생활영역별로 구분함

유치원 교육과정	제2차 유치원 교육과정 (1979-1981)	• 1979년 3월 1일 문교부 고시 제424조로 공포됨 • 1970년대 이후 세계적인 추세였던 인지발달과 학문 중심 교육과정이 강조되었으며 전인교육을 보다 중요시함 • 사회·정서발달, 인지발달, 언어발달, 신체발달 및 건강의 4개 발달 영역의 목표와 내용이 기술되어 있음 • 교육과정의 목표는 남과 잘 사귀기, 남과 더불어 생활하는 것을 즐기기, 표현하는 능력, 습관, 태도 기르기, 탐구 능력, 언어 구사력, 기초적 운동능력, 건강 및 안전 생활 습관 기르기로 구성됨
	제3차 유치원 교육과정 (1981-1987)	• 1981년 12월 31일 문교부 고시 제442조로 발표됨 • 유치원 교육과정에서는 처음으로 초·중등학교 교육과정 개정의 상호연계성 안에서 개정되었다는 것에 의의가 있음 • 신체발달, 정서발달, 언어발달, 인지발달, 사회성 발달의 5개 영역으로 구성됨 • 운영 지침에서는 융통성 있는 교육과정 운영계획, 유원장 및 교육자료의 확보·활용, 다양한 학습활동 등을 강조함 • 발달 영역의 통합적 지도, 개인차와 흥미에 따른 놀이 중심 지도, 가정과의 연계를 지도 방법으로 제시함 • 평가에 대한 지침이 처음으로 제시됨
	제4차 유치원 교육과정 (1987-1992)	• 1987년 6월 30일 문교부 고시 제87-9호로 공포됨 • 신체발달, 언어발달, 인지발달, 정서발달, 사회성발달의 5개 발달 영역의 통합적 구성, 개별화 학습, 경험과 놀이의 구체적이며 직접적인 성격을 제시함 • 교사가 교육의 내용을 자율적으로 선정하도록 각 발달 영역별 내용은 제시하지 않았으며 교육목표 수준만을 설정하여 교사의 융통성과 자율성을 확대함
	제5차 유치원 교육과정 (1992-1998)	• 1992년 9월 30일 교육부 고시 제1992-15호로 발표됨 • 한국유아교육학회가 1991년 10월 22일에 교육부로부터 위탁받아 개정 연구를 진행함 • 1991년에 교육법이 개정되면서 유치원 입학 연령이 만 4~5세에서 만 3~5세로 변경되었고 교육과정의 내용을 I 수준과 II 수준으로 구분하여 제시함 • 교육과정 영역은 건강생활, 사회생활, 표현생활, 언어생활, 탐구생활의 5개로 구성함 • 취업모 증가에 따른 종일반 운영을 강조하여 사회적 요구를 교육과정에 반영하였고, 유아의 발달특징에 알맞은 읽기, 쓰기, 교육과 관련된 지침을 구체적으로 제시하여 학부모의 요구를 교육과정에 반영하고자 노력함(김정희 외, 2023)

유치원 교육과정	제6차 유치원 교육과정 (1998-2007)	• 1998년 6월 30일 교육부 고시 제1998-10호로 발표됨 • 21세기 정보화·세계화 시대를 주도할 자율적이고 창의적인 한국인 육성이라는 시대적, 교육적 요청에 따라 개정됨 • 수준별 교육내용의 연속성을 체계화하고 교육내용을 적정화하는 데 중점을 두어 개정됨(문미옥, 2008) • 교육과정 영역은 건강생활, 사회생활, 표현생활, 언어생활, 탐구생활의 5개 구성됨 • I 수준과 II 수준이 위계성을 가지도록 적절성을 도모하였으며 유치원 교육에 대한 요구를 반영해 일과 운영의 다양화를 추구함
	2007 개정 유치원 교육과정 (2007-2012)	• 2007년 12월 19일 교육인적자원부 고시 제2007-153호로 발표됨 • 2005년 초중등교육과정 전체의 교육과정 개정을 담당하게 된 한국교육과정평가원에서 유치원 교육과정까지 개정하게 되어 유·초·중·고로 이어지는 교육과의 연계를 강화하여 체계화함 • 교육목표는 건강생활, 사회생활, 표현생활, 언어생활, 탐구생활의 5개 영역을 고루 반영하였으며 영역 간 연계 되도록 함 • 생활영역은 전인발달의 요소로 구분하고 있으며 각 영역에서 유아가 학습해야 하는 내용을 구체화하고 교육과정의 전 영역에서 창의성 발달을 강조함
	3~5세 연령별 누리과정	• 2012년 7월 10일 교육과학기술부 고시 제2012-16호·보건복지부 고시 제2012-82호로 발표됨 • 3~5세 누리과정의 목적은 유아의 심신의 건강과 조화로운 발달을 도와 민주시민의 기초를 형성하는 것 • 신체운동·건강, 의사소통, 사회관계, 예술경험, 자연탐구의 5개 영역으로 구성 • 만 3, 4, 5세를 동일한 목표로 제시하였고, 유아의 발달 수준을 고려하여 연령별 내용을 구성함 • 유아기부터 타인을 배려하고 존중하며 더불어 함께하는 내용을 통한 인성교육을 대폭 강화하였고 유아에 맞는 인터넷·미디어 중독 예방, 다른 문화에 대한 이해, 녹색성장교육 등의 내용이 추가됨 • 유치원과 어린이집으로 이원화된 교육과 보육과정을 통합하여 유아기 단계에서 교육의 질을 제고함

2) 표준보육과정

〈표 3-3〉 표준보육과정의 변천

교육과정		내용
표준 보육 과정	제1차 표준보육과정	• 1991년 영유아보육법 제정으로 보육의 토대를 구축함 • 2004년 1월 전면 개정된 영유아보육법 제29조에 의거해 표준보육과정 개발 및 보급을 위한 근거를 마련함 • 2005년 여성가족부가 표준보육과정을 연구, 개발하여 2006년 11월 10일에 영유아보육법 시행규칙 제30조 관련 표준보육과정령을 개정함 • 2007년 1월 3일 여성가족부 고시 제2007-1호로 최초의 표준보육과정이 발표됨 • 보육과정의 목표는 영유아의 전인적인 성장과 발달을 돕고 민주시민으로서의 자질을 길러 영유아가 심신이 건강하고 조화로운 사회 구성원으로 자랄 수 있도록 하는 데 있음 • 보육과정은 기본생활, 신체운동, 사회관계, 의사소통, 자연탐구, 예술경험의 6개 영역으로 구성되었으며 만 2세 미만, 만 2세, 만 3~5세로 구분함
	제2차 표준보육과정	• 2012년 2월 29일 보건복지부 고시 제2012-28호로 발표됨 • 1차 표준보육과정에 대한 어린이집 현장의 수정·보완 요구와 5세 누리과정 제정과 관련하여 보육과정 개정의 필요성 대두 등의 이유로 개발됨 • 5세 유아를 위한 보육내용을 제외한 0~4세 영유아를 대상으로 하였으며, 2세 미만, 2세, 3~4세로 구분함 • 보육내용은 기본생활 영역, 신체운동 영역, 사회관계 영역, 사회관계 영역, 자연탐구 영역, 예술경험 영역의 6개 영역으로 구성됨
	제3차 어린이집 표준보육과정	• 2013년 1월 21일 보건복지부 고시 제2013-8호로 발표됨 • 3~5세 누리과정 시행에 맞춰 개편하였으며, 어린이집의 0~5세 영유아에게 국가수준에서 제공하는 보편적이고 공통적인 보육 목표와 내용을 제시함 • 0~1세 보육과정, 2세 보육과정의 보육내용은 기본생활, 신체운동, 의사소통, 사회관계, 예술경험, 자연탐구의 6개 영역으로 구성되며 3~5세 보육과정은 누리과정 영역의 목표에 따라 신체운동·건강, 의사소통, 사회관계, 예술경험, 자연탐구의 5개 영역으로 구성됨 • 0~1세 보육과정, 2세 보육과정, 3~5세 보육과정의 목표는 서로 연계되며 위계적으로 난이도가 높아짐
	제4차 어린이집 표준보육과정	• 2020년 4월 9일 보건복지부 고시 제2020-75호로 발표됨 • 제4차 표준보육과정의 목적은 영유아가 놀이를 통해 심신의 건강

교육과정		내용
표준 보육 과정		과 조화로운 발달을 이루고, 바른 인성과 민주 시민의 기초를 형성하는 데에 있음 • 추구하는 인간상은 건강한 사람, 자주적인 사람, 창의적인 사람, 감성이 풍부한 사람, 더불어 사는 사람임 • 2015 개정 초·중등학교 교육과정 성격의 구성 체계와 연계하였으며 영유아기의 고유한 특징을 반영한 영유아 중심 및 놀이 중심을 강조함 • 0~1세, 2세의 기본생활, 신체운동, 의사소통, 사회관계, 예술경험, 자연탐구 6개 영역, 3~5세의 신체운동·건강, 의사소통, 사회관계, 예술경험, 자연탐구 5개 영역으로 구성됨
	2024 개정 표준보육과정	• 2024년 12월 9일 교육부 고시 제2024-23호로 발표됨 • 2024 개정 표준보육과정(0~2세)은 영유아의 주도성과 놀이를 통한 배움을 강조하고, 현장의 다양성과 자율성을 추구하는 누리과정(3~5세)과의 연계를 강화하여, 영아가 발달단계에 따라 맞춤형으로 교육·보육을 받을 수 있도록 설계되었음 • 누리과정과의 연계를 강화하기 위해 기본생활, 신체운동 영역을 '신체운동·건강'으로 통합하여 신체운동·건강, 의사소통, 사회관계, 예술경험, 자연탐구의 5개 영역으로 조정함 • 0~1세, 2세로 나누어진 영역별 목표를 0~2세로 통합하여 제시함 • 0~1세와 2세 사이의 발달적 구분이 모호한 내용은 공통 내용으로 통합하고, 5개 영역의 내용은 교사가 이해하기 쉬운 용어로 수정함

3. 국가수준 유아교육과정의 이해

이 부분에서는 국가수준의 교육과정인 2019 개정 누리과정에서(교육부, 보건복지부, 2019) 제시하는 누리과정의 성격, 교육 목적 및 목표, 영역 등에 대해 요약하여 제시하고자 한다. 교육부는 국정과제 구현 및 출발선 평등 실현을 위해서 2017년 12월에 '유아교육 혁신방안'을 발표하였다. 2019 개정 누리과정은 유아가 중심이 되며 놀이 위주의 교육과정 개편으로 2019년 7월 2019 개정 누리과정을 고시하였다. 2019 개정 누리과정은 유치원과 어린이집의 3~5세 유아에게 공통 적용되는 과정으로 2020년 3월부터 시행되었다. 개정 누리과정의 구성은 [그림 3-1]과 같다.

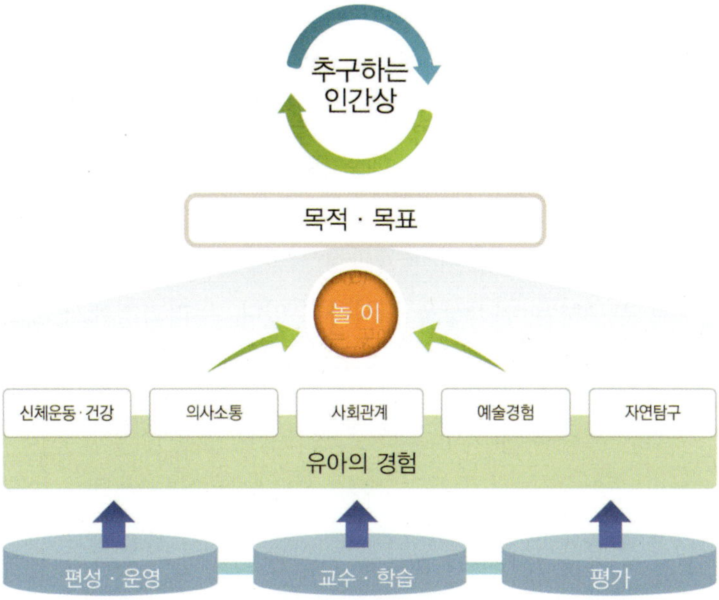

[그림 3-1] 개정누리과정의 구성

1) 누리과정의 성격

개정 누리과정의 성격은 누리과정을 '3~5세 유아를 위한 국가 수준의 공통 교육과정'으로 정의하고 있다. '공통'이란 유치원과 어린이집 모두를 지칭하며 누리과정은 3~5세 유아가 다니는 유치원과 어린이집에서 우선적으로 고려해야 하는 공통적이며 일반적인 기준을 국가가 고시하고 있다. 따라서 3~5세 유아는 국가 수준의 교육과정에서 제시하는 기준에 따라 차별 없이 양질의 교육을 경험할 수 있게 된다.

누리과정의 성격

가. 국가 수준의 공통성과 지역, 기관 및 개인 수준의 다양성을 동시에 추구한다.
나. 유아의 전인적 발달과 행복을 추구한다.
다. 유아 중심과 놀이 중심을 추구한다.
라. 유아의 자율성과 창의성 신장을 추구한다.
마. 유아, 교사, 원장(감), 학부모 및 지역사회가 함께 실현해가는 것을 추구한다.

2) 추구하는 인간상

개정 누리과정은 국가 수준의 교육과정으로서 누리과정이 추구해야 할 교육적 비전으로 추구하는 인간상을 제시하고 있다. 누리과정에서 제시하는 인간상은 미래의 핵심역량을 반영한 초·중등학교 교육과정의 인간상과 연계되어 있다. 이때 교사는 유아가 놀이를 통해 인간상을 통합적으로 경험하도록 지원해야 한다.

누리과정이 추구하는 인간상

가. 건강한 사람
나. 자주적인 사람
다. 창의적인 사람
라. 감성이 풍부한 사람
마. 더불어 사는 사람

3) 목적과 목표

누리과정의 목적은 유아가 놀이를 통해 심신의 건강과 조화로운 발달을 이루고 바른 인성과 민주 시민의 기초를 형성하는 데에 있다. 누리과정의 목적에서는 '놀이를 통해'라는 표현을 제시하여 유아기의 고유한 특성을 강조하였다. 또한 전통적으로 유아교육에서 강조해 온 '심신의 건강', '조화로운 발달'과 '민주 시민'의 가치를 반영하였다. 인성의 중요성이 사회 전반에 걸쳐 강조되고 있다는 점을 반영하여 이번 개정 누리과정의 목적에 '바른 인성'을 추가하였다.

누리과정의 목표

가. 자신의 소중함을 알고, 건강하고 안전한 생활 습관을 기른다.
나. 자신의 일을 스스로 해결하는 기초능력을 기른다.
다. 호기심과 탐구심을 가지고 상상력과 창의력을 기른다.
라. 일상에서 아름다움을 느끼고 문화적 감수성을 기른다.
마. 사람과 자연을 존중하고 배려하며 소통하는 태도를 기른다.

4) 구성의 중점

구성의 중점은 개정 누리과정을 구성할 때, 주요하게 고려한 점을 말한다.

누리과정 구성의 중점

가. 3~5세 모든 유아에게 적용할 수 있도록 구성한다.
나. 추구하는 인간상 구현을 위한 지식, 기능, 태도 및 가치를 반영하여 구성한다.
다. 신체운동·건강, 의사소통, 사회관계, 예술경험, 자연탐구의 5개 영역을 중심으로 구성한다.
라. 3~5세 유아가 경험해야 할 내용으로 구성한다.
마. 0~2세 보육과정 및 초등학교 교육과정과의 연계성을 고려하여 구성한다.

5) 영역별 목표 및 내용범주

(1) 신체운동·건강

신체운동·건강 영역의 목표 및 내용범주는 유아가 다양한 신체활동에 즐겁게 참여하고, 청결과 위생, 즐거운 식사, 적당한 휴식을 통해 건강한 생활습관을 기르며, 일상에서 안전하게 생활하는 방법을 배우고 실천하는 내용으로 구성하였다.

목표: 실내외에서 신체활동을 즐기고, 건강하고 안전한 생활을 한다.

1) 신체활동에 즐겁게 참여한다.
2) 건강한 생활습관을 기른다.
3) 안전한 생활습관을 기른다.

〈표 3-4〉 신체운동·건강 영역의 내용

내용범주	내용
신체활동 즐기기	신체를 인식하고 움직인다.
	신체 움직임을 조절한다.
	기초적인 이동운동, 제자리 운동, 도구를 이용한 운동을 한다.
	실내외 신체활동에 자발적으로 참여한다.
건강하게 생활하기	자신의 몸과 주변을 깨끗이 한다.
	몸에 좋은 음식에 관심을 가지고 바른 태도로 즐겁게 먹는다.
	하루 일과에서 적당한 휴식을 취한다.
	질병을 예방하는 방법을 알고 실천한다.
안전하게 생활하기	일상에서 안전하게 놀이하고 생활한다.
	TV, 컴퓨터, 스마트폰 등을 바르게 사용한다.
	교통안전 규칙을 지킨다.
	안전사고, 화재, 재난, 학대, 유괴 등에 대처하는 방법을 경험한다.

(2) 의사소통

의사소통 영역의 목표와 내용범주는 유아가 일상생활에서 다른 사람의 말이나 이야기를 듣고 말하기를 즐기며, 주변의 상징을 읽고 글자와 비슷한 형태로 써보기에 관심을 가지며, 다양한 책과 이야기를 통해 상상하기를 즐기는 내용으로 구성하였다.

목표: 일상생활에 필요한 의사소통 능력과 상상력을 기른다.

1) 일상생활에서 듣고 말하기를 즐긴다.
2) 읽기와 쓰기에 관심을 가진다.
3) 책이나 이야기를 통해 상상하기를 즐긴다.

〈표 3-5〉 의사소통 영역의 내용

내용범주	내용
듣기와 말하기	말이나 이야기를 관심 있게 듣는다.
	자신의 경험, 느낌, 생각을 말한다.
	상황에 적절한 단어를 사용하여 말한다.
	상대방이 하는 이야기를 듣고 관련해서 말한다.
	바른 태도로 듣고 말한다.
	고운 말을 사용한다.
읽기와 쓰기에 관심 가지기	말과 글의 관계에 관심을 가진다.
	주변의 상징, 글자 등의 읽기에 관심을 가진다.
	자신의 생각을 글자와 비슷한 형태로 표현한다.
책과 이야기 즐기기	책에 관심을 가지고 상상하기를 즐긴다.
	동화, 동시에서 말의 재미를 느낀다.
	말놀이와 이야기 짓기를 즐긴다.

(3) 사회관계

사회관계 영역의 목표와 내용범주는 유아가 자신을 이해하고 존중하며, 친구와 가족 또는 다른 사람들과 사이좋게 지내며, 유아가 속한 지역사회와 우리나라, 다양한 문화에 관심을 갖는 내용으로 구성하였다.

목표: 자신을 존중하고 더불어 생활하는 태도를 가진다.

1) 자신을 이해하고 존중한다.
2) 다른 사람과 사이좋게 지낸다.
3) 우리가 사는 사회와 다양한 문화에 관심을 가진다.

〈표 3-6〉 사회관계 영역의 내용

내용범주	내용
나를 알고 존중하기	나를 알고 소중히 여긴다.
	나의 감정을 알고 상황에 맞게 표현한다.
	내가 할 수 있는 것을 스스로 한다.
더불어 생활하기	가족의 의미를 알고 화목하게 지낸다.
	친구와 서로 도우며 사이좋게 지낸다.
	친구와의 갈등을 긍정적인 방법으로 해결한다.
	서로 다른 감정, 생각, 행동을 존중한다.
	친구와 어른께 예의바르게 행동한다.
	약속과 규칙의 필요성을 알고 지킨다.
사회에 관심 가지기	내가 살고 있는 곳에 대해 궁금한 것을 알아본다.
	우리나라에 대해 자부심을 가진다.
	다양한 문화에 관심을 가진다.

(4) 예술경험

예술경험 영역의 목표와 내용범주는 유아가 자연, 생활, 예술에서 아름다움을 느끼고, 음악, 움직임과 춤, 미술, 극놀이 등의 예술에서 자신의 느낌과 생각을 창의적으로 표현하는 과정을 즐기며, 다양한 예술 작품을 감상하며 다른 사람의 예술 표현을 존중하는 내용으로 구성하였다.

목표: 아름다움과 예술에 관심을 가지고 창의적 표현을 즐긴다.

1) 자연과 생활 및 예술에서 아름다움을 느낀다.
2) 예술을 통해 창의적으로 표현하는 과정을 즐긴다.
3) 다양한 예술 표현을 존중한다.

〈표 3-7〉 예술경험 영역의 내용

내용범주	내용
아름다움 찾아보기	자연과 생활에서 아름다움을 느끼고 즐긴다.
	예술적 요소에 관심을 갖고 찾아본다.
창의적으로 표현하기	노래를 즐겨 부른다.
	신체, 사물, 악기로 간단한 소리와 리듬을 만들어 본다.
	신체나 도구를 활용하여 움직임과 춤으로 자유롭게 표현한다.
	다양한 미술 재료와 도구로 자신의 생각과 느낌을 표현한다.
	극놀이로 경험이나 이야기를 표현한다.
예술 감상하기	다양한 예술을 감상하며 상상하기를 즐긴다.
	서로 다른 예술 표현을 존중한다.
	우리나라 전통 예술에 관심을 갖고 친숙해진다.

(5) 자연탐구

자연탐구 영역의 목표와 내용범주는 유아가 호기심을 가지고 궁금한 것을 적극적으로 탐구하는 과정을 즐기며, 생활 속의 문제를 수학적, 과학적으로 탐구해 보면서, 생명과 자연환경을 존중하는 내용으로 구성하였다.

목표: 탐구하는 과정을 즐기고, 자연과 더불어 살아가는 태도를 가진다.
1) 일상에서 호기심을 가지고 탐구하는 과정을 즐긴다. 2) 생활 속의 문제를 수학적, 과학적으로 탐구한다. 3) 생명과 자연을 존중한다.

〈표 3-8〉 자연탐구 영역의 내용

내용범주	내용
탐구 과정 즐기기	주변 세계와 자연에 대해 지속적으로 호기심을 가진다.
	궁금한 것을 탐구하는 과정에서 즐겁게 참여한다.
	탐구과정에서 서로 다른 생각에 관심을 갖는다.
생활 속에서 탐구하기	물체의 특성과 변화를 여러 가지 방법으로 탐색한다.
	물체를 세어 수량을 알아본다.
	물체의 위치와 방향, 모양을 알고 구별한다.
	일상에서 길이, 무게 등의 속성을 비교한다.
	주변에서 반복되는 규칙을 찾는다.
	일상에서 모은 자료를 기준에 따라 분류한다.
	도구와 기계에 관심을 가진다.
자연과 더불어 살기	주변의 동식물에 관심을 가진다.
	생명과 자연환경을 소중히 여긴다.
	날씨와 계절의 변화를 생활과 관련짓는다.

6) 누리과정의 운영

(1) 편성과 운영

편성과 운영은 유치원과 어린이집에서 유아놀이 중심 교육과정을 편성하고 운영하기 위해 고려해야 할 공통적 기준을 안내한 것이다.

가. 1일 4~5시간을 기준으로 편성한다.
나. 일과 운영에 따라 확장하여 편성할 수 있다.
다. 누리과정을 바탕으로 각 기관의 실정에 적합한 계획을 수립하여 운영한다.
라. 하루 일과에서 바깥 놀이를 포함하여 유아의 놀이가 충분히 이루어지도록 편성하여 운영한다.
마. 성, 신체적 특성, 장애, 종교, 가족 및 문화적 배경 등으로 인한 차별이 없도록 편성하여 운영한다.
바. 유아의 발달과 장애 정도에 따라 조정하여 운영한다.
사. 가정과 지역사회와의 협력과 참여에 기반하여 운영한다.
아. 교사 연수를 통해 누리과정의 운영이 개선되도록 한다.

(2) 교수·학습

교수·학습은 유아가 즐겁게 놀이하며 스스로 배울 수 있도록 교사가 지원할 때 고려해야 할 사항이다.

가. 유아가 흥미와 관심에 따라 놀이에 자유롭게 참여하고 즐기도록 한다.
나. 유아가 놀이를 통해 배우도록 한다.
다. 유아가 다양한 놀이와 활동을 경험할 수 있도록 실내외 환경을 구성한다.
라. 유아와 유아, 유아와 교사, 유아와 환경 간에 능동적인 상호작용이 이루어지도록 한다.
마. 5개 영역의 내용이 통합적으로 유아의 경험과 연계되도록 한다.
바. 개별 유아의 요구에 따라 휴식과 일상생활이 원활히 이루어지도록 한다.
사. 유아의 연령, 발달, 장애, 배경 등을 고려하여 개별 특성에 적합한 방식으로 배우도록 한다.

(3) 평가

개정 누리과정에서 평가는 유치원과 어린이집에서 유아가 중심이 되고 놀이가 살아나는 누리과정의 운영을 되돌아보고 개선해 가는 과정이다. 개정 누리과정은 유치원과 어린이집에서 유아·놀이 중심 교육과정을 운영하는 데 도움이 되고자 평가를 간략화하고 각 기관의 자율적인 평가를 강조하였다. 유치원과 어린이집은 평가의 목적, 대상, 방법, 결과의 활용을 바탕으로 누리과정 평가를 자율적으로 실시할 수 있다.

가. 누리과정 운영의 질을 진단하고 개선하기 위해 평가를 계획하고 실시한다.
나. 유아의 특성 및 변화 정도와 누리과정의 운영을 평가한다.
다. 평가의 목적에 따라 적합한 방법을 사용하여 평가한다.
라. 평가의 결과는 유아에 대한 이해와 누리과정 운영 개선을 위한 자료로 활용할 수 있다.

생각해 봅시다

1. 우리나라 유아교육과정이 어떤 변화과정을 거쳤는지 정리해보고 미래 유아교육과정의 방향을 이야기해 봅시다.

2. 국가수준의 교육과정인 2019 개정 누리과정을 탐색하고 유아의 발달에 적합한 교사의 역할을 토의해 봅시다.

참고문헌

교육부, 보건복지부(2019). 2019 개정 누리과정 해설서. 세종: 교육부, 보건복지부.

김정희, 송영, 윤미승, 이순복, 탁정화, 홍지명(2023). **개정 누리과정에 기초한 유아교육과정**. 서울: 동문사.

김춘경, 민하영, 박경희, 송규운, 신인숙, 유승희, 이명환, 이미란, 이영미, 이영심, 조성자(2015). **유아교육개론**. 경기: 양서원.

서현아, 김창평, 하선혜, 한희정, 변상우, 허수윤, 오소리(2015). **유아교육개론**. 서울: 창지사.

Bobitt, F. (1918). *The curriculum*. Boston : Houghton Mifflin.

Kohlberg, L., & Mayer, R. (1972). Development as the aim of education. *Elementary School Journal, 73*, 50-54.

Schwartz, S. L., & Robison, N. F. (1982). *Designing curriculum for early children.* Boston: Allyn & Bacom.

Chapter

04

유아발달

유아기는 신체·정서·인지·사회 등의 모든 영역에서 급격한 발달이 이루어지는 시기이다. 유아기 발달은 유기체가 가진 내적인 요소와 유기체에 영향을 주는 외적인 요소인 환경과의 능동적이고 자발적 과정을 통해 이루어진다. 특히, 유아기에만 나타나는 발달의 특징이 있다. 그러므로 교사는 유아발달에 대한 이론을 구체적으로 이해하는 것이 필요하다.

본 장에서는 발달의 개념과 발달과 관련된 이론을 고찰하여 분석해본다. 또한 유아기 발달적 특성을 파악하여 교육적인 의미를 찾아보고 교사의 적절한 지원을 파악해보고자 한다.

학습목표

1. 발달의 개념과 발달의 일반적 원리를 설명할 수 있다.
2. 유아발달과 관련된 성숙주의 이론, 정신분석 이론, 행동주의 이론, 구성주의 이론, 인본주의 이론, 다중지능이론, 생태학적 이론의 내용을 분석할 수 있다.
3. 유아기 발달적 특징을 이해하고 교사의 지원 방안을 제시할 수 있다.

1. 발달의 개념

1) 발달과 관련된 용어

인간의 발달과 관련된 용어는 성장(growth), 성숙(maturation), 발달(development)이 혼용되어 사용되고 있지만 세 가지 용어는 의미상의 차이를 가진다. 발달에 대한 개념을 이해하기 위해서 먼저 세 가지 개념의 의미를 파악하여 각각의 차이점을 파악하는 것이 필요하다.

(1) 성장

성장은 키와 체중이 증가하는 것 같은 발달과정에서 나타나는 단순한 양적인 변화를 말한다. 일반적으로 성장은 신체적 면에서의 양적인 증대, 변화를 지칭하는 것으로 경험과 환경적 조건에 의해 크게 영향이 없는 변화를 뜻한다. 다시 말해 환경적인 영향을 비교적 적게 받고 일정한 시기에 자연히 이루어지는 신장, 체격, 체중, 치아, 신경 조직, 성징(性徵) 등에 대한 발달을 의미한다.

(2) 성숙

성숙은 성장을 기초로 한 질적 변화를 의미한다. 단지 신체적, 생리적 변화만을 뜻하는 것이 아니며 이를 바탕으로 발생하는 행동의 변화를 말한다. 성숙에서의 행동 변화는 유전적 메커니즘에 의한 것이며 부모에게서 받은 유전인자의 정보에 따라 변화가 나타난다. 예를 들어, 태아 발육, 영아의 보행, 영구치 돌출, 사춘기 2차성징 등이 있다. 성숙은 유전적 요인이 중요시되므로 성장과 같은 외부적 경험과 학습의 외적인 작용에 영향을 받지 않아도 발생하는 변화로 제한된다. 즉, 성숙은 선천적으로 결정된 성장 또는 신체적, 심리적 변화가 순서에 따라 자연적으로 이루어지는 것이라고 정의할 수 있다.

(3) 발달

발달은 인간의 변화과정을 모두 포함하는 것으로 출생에서 사망에 이르기까지의 전체적 과정이며 진보적이며 계속적인 양적·질적 변화로 정의한다. 또한 유기체와 유기체의 기관이 양적으로 증대하고 구조가 정밀화되며, 기능이 복잡해지고 유능해지는 것을 의미한다. 더욱이 발달의 변화과정은 성장, 성숙과는 다르게 환경과의 상호작용으로 인한 학습과 변화까지 포함한다. 즉, 발달은 양적인 변화뿐 아니라 신체적·심리적 측면에서 이루어지는 질적인 변화와 학습을 통해 갖게 되는 변화를 포괄한다.

2) 발달의 일반적 원리

발달은 모든 인간에게 적용되나 개개인의 특성에 따라 다르게 나타난다. 그러므로 한가지의 원리에 의해 설명될 수 없다. 그러나 인간의 발달은 몇 개의 기본적인 원리와 패턴에 따라 질서정연하게 이루어지고 있음을 알 수 있다. 인간 발달의 일반적 원리를 7가지로 요약하면 다음과 같다.

(1) 발달은 유전과 환경의 상호작용이다.

발달의 요인으로는 크게 유전과 환경이며 유전과 환경 어느 한쪽이 더욱 강조된다고 볼 수 없다. 발달에서 유전과 환경의 효과는 명확하게 구분되지 않으며 오히려 상호작용적으로 작용하게 되는 경우가 많다. 결국 발달은 개인의 유전적 요인과 환경적 요인에 모두 영향을 받으며 상호작용적으로 이루어지는 결과이다.

(2) 유아의 발달은 일정한 순서를 따른다.

발달은 질서정연한 형태로 일정한 순서에 따라 일어난다. 인간의 신체발달을 떠올려보면 앉을 수 있게 된 다음에 설 수 있고 선 다음에 걷게 되며, 목표를 향해서 손을 움직이기 시작하면서 물건을 잡을 수 있게 된다. 이와 같은 발달의 순서는 단순한 것에서부터 복잡한 행동으로 발달한다. 발달은 머리에서 다리로 발달하는 두미발달의 원칙, 중심에서 말초로 발달하는 근원발달의 원칙, 전체적 활동에서 특수한 활동으로 분화되는 세분화발달의 원칙 과정을 거친다.

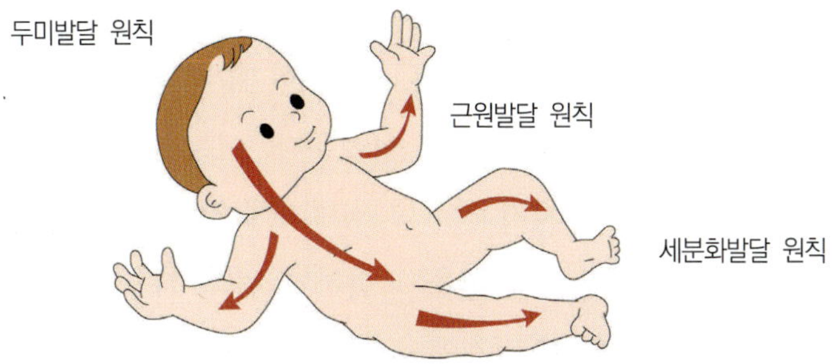

[그림 4-1] 발달이 진행되는 방향의 도식화

(3) 발달은 계속적 과정이지만 속도는 일정하지 않다.

발달은 계속적 과정이나 그 속도는 시기와 부분에 따라 다르다. 예를 들어, 신체 발달은 유아기와 사춘기에 급격하게 증가하고 다른 시기에는 발달의 속도가 비교적 느리다. 또한 언어발달은 유아기에서 현저하게 나타나는 특성이지만 논리적이며 추리적인 사고는 아동기를 지나쳐 청년기에 완숙된다. 이처럼 특정한 측면의 발달은 발달 단계에 따라 급격히 진행되므로 이 시기 발달의 장애를 겪으면 다음 발달에 영향을 미칠 수 있다(최지영, 2008).

(4) 발달에는 최적기가 있다.

유아에게는 발달상의 중요한 변화가 나타나는 최적의 시기가 있다. 유아는 최적기 동안 다른 시기보다 긍정적·부정적인 환경에 민감한 영향을 받는다. 이 시기에 발달적 경험이 부족하거나 적절한 시기를 놓치게 되면 앞으로의 발달에 치명적이거나 지속적 영향을 미치게 된다. 최적기를 겪고 있는 유아의 경험과 주변 환경은 평생을 좌우할 수 있을 정도로 중요한 과정이 된다. 특히 발달 초기에 부모와 안정적인 애착 관계를 형성하지 못하면 발달 후기에도 타인과의 원만한 대인관계를 형성하지 못하고 사회적 적응에 곤란을 겪을 수 있다. 또한 유아는 언어발달의 최적기이며 부모와 교사는 이와 관련된 적절한 지원이 필요하다.

(5) 발달은 연속적이고 점진적이다.

발달은 단절적이기보다 일생을 거쳐, 과거, 현재, 미래가 상호 관련되어 있고, 연속적이며 점진적인 과정을 통해 형성된다. 이는 유아기를 거치지 않는 아동기가 없고, 아동기를 거치지 않으면 청년기에 갈 수 없다는 것을 의미한다. 예를 들어, 유아가 언어로 자신을 표현하기 위해서는 영아기의 옹알이가 필요하다. 그러므로 발달은 현 단계에서 다음 단계로 이동한다는 연속성을 제공한다. 이처럼 발달은 생의 전 기간을 통해 지속적인 과정이다.

(6) 발달은 분화와 통합으로 이루어진다.

유아는 초기 발달과정에서는 미분화되고 전체적으로 반응하다가 점차 특수적이며 부분적인 반응으로 분화되는데 이것은 다시 복합된 형태로 통합되어 나간다. 예를 들어, 유아가 연필이라는 물건을 잡기 위해서는 대상을 바라볼 수 있는 시각이 발달해야 하고, 물건을 잡을 수 있는 소근육 운동 기술이 필요하다. 또한 눈과 손의 협응력이 이루어지면서 연필이라는 것을 인식할 수 있는 인지발달이 이루어져야 한다. 이처럼 유아는 신체, 인지, 언어, 정서, 사회발달의 모든 영역이 상호 관련되어 통합적으로 이루어져야 한다. 만약 어느 한 측면만 강조된다면 균형 있는 발달이 이루어지지 못한다는 것을 인식해야 하며 다양한 영역의 발달을 위한 적절한 지원이 필요하다.

(7) 발달은 개인차가 있다.

모든 사람은 보편적 발달 순서에 따라 성장하지만, 개개인의 발달에는 차이가 있다. 신장 발달의 경우 일찍 성장이 완료되는 사람이 있고, 천천히 발달하여 성인 이후까지 계속 자라는 사람도 있다. 또한 발달과정에서 어떤 사람은 창의적인 면이, 어떤 사람은 수리적인 면이 우세하게 발달하기도 한다. 또한 언어발달의 측면에서 보면 돌이 되기 전에 말을 시작하기도 하고, 세 돌이 되어서 말을 시작하기도 한다. 이처럼 발달은 일정하며 일반적인 형태를 따르고 있지만 개인에 따라 다르게 나타난다.

2. 발달 이론

모든 발달에 있어 매우 중요한 시기인 유아기의 발달적 특성을 이해하기 위해 이론적 근거를 제시해주는 발달 이론들을 살펴보는 것은 중요하다. 인간 발달에 관한 탐구 연구는 교육학자와 사회학자, 철학자 등 다양한 학자들을 통해 발전해 왔다. 발달 이론은 성숙주의 이론, 정신분석 이론, 행동주의 이론, 구성주의 이론, 인본주의 이론, 다중지능이론, 생태학적 이론의 일곱 가지로 나눠 살펴보고자 한다.

(1) 성숙주의 이론

성숙주의 이론에서 강조하는 것은 인간의 발달과정이 환경에 영향을 받기보다 유전적으로 이미 결정되어 있다는 점이다. 이는 유아의 발달이 생물학적, 유전적 또는 내재적 요인에 의해 이루어진다고 보는 것이다. 즉 유아의 성장과 발달은 성숙 기제에 의해 이루어지며 환경의 영향은 부가적인 것으로 생각한다.

성숙주의 이론은 루소의 자연주의 사상에서 출발하였으며 프뢰벨의 유치원 교육과정으로 이어졌고 다윈의 진화론에 영향을 받아 홀, 게젤 등의 심리학으로 발전하였다(이기숙, 2013). 홀(Hall, 1846~1924)은 다윈의 진화론의 개념을 적용하였다. 그는 인간 발달이 유전적 요인으로 결정됨을 강조하였으며, 인간발달의 단계를 유아기, 아동기, 전청년기, 청년기로 구분하였다. 게젤(Gesell, 1880~1961)

은 홀의 이론을 계승하여 태아기부터 결정된 유전 요소에 따라 발달단계와 순서가 예정되어 있다고 하였다. 또한 성숙의 과정이 예정된 발달 순서에 따라 진행된다는 발달 예정론을 주장하였고 과학적으로 입증할 수 있는 객관적이고 체계적인 성숙 이론을 발전시켰다.

게젤은 아동의 연령이 발달 순서를 가장 잘 나타내는 것으로 보았고, 무엇을 교육하기 위해서는 충분히 성숙하여 준비될 때까지 기다려야 한다는 학습 준비도(learning readiness)의 개념을 제시하였다. 이는 인간의 발달은 규칙성과 보편성을 가지고 있으며, 유아에게는 발달 수준보다 높은 성취를 강요하지 말아야 함을 강조한다고 볼 수 있다.

(2) 정신분석 이론

프로이트(Freud, 1856~1939)에 의해 창안된 정신분석 이론은 인간을 합리적이며 이성적인 존재가 아닌 무의식에 영향을 받는 비이성적이며 충동적인 존재로 보았다. 프로이트는 인간의 정신 구조를 의식(conscious), 전의식(preconscious), 무의식(unconscious)으로 구분하였다. 의식은 인간이 쉽게 인식할 수 있는 것으로 사고, 지각, 감정으로 구성된다. 전의식은 주의를 집중하면 의식화할 수 있는 것으로 의식과 무의식을 연결하는 교량 역할을 하며 기억, 꿈 등으로 이루어진다. 무의식은 의식하지 못하는 정신세계로서 정신의 가장 큰 부분이며, 인간의 행동과 사고를 통제하는 보이지 않는 힘이다.

프로이트는 인간의 성격을 원초아(id), 자아(ego), 초자아(superego)의 세 가지 구성요소로 개념화하였다. 원초아는 성격의 가장 큰 부분으로 본능적 욕구와 충동에 지배되는 쾌락원리로, 자아는 자신의 욕구와 쾌락을 현실의 조화를 고려해 조절하는 이성적인 부분인 현실원리로 설명하였다. 초자아는 도덕적이며 초월적인 가치로 자아이상과 양심으로 구성된다. 프로이트는 생애 초기의 성적 본능과 충동이 무의식에 잠재되어 있다가 드러나면서 성격으로 형성된다고 보았다. 프로이트는 성적 에너지인 리비도(Libido)를 강조하였으며, 리비도가 일생에 걸쳐 신체 여러 부위에 집중된다고 보았다. 리비도가 이동하며 집중되는 부위에 따라 구강기, 항문기, 남근기, 잠복기, 생식기의 다섯 단계로 구분하였다.

〈표 4-1〉 프로이트의 성격발달단계

단계	연령	특징	고착
구강기	0~1세	• 구강에 리비도가 집중되어 있고 입을 통해 만족감을 얻고자 함 • 생리적 욕구인 빨기, 깨물기, 삼키기 등과 같은 행동이 나타남	손가락 빨기 또는 깨물기, 흡연, 과식 등
항문기	1~3세	• 항문에 리비도가 집중되면서 소변, 대변을 보유하고 배설하면서 만족감을 얻고자 함 • 배변 훈련 과정에서 부모의 부드러운 태도는 창조력과 생산력의 기초가 됨	강박적인 성격, 결벽증, 더럽거나 난폭한 성격
남근기	3~5세	• 성기에 리비도가 집중되면서 생식기 자극으로 만족감을 얻고자 함 • 동성 부모에 대한 근친상간 욕망, 동성 부모에 대한 거세불안 및 남근 선망 • 남아는 오이디푸스 콤플렉스, 여아는 엘렉트라 콤플렉스가 나타남 • 유아는 동성 부모를 동일시하여 콤플렉스를 해결하고 초자아가 발달함	공격성, 과시적, 자기주장이 강함
잠복기	6~12세	• 리비도가 무의식 속에 잠복하며 성적인 욕구가 최소화됨 • 사회적 기술인 학습, 또래 관계, 운동 형성을 위해 노력함 • 자아와 초자아가 확고하게 형성됨	지나치게 사교적, 지나치게 비사교적
생식기	13~18세	• 잠복된 리비도가 왕성한 활동을 다시 시작하는 시기로 성기기라고도 함 • 이성과의 관계에서 성적 만족감을 얻으려고 하는 시기 • 순조로운 발달을 보이면 성숙하고 이타적인 성격을 보이게 됨	성적 욕구 지나치게 충족하고자 함, 성적 욕구를 억제하거나 숨기려 함

출처: 김정희 외(2023). 유아교육과정. 서울: 동문사.

에릭슨(Erikson, 1902~1994)은 성격 발달 기제를 사회적인 관계에서 찾았다. 그는 각 개인이 접하는 가족, 친구, 문화와 같은 심리사회적인 환경의 중요성을 강조하였다. 에릭슨은 인간의 발달단계를 8단계로 구분하였으며 발달의 각 단계에서는 성취해야 하는 발달과업과 위기를 포함하고 있다고 하였다. 또한 자아를 발달과정에서 위기를 해결하고 과업을 달성하는 주체로 본다.

에릭슨은 전 생애 발달을 강조하였으며, 인간은 발달과정에서 부딪히는 문제와 위기를 극복하거나 좌절하면서 성장한다고 하였다. 더욱이 초기 발달단계에서 실패를 경험하더라도 이후 발달단계를 진행하는 것에 대해 필연적인 영향을 주지 않는다는 낙관주의적 인간관을 제시하였다.

〈표 4-2〉 에릭슨의 발달단계

단계		연령	발달 과제	덕목
1단계	신뢰감 대 불신감	0~1세	• 양육자의 따뜻한 보살핌을 받은 영아는 신뢰감을 형성하며 그렇지 않으면 불신감이 생김	희망
2단계	자율성 대 수치심	1~3세	• 스스로 결정하여 행동하고 싶어 함 • 양육자가 선택권을 주면 자율성이 형성되지만, 강요와 억압은 수치심을 느끼게 함 • 배변 실수와 같은 기대에 못 미친 행동을 하면 회의감을 경험함	의지력
3단계	주도성 대 죄책감	3~6세	• 유아의 새로운 목표를 양육자가 지지하면 주도성이 발달함 • 지나친 통제는 죄책감이 생김	목적
4단계	근면성 대 열등감	6~12세	• 학교와 가정에서 여러 기능을 배우며 근면성이 형성됨 • 실수나 실패는 열등감을 생기게 함	능력
5단계	정체감 대 역할 혼미	12~18세	• 자신의 위치, 능력, 역할 등과 관련된 자아정체감을 형성하고자 함 • 동일시 대상을 찾거나 역할 혼미가 생기기도 함	충성심
6단계	친밀감 대 고립감	성인기	• 직업과 배우자를 찾게 됨 • 타인 특히 이성과의 친밀한 관계를 맺고 싶어 하고 잘 이루어지지 않으면 고립감을 느낌	사랑
7단계	생산성 대 침체성	중년기	• 자녀 양육과 직업을 통해 다음 세대에 공헌하고자 함 • 생산성을 경험하지 못한 사람은 성취감을 느끼지 못해 삶의 침체에 빠지게 됨	배려

단계		연령	발달 과제	덕목
8단계	통합감 대 절망감	노년기	• 지금까지의 삶을 가치 있는 삶으로 여기고 만족스러워함 • 삶에 만족감을 느끼지 못하면 절망을 느끼고 죽음을 두려워함	지혜

출처: 김정희, 이용주, 조숙영(2019). 영유아생활지도. 경기: 공동체.

(3) 행동주의 이론

행동주의는 보이지 않는 정신세계보다 행동을 관찰하여 탐구하는 것을 중시한다. 아동은 아무것도 가지고 태어나지 않는다는 로크의 백지설(tabula rasa)에 근거를 두며, 유아의 발달과 학습은 유전적 요인보다 환경적 요인에 의해 영향을 받는다고 여긴다. 이는 인간을 수동적인 존재로 외부 자극에 반응한다고 보는 견해이다. 유아의 학습은 모방과 연습을 통해 이루어지며 강화와 보상이 있을 때 더욱 잘 학습된다고 보았다.

러시아의 생리학자인 파블로프(Pavlov, 1849~1936)는 인간 행동의 여러 측면을 자극과 반응으로 설명하였다. 개를 대상으로 타액 분비 실험을 진행하였으며, 이를 통해 고전적 조건형성 과정을 제시하였다. 개에게 음식을 주면 개의 침샘에서 본능적으로 타액이 분비되는데, 음식은 무조건 자극이 되며 타액 분비는 무조건 반응이 된다. 이때 개가 들어도 아무런 반응을 안 하는 종소리를 함께 들려주면 종소리는 중립 자극이 된다. 개에게 무조건 자극인 음식을 주며 중립 자극인 종소리를 함께 들려주는 반복훈련을 진행하면 종소리만 들어도 타액이 분비되는데, 이 과정에서 종소리는 조건 자극이 되고 타액 분비가 조건반응이 되는 조건화가 이루어진다.

스키너(Skinner, 1905~1990)는 유기체가 스스로 조작하면서 학습이 일어난다는 조작적 조건형성 이론을 제시하였다. 스키너는 지렛대를 누르면 먹이통에서 먹이가 나오는 스키너 상자(skinner box)를 만들었다. 스키너 상자에 흰쥐를 넣고 상자 속을 돌아다니던 흰쥐는 우연히 지렛대를 누르게 되고 먹이가 나오는 보상을 얻게 된다. 이 같은 상황이 반복되면 흰쥐는 지렛대를 누르면 먹이가 나오는 것을 알게 되고 의도적으로 지렛대를 누른다. 이때 먹이는 생쥐의 행동에 중요한 역할을 하는 강화물이 되는 것이다. 반면 먹이가 아니라 전기 충격과 같은 벌을 받게 되면 더 이상 지렛대를 누르지 않았다. 이처럼 유기체의 행동 뒤에 오는 결과에 따라 특정 행동이 증가하거나 감소하는 학습 과정을 조작적 조건형성이라고 한다.

강화(reinforcement)는 조작적 조건형성의 핵심적인 부분으로 행동 빈도를 높이는 역할을 한다. 조작적 조건형성의 강화는 바람직한 행동을 증진하기 위해 사용되는 방법으로 음식, 관심, 칭찬, 선물 등의 대상물을 제공하는 정적 강화와 혐오스러운 자극을 철회하여 행동 빈도를 높이는 부적 강화가 있다. 벌(punishment)은 바람직하지 않은 행동을 감소시키는 것으로 행동을 통제하는 기능을 하지만 부정적인 정서를 동반할 가능성이 있다.

(4) 구성주의 이론

구성주의에서 유아의 발달과 학습은 타고난 유전적 요인과 환경적 요인의 상호작용으로 인한 결과로 본다. 구성주의 관점에서 바라본 학습자는 학습의 주체로서 자신의 흥미나 경험을 바탕으로 새로운 지식을 구성하는 존재이다(김정희, 김정열, 송영, 이경아, 2021).

피아제(Piaget, 1896~1980)는 인지구조의 기본 단위를 도식(scheme/schema)으로 명명하였으며, 동화(assimilation)와 조절(accommodation), 평형(equilibration)의 단계를 반복하면서 도식의 양적 발달이 이루어진다고 본다. 유아가 기존에 가지고 있던 도식이 새로운 정보를 이해할 수 없을 때 인지적으로 불평등한 상태가 되는데, 이때 동화와 조절을 통해 적응하는 과정을 거친다. 피아제는 유아가 평형화 상태에 이르게 되면 인지발달이 이루어진다고 보았다. 인지발달 단계는 감각운동기, 전조작기, 구체적 조작기, 형식적 조작기 순서로 이루어지며 발달은 정해진 순서대로 진행된다고 보았으나 발달의 속도에는 개인차가 존재한다고 하였다.

〈표 4-3〉 피아제의 인지발달 단계

단계	특징
감각운동기 (0~2세)	• 감각과 운동의 관계를 발견하고 조절하는 것을 학습함 • 감각운동기 초기에는 생득적 반사 활동을 보이고 후기에는 상징적인 표상을 통한 사고를 시작함
전조작기 (2~7세)	• 언어가 발달하면서 상징적 기호를 사용하는 사고 능력이 진보함 • 물활론적 사고를 하며 직관성, 자아중심성을 보임
구체적 조작기 (7~12세)	• 외형적으로 변화해도 물질은 그대로 남는다는 것을 이해하는 보존개념을 획득함 • 논리적 조작을 통해 사물 간의 관계를 이해하게 됨 • 자기중심성을 탈피하고 탈중심화가 이루어짐 • 서열화와 유목화를 할 수 있고 분류 개념이 형성됨
형식적 조작기 (12세 이후)	• 실제적이고 구체적인 상황을 넘어서 상징적 추론이 가능함 • 가설을 설정하여 체계적으로 검증하고 일반화할 수 있음

출처: 김정희, 김정열, 송영, 이경아(2021). 개정 누리과정에 기초한 영유아 교수학습 방법. 서울: 동문사.

비고츠키(Vygotsky, 1896~1934)는 유아를 타인과의 관계에서 사회적 영향을 받으며 성장하는 존재로 본다. 또한 문화마다 유아에게 요구하는 기대와 가치가 다르므로 같은 발달단계를 거치지 않음을 설명한다. 그러므로 유아는 동일한 인지발달 단계를 거치지 않으며 자신보다 성숙한 사회구성원과의 의사소통과 상호작용을 통해 사고가 발달함을 강조한다.

비고츠키의 근접발달지대(the zone of proximal development)는 유아가 스스로 과제를 해결할 수 있는 실제적 발달 수준과 성인이나 자신보다 뛰어난 또래의 도움을 받아 과제를 해결할 수 있다고 기대되는 잠재적 발달 수준과의 차이를 말한다. 비고츠키는 근접발달영역에서의 교사와 또래의 도움을 비계설정(scaffolding)이라고 명명하였으며, 사회적 상호작용인 비계설정과 내면화 과정을 통해 유아의 인지발달 수준이 높아진다고 보았다. 이때 교사는 유아의 발달 수준에 맞춰 과제를 제시하고, 과제를 해결하기 위한 단서를 제공하거나 모델을 제시하여야 한다. 또한 질문하며 토론하는 것과 같은 도움을 단계적으로 조절해주는 학습을 지원해야 하며 촉진자, 교수자, 중재자의 역할이 요구된다.

(5) 인본주의 이론

인본주의는 인간을 자기실현적 존재로 보며 인간의 자아실현을 강조한다. 매슬로우(Maslow, 1908~1970)는 개인을 자아실현을 위한 주체로 바라보며 인간의 감정과 사고를 강조한다. 매슬로우에게 자아실현은 유전적인 토대 위에 있지만 환경에 의해 결정되는 것이라고 보았다. 또한 가장 기본적인 욕구가 충족되면 다음의 욕구가 생기는 위계적 순서에 따라 진행된다고 하였다.

생리적 욕구는 인간의 가장 기본적이고 강력한 욕구로서 음식, 물, 체온유지 등과 관련된 욕구이며, 안전의 욕구는 신체적 안전, 의존성, 질병, 공포 등과 같은 위협적인 것에서 안전을 확보하고자 하는 욕구이다. 사회적 욕구는 사랑, 우정, 가족, 이웃, 국가 등에 소속되고자 하는 욕구이며, 존중의 욕구는 자아존중감, 유능감, 명예 등을 포함하고, 자아실현의 욕구는 자기 성취와 잠재력을 포함하여 창조적인 것을 실현하고자 하는 욕구이다.

욕구 이론은 기초욕구와 성장욕구로 나눌 수 있다. 기초욕구는 생리적 욕구, 안전의 욕구로 긴장을 해소하며 평형을 이루고자 하는 욕구이다. 성장욕구는 안정, 사회적 욕구, 존중의 욕구, 자아실현의 욕구로 즐거움과 긴장이 지속되는 것을 원하며 욕구가 충족되었을 때도 더 많은 욕구를 성취하고자 한다.

(6) 다중지능이론

가드너(Gardner, 1943~)는 『마음의 틀(Frames of Mind: The Theory of Multiple Intelligence)』을 출간하며 지능의 개념을 재정의하였다. 가드너는 다중지능을 한 가지 혹은 그 이상의 문화권에서 가치 있는 산물 생산과 문제를 해결하는 능력으로 보았으며, 일상생활에서 직면한 문제를 해결하는 능력, 해결해야 하는 문제를 발견하는 능력, 특정한 문화에서 가치 있다고 인정되는 것을 만들어내는 능력 등의 다원적인 시각에서 접근하였다(Armstrong, 2009).

가드너가 초기에 제시한 일곱 가지 지능은 자기성찰지능, 인간친화지능, 언어지능, 논리수학지능, 신체운동지능, 음악지능, 공간지능이었으며, 여덟 번째

지능인 자연지능을 새롭게 첨가하였다(Gardner, 2006). 이후 아홉 번째 지능인 실존지능을 제시하였다.

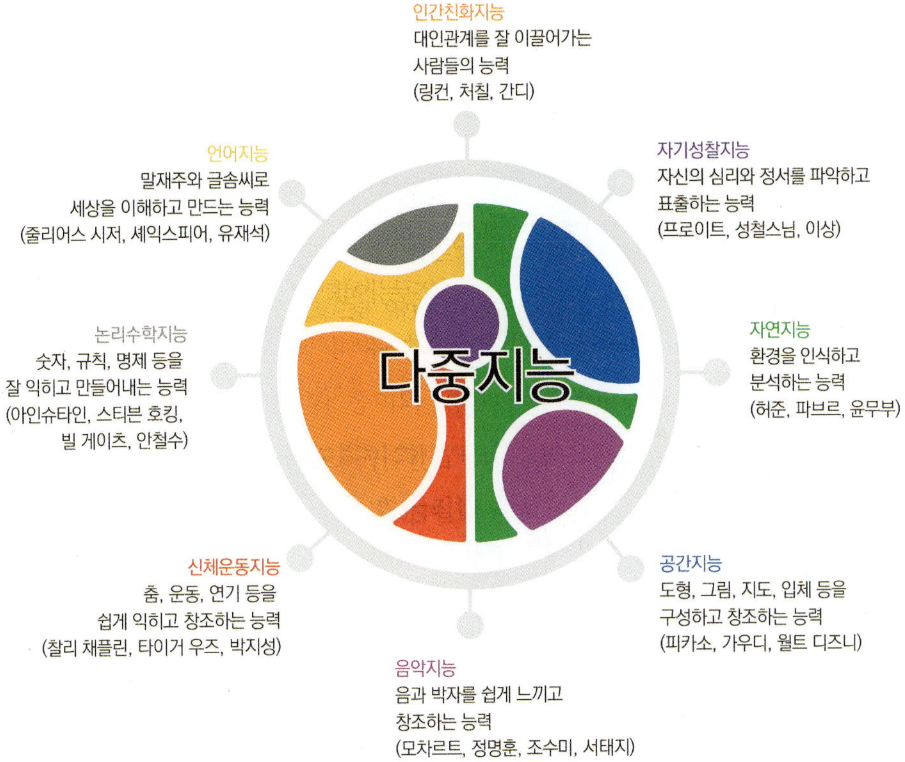

[그림 4-2] 다중지능이론

출처: 다중지능연구소 홈페이지(https://seodm.multiiq.com/). 검색일: 2024. 12. 8.

(7) 생태학적 체계이론

브론펜브레너(Bronfenbrenner, 1917~2005)는 유아의 주변 환경 속 얽혀 있는 체계들이 상호작용하며 발달이 이루어진다고 본다. 환경생태계는 다섯 가지로 미시체계(microsystem), 중간체계(mesosystem), 외체계(exosystem), 거시체계(macrosystem), 시간체계(chronosystem)로 나뉘며, 다섯 가지의 환경체계는 서로 영향을 주고받으며 유아의 발달에 영향을 준다.

생태학적 체계이론은 유아의 발달을 다양한 구조적 체계 안에서의 관계로 분석하여 설명하였고 개인과 환경뿐 아니라 환경 간의 상호작용을 강조하였다는 것에서 의의를 지닌다. 그러므로 생태학적 체계이론 안에서 유아의 발달을 지원하기 위한 교육은 유아를 둘러싼 환경에 대한 이해가 우선시 되어야 한다.

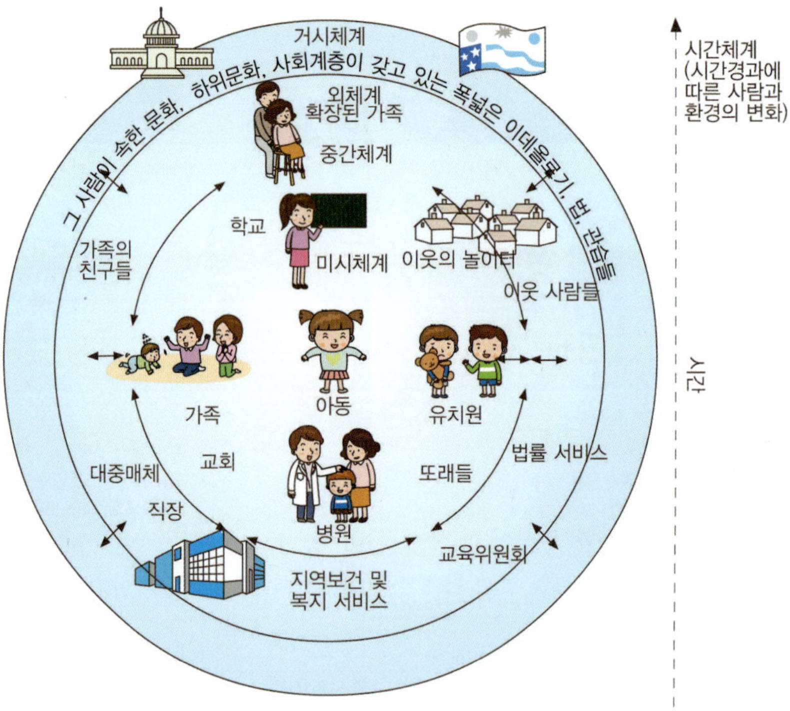

[그림 4-3] 브론펜브레너의 생태학적 체계이론

〈표 4-4〉 브론펜브레너의 생태학적 체계의 종류와 정의

종류	내용
미시체계	• 유아의 환경 중 가장 내부 체계 • 발달과 생활에 직접적으로 영향을 미치는 환경 ex) 가족, 친구, 유치원, 종교기관 등
중간체계	• 두 가지 이상의 미시체계가 상호작용하며 나타나는 체계 • 미시체계들이 강하게 연결되면 발달이 효과적으로 이루어짐 ex) 유아가 부모와 안정적 애착을 형성하면 유치원에서 또래와 긍정적인 관계를 맺기 쉬움

종류	내용
외체계	• 유아에게 간접적인 영향을 주는 사회적 구조 • 유아가 서로 다른 경험을 하게 되는 환경 ex) 부모의 직장, 가족과 친밀한 사람, 대중매체, 교통시설, 정부 기관 등
거시체계	• 유아의 발달에 전반적인 영향을 미치는 사회문화적 배경 • 환경의 바깥쪽에 위치하는 체계 ex) 문화, 신념, 관습, 전통, 제도, 법, 가치 등
시간체계	• 시간 차원의 환경 • 특정 시점의 사건이 전 생애에 걸쳐 영향을 줌 • 인생의 전이에 초점이 맞춰진 환경적 사건과 변화를 포함함 ex) 출생, 결혼, 이혼, 질병, 은퇴, 전쟁 등

출처: 김정희 외(2023). 유아교육과정. 서울: 동문사.

3. 유아기 발달적 특징

유아기 신체 성장 속도는 영아기에 비해 완만하나 꾸준히 증가한다. 또한 인지능력이 발달하고 상상과 환상적 사고가 풍부해진다. 자신과 주변의 환경에 대한 탐색이 활발해지며 많은 어휘를 습득하고 타인과의 의사소통이 활발해진다. 유아기 발달적 특징을 신체 및 운동발달, 인지발달, 언어발달, 정서발달, 사회성발달의 다섯 가지로 나눠 파악해보고자 한다.

1) 신체 및 운동발달

(1) 신체발달

유아기에 접어들면서 키와 몸무게 성장 비율은 영아기에 비해 완만해지지만 매년 키는 약 5~6cm, 몸무게는 2~3kg 정도로 꾸준히 증가한다. 뇌 발달 또한 영아기와 비교하여 볼 때 속도는 감소하지만 계속해서 성장한다. 유아기에는 영아기의 외적 특성인 배가 나오면서 살이 통통하고 짧은 다리의 외모에서 점차 체지방이 감소하면서 팔다리가 길어지고 몸통은 가늘어진다. 점차 성인과 비슷한 모습으로 변화하지만, 여성, 남성과 같은 체격 특성은 아직 나타나지 않고 평면적이고 직선적인 체형을 보인다.

(2) 운동발달

유아기는 신체적 안정성, 조작적 능력, 이동 능력 등이 발달하면서 신체를 이용한 활동을 수행하는 능력이 향상된다. 유아는 행동반경이 넓어지면서 탐색 욕구가 강해지고 자신의 운동능력을 시험해보고자 하는 시도를 하게 된다. 또한 활동의 수준이 높아지면서 끊임없이 움직이고자 하는 경향을 보인다. 운동능력이 발달하며 미끄럼 타기, 공 던지기, 공차기, 정글짐 오르내리기, 그네 타기, 자전거 타기 등과 같은 운동과 관련된 놀이를 즐기게 된다. 더불어 신체운동 놀이 과정에서 협동과 규칙 지키기와 같은 사회적인 관계를 형성하게 된다.

만 3세경에는 운동기능이 정교해지면서 세발자전거의 페달을 돌리며 방향을 조절할 수 있게 되고, 평균대에서 발을 바꾸어 걸을 수 있다. 또한 대근육 운동이 향상되어 한 발로 뛰거나 계단을 오르내릴 수 있다.

만 4세경에는 대근육 활동이 활발해지고 소근육이 점차 정교해진다. 선을 따라서 오리는 것이 가능하고 컵에 물을 따르거나 구슬에 실을 꿰는 것을 할 수 있다.

만 5세경에는 더욱 세밀한 조절 능력과 균형감각을 갖추고 정교한 손가락 동작을 통해 글씨 쓰기를 할 수 있다.

유아의 활발한 신체활동은 또래와의 사회적인 상호작용을 증가시키고 협동 및 규칙 지키기를 통해 친사회적 행동을 촉진한다. 또한 유아는 운동능력을 통해 자신감과 성취감을 얻게 되는데 이는 긍정적 자아상 형성에 매우 중요하다. 그러므로 교사는 유아의 발달 수준을 고려해 대·소근육 발달에 도움을 줄 수 있도록 다양한 활동을 준비해줘야 한다. 실내뿐만 아니라 실외에서도 전신의 균형과 협응력을 기르도록 해야 한다.

유아는 어른이 보기에는 다소 위험한 도전을 하면서 신체 능력을 시험해보고자 한다. 자신의 실제 운동발달에 비해 능력을 과대평가하거나 활동적인 특성으로 인해 위험 상황을 인식하지 못하고 판단력의 부재로 사고를 당하는 경우가 있다. 그러므로 교사는 유아의 운동발달에 맞춘 적절한 안전교육을 꾸준히 제공해야 한다.

2) 인지발달

피아제(Piaget)의 인지발달 단계에서 유아기는 전조작기이다. 전조작기 유아는 상징과 심상을 사용하며, 여러 개념이 발달하는 것과 같은 인지능력이 향상되지만 직관적 사고의 한계인 중심화 경향을 나타내기도 한다. 유아기 인지발달을 상징적 사고, 자기중심적 사고, 직관적 사고, 물활론적 사고로 나눠 살펴보고자 한다.

〈표 4-5〉 유아기 인지발달의 특징

인지발달	특징
상징적 사고	• 전조작기에는 비언어적인 상징적 행동이 나타나며, 상징과 심상을 사용하는 가상적 놀이가 나타남 • 이전의 감각과 행동에 의존하지 않으며 정신적 표상을 통한 활동이 나타남 • 상상놀이는 유아의 창의력, 사회성, 상상력 발달과 관련된 인지발달에 도움이 됨 ex) 베개 안고 아기 재우기, 막대기 들고 총 쏘기, 수많은 그리기 활동 등
자기중심적 사고	• 유아는 모든 것을 자신의 상황에서 바라보고 타인의 관점과 생각, 감정 등을 고려한 사고를 하지 못함 • 나와 타인의 관점이 다를 수 있다는 것을 알지 못함 • 피아제는 유아의 자기중심적 사고가 자기중심적 언어, 자기중심적 시각 조망으로 나타난다고 봄 • 자기중심적 언어는 사회적 언어소통이 아닌 자신과의 언어소통에 초점을 맞춘 상호작용으로 타인이 자신의 언어를 이해할 수 있다는 것을 고려하지 못함

인지발달	특징
직관적 사고	• 자기중심적 시각 조망은 타인이 자신과 같이 지각한다고 생각하는 정신적인 조작을 의미함 • 유아는 하나의 두드러진 지각적 속성을 통해 대상과 사물을 판단함 • 사고의 중심화 경향은 유아의 반응이 지각적으로 편향되어 있다는 것을 의미함 • 유아는 양에 대한 보존과제에서 높이와 넓이의 두 가지 차원을 동시에 고려하지 못하고 높이 또는 넓이의 한 가지 차원에 집중하여 문제를 해결하고자 함 • 수, 길이, 질량, 면적, 부피 등에서도 보존개념의 결여가 나타남
물활론적 사고	• 유아는 모든 사물이 살아있으며 각자의 의지에 따라 움직이고 감정을 가진다고 생각함 • 물활론적 사고는 유아기 초기의 가장 두드러진 특성으로 만 4~5세가 되면 감소하기 시작함 ex) 유아의 그림 속 태양과 꽃이 웃고 있는 모습, 가위로 종이를 자르면 종이가 아프다고 생각함, 책상 모서리에 부딪혀 넘어졌을 때 책상이 일부러 자신을 넘어뜨렸다고 여김

3) 언어발달

유아기는 형태론, 구문론, 화용론, 의미론 등 언어규칙에 대한 지식을 습득해나가며 성인의 언어처럼 복잡한 문장을 익혀나간다.

만 2세경부터는 기본적 의사소통 기술과 사회적 상황에 맞춘 언어를 사용하게 되는 화용론적 능력을 발달시킨다. 이 시기는 표현할 수 있는 언어보다 이해할 수 있는 언어가 더 많다. 정보 탐색에 미숙하므로 의사소통에 문제가 발생하기도 한다. 문장의 의미 보다 자신의 해석에 더 집중하고 있어서 언어적 모호성을 잘 탐색하지 못한다.

만 3~4세가 되면 어휘 사용량이 계속해서 증가하고 충분한 의사소통이 가능해진다. 두 단어를 조합해 문장을 만드는 전보식 언어를 사용하며 어휘가 폭발적으로 증가하고 호기심과 질문이 많아진다. 또한 문법을 가르치지 않아도 기본적인 문법구조를 습득해가며 점차 성인 언어와 비슷해지는 경향을 보인다. 그러나 의문문과 부정문 사용에 있어 문법이 맞지 않은 불완전한 문장을 사용하기도 하며, 말할 때 몸짓을 크게 하고 우스운 소리와 말놀이 자체를 즐기기도 한다.

유아기가 끝날 무렵에는 거의 완전한 문장의 대화가 가능하며 성인의 언어 형태와 흡사해지므로 원만한 의사소통이 가능해진다. 또한 소리, 단어, 글자 이름의 변별이 가능해지며 과장하는 말이나 유머를 사용하는 것을 좋아한다. 더불어 지각 능력과 변별력이 발달하면서 동화책에 관심을 보이기 시작하고 스스로 글자를 읽거나 찾는 행동을 보인다.

유아의 언어발달을 격려하기 위해서는 자연스럽게 의사소통, 쓰기, 읽기 발달이 이루어지도록 현재 언어 능력과 개인적 흥미, 욕구를 배려한 놀이 환경이 제시되어야 한다. 또한 유아에게 교사는 중요한 언어적 모델이 되므로 유아의 말을 존중하며 들어주고 언어적·비언어적 반응을 통해 적극적인 상호작용을 해야 한다.

4) 정서발달

유아기는 영아기에 비해 다양한 정서가 나타난다. 또한 정서의 분화과정을 거치면서 자신의 정서적 경험을 오랫동안 기억할 수 있게 되고 자신이 무엇 때문에 화가 났는지, 슬픈지 이야기할 수 있게 된다. 유아기는 정서가 강하게 나타나지만, 지속시간이 짧고 정서적 반응이 다양하고 폭발적인 특징을 보인다. 유아기 정서발달에서 나타나는 큰 변화는 자신과 타인의 정서를 지칭하는 언어를 사용하는 능력과 정서에 대한 이해력이 높아진다는 것이다(Kubeli, 1994).

만 2~3세 유아는 정서를 표현하는 단어들을 사용하면서 정서적 낱말 그 이상을 이해하게 되고 정서의 원인과 결과를 알아간다.

만 3~4세 유아에게 질투심은 흔히 보이는 정서 중 하나로 신체·생리적 현상이라기보다 인지·사회적 발달로 나타나는 행동이다. 예를 들어, 동생의 출생으로 인해 심리적 스트레스를 받으면 소변 실수, 손가락 빨기 등의 퇴행적 행동으로 표현되기도 한다.

만 4세경에는 청각적인 것에 대한 두려움이 강해지며, 만 5세경에는 불안, 부러움, 수치, 희망, 기대, 실망 등의 정서가 분화되어 나타난다. 만 6세경에는 귀신과 같은 상징적 대상에 대해 공포를 느끼며 심리적 위축감을 경험하기도 한다.

유아기 동안 타인의 정서 표현을 이해하고 해석하는 능력은 꾸준히 증가한다. 일반적으로 정서적 조절력과 이해력이 높은 유아는 또래와의 긍정적 관계를 유지하고 사회적 유능감이 높다. 그러므로 유아의 정서발달을 촉진하기 위해서 교사, 또래 등과 풍부한 정서적 상호작용을 하며 정서적으로 안정된 환경을 조성하도록 해야 한다. 이때 교사는 유아에게 적절한 정서 표현의 모델이 되어야 한다. 또한 유아가 부정적인 감정인 불쾌, 분노, 슬픔, 죄의식 등과 같은 정서를 잘 조절하도록 돕기 위해서 유아의 정서적인 감정과 욕구에 귀를 기울여줘야 하며 정서를 조절하고 통제하도록 도와야 한다.

5) 사회성 발달

유아는 성장하면서 가정뿐 아니라 유아교육기관, 사회 등으로 생활의 범위가 확대되며 대인관계의 폭이 다양해지고 넓어진다. 유아가 가정과 유아교육기관에서 하게 되는 새로운 경험은 사회성 발달의 기회가 된다. 특히 또래와의 다양한 상호작용은 사회성 발달에 중요 원인이 되므로 또래와 잘 어울릴 수 있는 환경을 조성해줘야 한다.

만 3세경에는 자기중심적인 사고가 강해 또래와 놀잇감을 나누고 양보하는 것에 한계가 있어 놀잇감으로 인한 다툼이 빈번히 나타난다. 또한 이 시기에는 "싫어", "안 해"라고 말하며 부모의 요구에 반항하는 태도를 보이기도 한다.

만 4세경에는 타인을 이해하려는 능력이 발달하며 역할 놀이에 참여하고, 만 5세경에는 집합 생활에 익숙해지고 사회적 지식을 형성하게 된다.

만 4~5세경에는 성에 대한 호기심이 많아지고 유아 자신이나 부모, 형제자매, 친구의 성별에 관심을 가진다. 동시에 부모의 사랑과 관심을 독차지하고자 하며 동성의 부모, 형제자매를 경쟁 대상으로 인식하기도 한다. 이후 부모의 태도와 가치관을 자신의 것으로 받아들이고자 하는 동일시가 나타나며 이는 초자아의 기초가 된다. 이처럼 유아는 도덕적인 행동에 대한 개념을 인식하면서 초보적인 형태의 양심을 형성한다.

유아는 자신을 둘러싼 관계에서 사회화 과정을 겪게 되고 자아개념을 형성하게 되면서 친사회적 행동과 성역할 개념을 획득한다. 이때 놀이는 유아의 사회성 발달에 있어 중요한 역할을 하게 되며 사회적 기술과 역할을 습득하게 한다. 유아의 놀이 형태는 점차 연합놀이나 협동놀이로 발전하며 자신과 비슷한 흥미, 체격, 요구를 가진 또래와의 상호작용을 선호하는 경향을 보인다.

놀이 과정에서 타인에 대한 감정이입이 생기고 또래와의 정서적인 갈등을 겪게 되기도 한다. 이때 교사는 유아가 자신과 타인의 감정에 대해 이해하고 조절하도록 도와줘야 한다. 또한 유아가 또래와 바람직한 상호작용을 하며 또래 관계에서 소속감을 갖도록 긍정적 강화를 제공해주는 것이 좋다. 더불어 유아가 교사의 친사회적 행동을 보고 모델링할 수 있도록 원장, 원감, 동료교사와 긍정적 관계를 맺고 교육 환경에서 유아를 일관성 있게 지도해야 한다.

생각해 봅시다

1. 예비교사로서 본인이 생각하는 발달을 정의하고 유아발달을 지원하기 위한 교사의 역할을 이야기해 봅시다.

2. 성숙주의 이론, 정신분석 이론, 행동주의 이론, 구성주의 이론, 인본주의 이론, 다중지능이론, 생태학적 이론을 분석하고 유아교육 현장에서 활용할 수 있는 학습 방법을 토의해 봅시다.

참고문헌

김정희, 김정열, 송영, 이경아(2021). **개정 누리과정에 기초한 영유아 교수학습 방법**. 서울: 동문사.

김정희, 이용주, 조숙영(2019). **영유아생활지도**. 경기: 공동체.

김정희, 송영, 윤미승, 이순복, 탁정화, 홍지명(2023). **유아교육과정**. 서울: 동문사.

이기숙(2013). **유아교육과정**. 서울: 교문사.

최지영(2008). **유아교육개론**. 서울: 동문사.

Armstrong, T. (2009). *Multiple Intelligences in the Classroom.* 3rd edition. Alexandria, VA: Association for supervision and curriculum development.

Gardner, H. (2006). *Multiple intelligences: New horizons in theory and practice.* New York: Perseus Books.

Kubeli, J. (1994). Young children's understanding of everyday emotions. *Young children, 49*(3), 36-47.

Chapter

05

유아놀이

유아들은 놀 생각을 하며 눈을 뜨고 내일 놀거리를 생각하며 잠이 들기도 하고 누가 가르쳐 주거나 시키지 않아도 유아들은 쉴 새 없이 주변을 탐색하고 곧 그것들을 가지고 각종 놀이에 빠져든다. 어떠한 결과를 얻기 위함이 아닌, 놀이 그 자체가 즐거워서 놀이에 열과 성을 다하는 유아들에게 놀이는 그 무엇보다 소중한 것이며 유아는 자신에게 소중한 놀이를 부모가 인정해 주었을 때 존중받는 느낌을 가질 수 있다. 이에 본 장에서는 유아놀이를 이해하기 위해 유아놀이의 특성 및 중요성에 대해 이해하고 놀이이론에 따른 유아놀이 유형과 연령별 놀이 발달에 관해 분석하고자 한다. 또한 유아교육기관에서 유아놀이 시간의 의의를 살펴보고 유아놀이 활성화를 위한 교사의 역할에 대해 알아보고자 한다.

학습목표

1. 유아놀이의 특성과 중요성에 대해 설명할 수 있다.
2. 놀이이론을 고전적 놀이 이론과 현대 놀이 이론으로 정리할 수 있다.
3. 유아놀이 유형을 분석하여 설명할 수 있다.
4. 연령별 놀이 발달을 정리하여 제시할 수 있다.
5. 유아교육기관의 자유놀이 시간에 대한 의의를 살펴보고 실내·외 자유놀이 시간의 효율적 운영을 정리할 수 있다.
6. 유아 놀이지원을 위한 다양한 교사의 역할을 설명할 수 있다.

1. 유아놀이의 특성 및 중요성

1) 유아놀이의 특성

놀이는 능동적이며 자발적이고 재미있는 과정 중심적인 특성이 강한 행동이다. 반면 일은 수동적이고 강요적이며 고되고 외부로부터 부과된 규칙의 구속을 받는 특성이 있다. 영유아에게 있어 놀이는 가장 자연스러운 행동이고 영유아의 생활 그 자체라고 볼 수 있다. 놀이는 영유아가 즐겁고 흥미롭게 행하는 활동이며 자발적이고 능동적으로 참여하여 자기 동기화와 능력감을 발전시켜 나가는 데 도움을 주는 활동이다.

놀이의 중요한 특성을 살펴보면 다음과 같다.

① 놀이는 재미있고 즐거운 것이다.
② 놀이는 자발적인 것이다.
③ 놀이는 상상적인 측면이 강하다.
④ 놀이는 행동의 결과보다 과정이 더 중요시된다.
⑤ 놀이는 외부에서 부과된 규칙에 구속을 받지 않는다.
⑥ 놀이는 놀이자의 능동적 참여를 요구한다.

2) 놀이의 중요성

대부분의 부모들은 자녀에게 '공부하고 나서 놀아라'라는 말을 자주 사용한다. 학습과 놀이를 전적으로 구별되는 것이라는 의미가 내포된 말로 사용하는 반면 어떤 사람들은 놀이가 영유아의 모든 발달을 촉진시킨다고 본다. 놀면서 배운다는 말도 있듯이 놀이는 영유아의 생활일 뿐만 아니라 학습의 효과적인 수단이다. 그만큼 놀이는 영유아가 인간답게 성장하고 발달하는 데 꼭 필요하며 가치 있는 활동이다. 공차기를 하면서 키가 크고, 친구와 함께 블록으로 집을 지으면서 협동하는 것을 알게 된다.

유아교육에서 놀이가 왜 중요한지보다 구체적으로 살펴보면 다음과 같다(이기숙, 노영희, 이경미, 엄정애, 2011).

① 놀이는 신체활동의 즐거움을 느끼게 한다.
② 놀이는 사고력과 창의력을 길러준다.
③ 놀이는 언어능력을 길러준다.
④ 놀이는 또래와 어울리게 한다.
⑤ 놀이는 부정적인 감정을 자연스럽게 해소하는 기회를 제공한다.

영유아는 놀이를 함으로써 신체적으로 건강을 유지하고 지적으로 성장하며, 정서적으로 안정되고, 사회적으로 다른 사람과 잘 어울리게 된다. 영유아는 놀이를 통해 자신뿐 아니라 자기 주변 세계를 가장 자연스러운 방법으로 이해하게 되는 것이다. 놀이는 영유아의 전인적 성장을 돕는다고 볼 수 있다. 따라서 놀이중심의 학습방법은 유아교육의 중요한 교육원리로 간주된다.

2. 놀이 이론

놀이에 대한 이론으로는 19세기 말부터 20세기 초기에 많은 학자들에 의해 연구가 이루어졌으며 놀이의 본질을 규정하는 데 기초가 되는 고전적 놀이 이론과 현대놀이 이론으로 나누어 살펴보면 다음과 같다.

1) 고전적 놀이 이론

(1) 잉여 에너지 이론(Surplus energy theory)

잉여 에너지 이론이란 놀이는 일하고 남은 잉여 에너지를 발산하기 위하여 나타나는 행동이라는 주장이다. 이러한 이론을 주장한 사람으로는 쉴러(Schiller)와 스펜서(Spencer) 등이 있는데, 어린이들은 지쳐 있을 때라도 흥미로운 놀이에 관심을 보인다는 점에서 반론이 제기되고 있다.

(2) 연습 이론(Practice theory)

연습 이론이란 놀이는 성인의 생활에 필요한 기본적인 기술을 연습하는 행동이라는 주장이다. 이러한 이론을 주장한 사람으로는 그로스(Gross)가 있는데, 성인기에도 계속적으로 놀이하는 경향이 있다는 점에서 반론이 제기되고 있다.

(3) 휴식 이론(Recreation/Relaxation theory)

휴식 이론이란 놀이는 작업에 의해 소진된 에너지의 재충전을 위한 휴식 행동이라는 주장이다. 이러한 이론을 주장한 사람으로는 패트릭(Patrick)과 라자러스(Lazarus) 등이 있는데, 어린이들은 피로가 쌓일 정도로 일을 하지 않았어도 놀이에 열중하는 이유를 설명하기 어렵다는 점에서 반론이 제기되고 있다.

(4) 반복이론(Recapitulation theory)

반복이란 개체발생(한 인간의 성장과정)은 계통발생(인류라는 종의 진화과정)을 그대로 따른다는 개념이다. 반복이론은 인간이 하등동물에서 진화되었다는 다윈(Darwin)의 진화론에 근거하고 있으며, 미국의 심리학자이며 교육자인 홀(Hall)이 주장한 이론이다. 반복이론은 놀이를 통해 인류의 진화과정을 반복·재현함으로써 원시본능을 제거시키고 진화에 유용한 결정적인 행동은 계승시킨다는 것이다.

2) 현대 놀이 이론

(1) 정신분석 이론(Psychoanalytic theory)

정신분석 이론에서는 놀이를 인간에게 내재되어 있는 감정과 욕구를 표현하는 것으로 이해한다(김경철, 2020). 프로이트(Freud)에 의하면 유아는 놀이를 통해 감정을 조절하고 억눌렀던 감정을 표현하면서 공격성, 분노, 불쾌감 등 부정적인 감정도 조절하는 것이다.

(2) 인지발달 이론(Cognitive theory)

인지발달 이론에서는 놀이는 유아가 세상을 이해하는 데 도움을 주는 매개체 역할을 하는 것으로 주장하고 있다. 피아제(Piaget)에 의하면 놀이는 유아의 인지적 발달 수준을 반영한다고 하였고, 비고스키(Vygotsky)는 놀이가 유아의 상호주관성과 자기 조절력을 증진시킨다고 하였다.

(3) 상위의사소통이론(Meta-communications theory)

베이트슨(Bateson, 1971)은 놀이의 상위의사소통(초의사소통)적인 측면을 의사소통체계에 연결시켰다. 놀이상황에서 상위의사소통이란 놀이의 여러 가지 상황, 행동, 사물 등을 놀이 친구에게 이해시키고 설명해주기 위한 의사소통으로 예를 들면, 친구에게 '우리가 지금 가짜로 싸우는 거라고 하자'라고 말함으로써 자신이 맡은 역할에 충실하면서 동시에 자신이 누구인지 실체를 인식하고 있는 것이다. 즉, 놀이의 맥락을 중요시하고 현실과 가상 세계를 넘나들면서 유아의 의사소통에 초점을 두고 놀이를 설명하였다.

3. 놀이의 유형

1) 인지적 놀이의 유형

(1) 기능 놀이

기능 놀이는 감각운동기의 영아가 기능적인 즐거움을 위해 반복적으로 되풀이하는 단순한 놀이 행동을 의미한다(임미선, 2018). 최초의 놀이로서 감각운동기에 주로 나타나며 자신이 이미 가지고 있는 단순한 운동 반응을 반복적으로 연습하는 것이다.

[그림 5-1] 반복적인 기능놀이

(2) 구성 놀이

구성 놀이는 놀잇감을 사용하여 무엇인가를 만들고 구성하는 놀이를 말한다(황해익 외, 2016). 블록을 끼워 맞추거나 쌓아 올려 집을 만들거나 점토나 색종이 등을 활용하여 어떤 형태를 만드는 놀이가 여기에 해당된다.

[그림 5-2] 블록으로 집 짓는 구성놀이

[그림 5-3] 소꿉놀이하며 음식 먹는 상징놀이

(3) 상징 놀이

상징 놀이는 존재하지 않는 사물을 표상하는 놀이로서 가작화 요소인 '마치 ~인 척' 표상하는 놀이로 정의할 수 있다(지옥정 외, 2018). 피아제는 감각운동기에 나타나는 물체의 영속성, 지연 모방, 언어 등과 같은 인지적 발달 및 표상 능력 발달의 결과로 상징 놀이가 나타난다고 하였다.

[그림 5-4] 친구들과 동극 하는 사회극놀이

(4) 사회극 놀이

사회극 놀이는 자발적인 사회적 놀이 형태의 하나로, 유아들은 자신의 상상력과 창의력을 활용하여 다양한 역할을 해보고, 대화의 참여하고, 사물을 다루고, 풍부한 문해적 환경에 노출된다(지성애 외, 2018). 사회극 놀이는 둘 이상의 유아들이 함께 역할을 가장하여 상황이나 이야기를 구성하는 것이다.

[그림 5-5] 두 팀으로 나눈 윷놀이 게임

(5) 규칙이 있는 게임

유아의 인지 능력이 발달하면서 놀이에도 변화가 생긴다. 규칙이 있는 게임은 구체적 조작기의 유아가 주로 하는 가장 발전된 형태의 놀이로 정해 놓은 규칙에 따라 2명 이상의 또래와 경쟁하면서 승부를 겨루는 활동이다. 유아가 정해진 규칙을 잘 지키며 게임을 하려면, 규칙을 올바르게 이해하고 적절하게 적용하며, 주어진 범위 내에서 자신의 행동을 통제할 수 있어야 한다(이경화 외, 2013).

2) 사회적 놀이의 유형

(1) 비참여 활동

이것은 엄밀히 말하면 놀이라고 할 수 없는 행동으로, 순간적으로 관심 있는 것이 생기면 이를 바라본다(황해익 외, 2016). 여기저기 돌아다니거나 선생님을 따라다니는 등 주로 탐색활동을 한다.

[그림 5-6] 그리기도구 탐색하는 비참여활동

(2) 방관자적 행동

유아는 다른 아이들이 노는 것을 바라보면서 시간을 보낸다. 가끔씩 자신이 구경하고 있는 친구에게 말을 걸거나 질문을 하기도 하지만 놀이에 직접 참여하지는 않는다.

[그림 5-7] 바라보기만 하는 방관자적 행동

(3) 혼자 놀이

혼자 놀이는 사회적 상호작용의 정도가 매우 낮은 놀이유형으로서 1.5~2세 사이에 전형적으로 나타나며 이 시기의 유아는 다른 유아가 주위에 있어도 관심을 나타내지 않고 가까워지려는 시도를 전혀 하지 않으며 전적으로 자기만의 혼자 놀이를 계속한다(지옥정 외, 2018).

[그림 5-8] 블록을 옮겨서 노는 혼자놀이

[그림 5-9] 똑같이 나란히 노는 병행놀이

(4) 병행 놀이

주변에 있는 다른 친구들과 동일한 놀이를 하지만 상호작용하거나 간섭하지 않고 혼자서 하는 놀이 형태이다. 다른 친구들과 함께 어울려서 놀지는 않으면서 친구들 곁에서 노는 경우가 해당한다. 똑같이 블록 놀이를 하지만 다른 친구들과는 별도로 따로따로 노는 경우를 예로 들 수 있다.

[그림 5-10] 친구와 어울리는 연합놀이

(5) 연합놀이

놀이에 참여한 아동은 비슷하거나 동일한 활동에 참여하지만 일의 분담도 없고, 어떤 결과물이나 목표 달성을 위해 개인 간의 활동이 조직화되어 있지도 않다(한미라 외, 2016). 집단의 관심사에 자신의 흥미를 예속시키지 않으며 자신의 원하는 대로 행동한다. 그러나 대화를 들어보면 자신의 활동에 흥미가 있는 것이 아니라 함께 어울려 노는 데 관심이 있다.

[그림 5-11] 여객선 운행을 위한 협동놀이

(6) 협동 놀이

어떤 목표를 얻기 위해 한두 명의 어린이가 지휘하는 가운데 이루어지는 조직적 집단놀이다(김수향 외, 2015). 유아마다 역할이 하나씩 주어지면서 펼쳐지는 놀이로 현실을 재현하거나 상상 놀이가 주로 이루어진다. 학교 놀이, 병원 놀이, 상점 놀이, 가족놀이 등이 이에 속한다. 주로 4세 이후의 유아들이 하는 놀이이다.

4. 연령별 놀이 발달

> **-8개월 된 지현이의 놀이장면-**
>
> 8개월 된 지현이가 퍼즐 조각을 입에 넣어 빨아 보고 씹고 있다. 엄마는 지현이에게 화를 내며, 이것은 맞추기를 하는 놀잇감이라고 설명한다. 엄마의 머릿속은 조각 그림을 여러 번 맞추는 동안 지현이의 머리가 좋아질 거라는 생각으로 가득 차 있다. 하지만 그림 맞추기 퍼즐은 지현이에게는 너무 수준이 높은 놀잇감이다. 지현이는 모든 사물을 입으로 느껴보면서 탐색하고, 자신의 생각을 형성해 나가는 발달단계에 있기 때문에 퍼즐을 입으로 가져갈 수밖에 없었던 것이다.

놀잇감을 가지고 무엇을 하며 노는가는 영유아의 성장에 따라 변화하고 발달한다. 연령이 증가할수록 놀이의 유형뿐 아니라 사용하는 놀잇감의 종류나 양, 놀잇감의 활용 면에서도 많은 변화가 나타난다. 성인은 영유아의 발달 수준에 알맞은 놀잇감을 제공해야 한다. 영유아의 연령에 따른 놀이발달을 살펴보면 다음과 같다. 브론슨(Bronson, 1998)의 영유아의 발달단계에 적합한 놀잇감은 <표 5-1>에 제시되어 있다.

1) 영아기(0~만2세)

영아기는 영아가 두 다리로 서서 걷기 시작하기 전의 영아 전기와 걷기 시작한 후의 영아 후기로 나누어 볼 수 있다. 영아 전기와 영아 후기의 놀이 발달 특성이 각각 어떠한지, 적합한 놀잇감으로는 어떤 것이 있는지를 제시해 보고자 한다.

(1) 영아 전기

-4개월 된 지연이, 8개월 된 하영이, 10개월 된 승호의 놀이 장면-

4개월 된 지연이는 아기 침대 위에 달린 모빌이 흔들리는 대로 눈이 왔다 갔다 한다.

8개월 된 하영이는 손에 쥐어 준 딸랑이를 입에 넣고 쭉쭉 빨고 있다. 우연히 딸랑이를 건드려 소리가 나자 매우 신기해한다. 10개월 된 승호는 손과 다리 근육의 운동기능이 발달하면서 보다 다양한 탐색을 한다. 아무 물건이나 입에 넣고, 잡아 흔들어서 소리를 내며, 물이나 주스 등을 엎질러 놓고 손으로 휘젓거나 문지르는 감각 운동적 놀이를 반복하며 즐거워한다. 또한 빗을 머리에 갖다 대거나 컵 안에 스푼을 넣고, 전화기를 들어서 귀에 대는 등의 단순한 모방 놀이를 한다.

이 시기의 영아들은 어떤 사물이든지 냄새를 맡아보고, 소리를 들어보고, 맛을 보고, 입에 넣으려고 한다. 이 세상의 모든 사물을 신기해하며 놀잇감처럼 가지고 논다. 또한 자기가 주도적으로 하는 놀이보다는 짝짜꿍이나 까꿍 놀이처럼 성인이 함께하는 놀이에 참여하는 경우가 대부분이다. 따라서 성인은 놀잇감만 제시해 주기보다는 영아와 함께 놀잇감을 탐색해 보며 놀아 주는 것이 효과적이다. 예를 들어, 딸랑이를 영아의 손에 쥐어 주고 흔들어 본다거나, 침대 위의 모빌을 손으로 가리키며 보게 하거나, 흔들어서 소리를 들어보게 하는 등 놀잇감을 통해 많은 자극을 주어야 한다.

(2) 영아 후기

-19개월 된 준우의 놀이 장면-

19개월 된 준우는 밖으로 나가자고 엄마를 조른다. 엄마가 비가 와서 못 나간다고 하자, 몇 번 떼를 쓰다가 끈이 달린 자동차를 끌고 신나게 방안 여기저기를 돌아다닌다. 준우의 엄마는 부엌에서 일을 하다 준우가 갑자기 조용해지자 하던 일을 멈추고 준우가 무엇을 하고 있는지 살펴본다. 준우는 끌고 다니던 자동차는 옆에 두고 앉아서 모양을 맞추어 넣는 상자에 동그라미 모양을 끼워 넣느라고 애를 쓰고 있다.

이 시기의 영아는 대·소근육 운동능력이 발달 되어 흔들 목마 타기, 공 던지고 받기를 좋아하며 끌고 다니는 놀잇감을 무척 좋아한다. 눈과 손의 협응력도 발달하여 물건을 다른 물건 위에 포개어 쌓는 놀이나 모양 조각을 모양 구멍에 넣는 놀이를 재미있어하고 수성 매직을 잡고 긁적거리는 놀이도 할 수 있다. 일상생활에서 부모를 통해 경험한 내용의 단순한 역할 놀이, 예를 들어 전화 놀이, 인형 돌보기 등의 놀이를 좋아한다. 아직까지는 감각 운동놀이를 많이 하는 시기이다. 즉, 밀가루 반죽, 모래, 물 등을 가지고 주무르고 냄새 맡는 등 감각적으로 탐색하는 놀이를 즐긴다. 이 시기의 자녀를 둔 부모들은 바깥세상을 궁금해하는 영아들의 욕구 때문에 힘들어한다. 걷는 데 익숙해진 영아들이 더욱 넓은 공간인 실외에서 마음껏 걸어 다니고, 공놀이를 하며, 자동차나 강아지 놀잇감을 끌고 다니고 싶어 하기 때문이다.

2) 유아 전기(만 3~4세)

-36개월 된 하은이의 놀이 장면-

36개월의 하은이는 크레파스를 가지고 종이에 무엇인가를 열심히 그려서 엄마에게 자랑한다. 또 퍼즐 조각을 맞추고 혼자 손뼉을 치며 아빠 얼굴을 쳐다본다. 자신의 소꿉 놀잇감을 가지고 와서 앞치마를 두르고 요리를 하다가, 엄마의 커다란 구두를 신고 핸드백을 메고 "나, 갔다 올게"라고 하며 엄마처럼 행동한다.

이 시기에는 기초적인 신체 운동능력이 발달되어 대근육 운동 놀이, 예를 들어 세발자전거 타기, 달리기 등을 좋아할 뿐 아니라 소근육 조절 능력을 발달시키는 구슬꿰기, 가위질하기, 퍼즐 맞추기, 그림 그리기, 블록 쌓기 등의 놀이에도 관심을 많이 보이고 혼자서 해보려고 한다. 그러나 미리 계획해서 놀이하지는 않으며 단지 놀이하는 과정을 즐긴다. 특히 언어발달이 뚜렷이 나타나 말하는 것을 즐기고 우스갯소리나 말놀이하는 것을 좋아한다.

또한 실제 사물이나 동물들이 그려진 그림책, 간단한 줄거리의 이야기책,

사진 등에 관심을 보인다. 유아는 자기중심적이고 혼자 노는 것을 즐기지만, 또래 친구에게 관심을 보이고 친구 옆에서 나란히 놀이하는 때도 많다. 또한 유아는 어른의 역할에 관심이 많아지고 상상력도 풍부해져 엄마, 아빠 역할과 같이 가정생활에 관련된 역할 놀이를 많이 한다.

3) 유아 후기(만 5~6세)

이 시기 유아는 자신의 운동능력을 다양하게 시험해 보는 놀이를 많이 한다. 뛰뛰기를 할 때도 한 발로 뛰거나, 나무 위를 기어 올라가거나, 그네를 엎드려 타는 등의 놀이를 한다. 소근육 활동도 더욱 세련되어 모양을 따라 가위질하기, 점토 빚기, 색종이 접기 등을 할 수 있다. 이 시기 유아들을 만 3~4세에 비해 발전되고 확장된 역할 놀이를 한다. 특히 역할 놀이의 내용이 매우 다양해져서 일상적으로 경험하는 가정생활 내용뿐 아니라 텔레비전이나 책에 나오는 여러 유형의 인물이나 사건을 표현하며 때로는 유아 스스로 내용을 꾸며서 놀이를 하기도 한다. 미리 계획을 세우고 또래들과 함께 역할을 정하며, 놀잇감도 4세에 비해 다양하게 사용할 뿐 아니라 실제 사물과 비슷하지 않은 형태의 놀잇감을 많이 사용한다. 또한 자기중심적인 성향이 약해지고 친구들과 원만한 상호작용을 하면서 협동 놀이를 하게 된다.

지적 자극에 대해 민감하게 반응하는 시기이므로 학습과 연관된 놀이, 예를 들어 분류 놀이, 수 놀이, 문자 놀이 등에 흥미가 많아진다. 한편 이 시기의 유아는 어른의 관심과 인정을 받고 싶어 하는 욕구가 강하고 언어능력이 발달되어 익살을 부리는 말장난, 수수께끼 놀이를 즐긴다. 또한 자유롭게 탐색하고 창의적인 놀이를 좋아한다. 단순히 물과 모래의 감촉을 즐기던 수준에서 벗어나 물에 뜨고 가라앉는 물건을 구별하고 비눗방울 놀이를 하는 등 과학적인 탐색을 하거나, 터널과 수로 등을 만드는 놀이를 한다. 조형 활동을 할 때도 크레파스뿐 아니라 물감, 매직, 색연필, 물 등 여러 재료를 사용한다. 만 5세가 되면 유아는 주사위 놀이나 바둑, 운동 등과 같이 규칙이 있는 게임도

하기 시작한다.

〈표 5-1〉 영유아의 연령별 적합한 놀잇감

발달 시기	발달에 적합한 놀잇감
영아 전기 (0~만 1세)	모빌, 흔들면 소리가 나는 딸랑이, 고무 공, 헝겊 공, 소리 나는 공, 오뚝이(공 모양이나 동물 모양), 인형(열 재료로 만든 동물 인형), 물놀이용품(스펀지, 물에 뜨는 고무 오리나 플라스틱), 일상용품(냄비, 플라스틱 수저, 거울 등)
영아 후기 (만 1~2세)	비치볼, 낮은 미끄럼틀, 흔들 배, 흔들 목마, 끌고 다니는 놀잇감, 나무토막이나 상자, 물·모래 놀잇감(플라스틱 통, 삽, 큰 숟가락 등), 역할 놀잇감(인형, 여러 가지 모양의 그릇, 전화기 등), 모양 맞춰 끼우기, 쌓거나 포개어 놓는 놀잇감, 퍼즐(3~4조각), 그림책, 조형 놀이 재료(수성 매직과 큰 종이, 밀가루 반죽 등)
유아 전기 (만 3~4세)	블록 종류(스펀지, 우레탄 종이 벽돌, 단순한 레고)와 소품, 역할 놀잇감(인형, 개수대, 옷장, 경대, 그릇, 플라스틱 음식 등), 퍼즐(5~10조각), 막대 인형, 손 인형, 인형극 틀, 그림책, 구슬 꿰기를 위한 큰 구슬과 끈, 간단한 리듬 악기류, 조형 놀이 재료(사인펜과 큰 종이, 밀가루 반죽, 가위 등), 물·모래 놀잇감(그릇, 깔때기, 체, 모양틀 등), 운동 놀잇감(그네, 미끄럼틀, 시소, 낮은 평균대, 공, 매트 등)
유아 후기 (만 5~6세)	블록 종류(유닛 블록, 공간 블록, 다양한 플라스틱 블록), 소품(각종 자동차와 교통 표지판, 사람 모형, 운전대, 경찰 모자 등), 역할 놀잇감, 퍼즐(15~20조각), 그림책, 다양한 조형 재료(크레파스, 물감과 붓, 면봉, 칫솔, 색종이, 가위, 풀, 셀로판테이프, 연필 등), 다양한 리듬 악기, 비교·분류·순서 짓기 카드, 컴퓨터와 프린터, 물·모래 놀잇감(비누와 빨래판, 인형 옷, 계량컵, 깔때기 등), 운동 놀잇감(자전거, 간이 농구대, 매트, 뜀틀, 팥 주머니, 고리 던지기 등), 게임도구(윷놀이, 주사위 놀이, 카드놀이 등)

출처: 이기숙 외(2022). 유아교육개론. 서울: 양서원.

5. 유아교육기관의 자유놀이 시간

유아교육기관의 자유놀이 시간은 영유아들이 유아교육기관에 머무르게 되면서부터 좀 더 구체적이고 계획적으로 경험할 수 있게 된다. 유아교육기관에서 놀이가 이루어지는 시간은 실내·실외 자유놀이 시간이다. 자유놀이 시간이란 영유아가 개별적인 흥미·욕구 및 발달 수준에 따라 스스로 선택한 놀이에 자유롭게 참여하는 시간을 의미한다. 영유아들은 자유놀이 시간 동안 실내

· 외에서 경험할 수 있는 다양한 종류의 놀이를 만들어내고 참여한다. 이와 관련된 유아교육기관 자유놀이 시간의 의의와 운영을 알아보고, 자유놀이 시간에 요구되는 교사의 역할을 살펴보고자 한다.

1) 자유놀이 시간의 의의

자유놀이 시간은 능동적인 학습이 이루어지는 시간, 개별학습이 이루어지는 시간, 전인적 발달이 가능하도록 통합적 교육이 이루어지는 시간, 대인관계를 학습하는 시간, 자율감과 책임감을 학습하는 시간, 자유로운 활동에서 오는 기쁨을 느끼는 시간으로서의 의의를 지닌다(엄정애, 2009).

(1) 자유놀이 시간은 영유아의 능동적인 학습이 이루어지는 시간이다.

교사에 의해 주도되는 대집단 활동과는 달리, 자유놀이 시간 동안 영유아는 자발적으로 놀잇감을 선택하거나 다양한 놀이 방법을 시도해 볼 수 있다. 자신이 선택한 놀이 영역에서 놀잇감을 가지고 창의적인 방법으로 활동하게 되므로 영유아는 보다 능동적으로 놀이 활동에 참여하게 되며, 결과적으로 이러한 놀이시간에 이루어지는 활동은 어떠한 방법보다도 효과적인 학습 방법이 될 수 있다.

(2) 자유놀이 시간은 영유아의 개별학습이 이루어지는 시간이다.

자유놀이 시간에는 다양한 놀이 활동이 놀이 영역별로 구성되어 있어 교사는 대집단으로 이루어지는 활동에서 미처 배려하지 못했던 영유아의 개별적인 특성을 고려하여 영유아와 긴밀한 상호작용을 할 수 있다. 영유아가 개별적 또는 소집단으로 놀이에 참여하게 된다. 교사는 이를 위해 자유놀이 시간에 이루어지는 활동들이 다양한 수준의 활동으로 진행될 수 있도록 놀잇감을 준비하고, 각 영유아의 놀이 활동을 자세히 관찰하여 그들의 특성을 파악할 수 있도록 해야 한다.

(3) 자유놀이 시간은 영유아의 전인적 발달이 가능하도록 통합적 교육이 이루어지는 시간이다.

교사는 자유놀이를 위한 각 영역의 활동이 일관성을 가진 주제로 통합될 수 있도록 계획하고 조직한다. 예를 들어, '낙엽'이라는 주제가 전개될 때, 과학 영역에서는 다양한 낙엽의 모양을 관찰할 수 있도록 하고, 조형 영역에서는 낙엽 베껴내기를, 수·조작 놀이 영역에서는 표시되어 있는 수만큼 낙엽 붙이는 활동을 할 수 있도록 계획한다. 이러한 경험을 통해 영유아는 주어진 주제를 보다 통합적으로 이해할 수 있게 되며, 동시에 영유아의 전인적 발달을 도모할 수 있게 된다.

(4) 자유놀이 시간은 대인관계를 학습하는 시간이다.

자유놀이 시간 동안에는 영유아-영유아, 영유아-교사, 영유아-놀잇감 사이에 활발한 상호작용이 이루어지게 된다. 이러한 상호작용의 과정에서 영유아는 협력하기, 양보하기, 순서 기다리기, 남을 배려하기, 돕기 등과 같은 긍정적인 대인관계 기술을 획득하게 된다. 자유놀이 시간 중에 비의도적이고 체험적으로 경험하는 상호작용은 영유아로 하여금 자기중심적인 사고에서 벗어나 탈중심화를 획득하도록 도울 뿐만 아니라 보다 사회적으로 성숙하도록 하는 계기가 된다.

(5) 자유놀이 시간은 자율감과 책임감을 학습하는 시간이다.

영유아가 스스로 하고 싶은 놀이를 선택하고 결정해 보는 경험을 가지는 것은 대개의 경우 일상생활에서 부모가 시키는 일을 수동적으로 해왔던 영유아들에게 있어서는 상당한 의미를 가진다. 자유놀이 시간 동안 자신의 놀이를 직접 계획하고 실행하며 평가하는 기회를 가짐으로써 영유아는 자신을 역량 있는 존재로 인식하게 될 뿐만 아니라 자율감과 책임감을 기르게 된다.

(6) 자유놀이 시간은 자유로운 활동에서 오는 기쁨을 느끼는 시간이다.

자유놀이 시간은 영유아의 개별적인 흥미와 욕구를 최대한 존중해 주는 시간이므로 가장 기쁘고 즐거운 시간이 될 수 있다. 대부분의 유아교육기관에서는 하루의 일과를 자유놀이로 시작하는데, 이것은 하루의 시작을 자유롭게 놀이하는 즐거운 분위기에서 시작하게 함으로써 유아교육기관에 대한 긍정적인 동기를 유발하도록 하기 위한 의도가 포함되어 있다.

2) 실내·외 자유놀이 시간의 운영

자유놀이는 일반적으로 놀이 장소에 따라 실내 자유놀이와 실외 자유놀이로 구분된다. 자유놀이 시간의 운영을 실내 자유놀이 시간과 실외 자유놀이 시간으로 나누어서 살펴보고자 한다.

(1) 실내 자유놀이 시간의 운영

실내 자유놀이 시간 동안 영유아 자신이 스스로 놀이를 계획하고 실행해 보도록 하는 것은 자율성과 주도성뿐만 아니라 책임감을 길러주기 위해 매우 필요한 일이다. 이를 위해 교사는 영유아들이 자신의 흥미와 발달 수준에 맞는 활동을 선택할 수 있도록 구체적인 자료와 환경을 마련해 주어야 한다.

실내 놀이계획을 위해 유아교육기관의 교사는 실내 환경을 흥미 영역으로 구성해 준다. 흥미 영역은 교구장이나 분리대 등의 방법으로 경계를 암시해 주도록 설치하여 분명히 구분 지어진 각 영역을 말하는 것으로(Seefeldt, 1980). 영유아의 발달 수준, 흥미, 계절에 따라서 적절하게 구성해 준다. 영유아의 실내 자유놀이를 위해 유아교육기관에서 일반적으로 제시되는 흥미 영역의 종류로는 언어 영역, 쌓기 놀이 영역, 역할 놀이 영역, 수·조작 놀이 영역, 조형 영역, 과학 영역, 음률 영역, 물·모래놀이 영역, 목공 놀이 영역, 컴퓨터 영역을 들 수 있다(교육부, 2000). 이러한 흥미 영역은 유아들의 놀이 진행에 따라 다양하고 융통성 있게 수정될 수 있다. 실내 공간은 점차 놀이에 익숙해지면서 유아들이 스스로 구성해 나갈 수 있게 되는데, 이러한 변화를 교사들은 격려해 주면서 지지해 주어야 한다.

한편 2019 개정누리과정에서는 유아의 흥미와 관심, 개별 특성을 존중하며 유아의 다양한 놀이와 경험을 지원할 수 있는 공간 구성을 위한 방안을 다음과 같이 제시하고 있다(교육부·보건복지부, 2019).

① 놀이공간을 융통성 있게 배치한다.
② 놀이공간을 넓힌다.
③ 유아에게 공간 배치의 주도권을 준다.
④ 다른 놀이공간을 찾는다.

흥미영역으로 구성된 놀이공간은 놀이에 따라 즉각적으로 재배치해 주려는 융통성을 발휘하고 실내외 전체 공간을 놀이를 위해 다양하게 활용할 필요가 있다(교육부·보건복지부, 2019).

[그림 5-12] 실내 자유놀이 영역 구성

(2) 실외 자유놀이 시간의 운영

실외놀이는 영유아들이 활발하게 움직이며 탐색을 할 수 있는 것으로 바깥놀이라고도 한다. 실외에서 경험할 수 있는 놀이는 보다 넓은 공간과 자연환경에서 영유아 자신의 놀이를 확장시켜 주고, 더욱 풍부한 학습의 기회를 갖도록 만들어 준다. 또한 실내에서 생긴 긴장과 억압으로부터 해방감을 느끼도록 도와준다. 실내 놀이 이상으로 영유아들은 실외 놀이 시간을 기다리고 좋아한다. 또한 실내와 실외 놀이의 균형 있는 안배는 영유아들에게 보다 풍부한 경험을 제공해 주고, 놀이의 발달 수준을 높여준다.

실내 놀이와 마찬가지로 실외 놀이를 위해서도 교사는 적절히 놀이공간을 구성해 주어야 한다. 생동감 있는 실외 놀이를 위해 교사는 영유아들이 마음껏 뛰면서 대근육 및 신체 운동능력을 발달시킬 수 있는 동적인 영역과 동식물의 사육과 재배, 자연현상의 관찰과 탐색이 가능한 정적인 영역을 마련해준다. 전체 실외 공간의 1/3 정도는 정적인 영역으로 구성하고, 나머지 공간은 동적인 영역으로 구성한다. 구체적으로 실외 놀이공간에 배치할 수 있는 흥미영역으로는 운동 놀이 영역, 물·모래놀이 영역, 목공 놀이 영역, 동식물 기르기 영역, 조용한 놀이 영역 등을 들 수 있다.

실외 놀이시간은 계절이나 날씨, 영유아의 특성이나 흥미 등에 따라 다르나, 대개 유아교육기관에서 한 시간 이상을 계획한다. 놀이 기구는 영유아들이 익숙하게 이용할 수 있을 때까지 그들의 발달 수준에 맞추어 배치해 주며, 안전하게 이용하는 방법을 알려주고 규칙을 정해 본다. 영유아들과 함께 정한 규칙이 잘 지켜지지 않으면 토의 시간을 가져, 그 이유와 대책을 의논해 봄으로써 영유아 스스로 규칙을 내면화할 수 있도록 한다. 자전거나 그네처럼 여러 영유아가 동시에 이용하고 싶어 하는 놀이 시설물이나 기구는 사전에 영유아들과 함께 기구나 시설물을 이용할 수 있는 시간이나 횟수를 정하여 모든 영유아들이 순서대로 골고루 이용할 수 있게 한다.

날씨가 포근하고 맑은 날에는 다양한 종류의 조형 놀이나 관찰(과학 놀이), 동화·동시 듣기(언어 놀이) 등을 실외 놀이로 계획함으로써 놀이의 종류를 다양하게 해주는 동시에 변화를 주도록 한다. 이와 함께 이동 가능한 놀이 기구를 적절히 배열하거나 첨가하여 영유아들의 놀이 종류나 범위를 확대하고 환경도 변화시켜 주도록 한다.

[그림 5-13] 실외 자유놀이 영역 구성

6. 놀이지원을 위한 교사의 역할

1) 놀이지원

교사는 적절한 활동을 계획하여 유아의 놀이가 활성화되도록 지원하여야 한다. 교사가 계획한 활동은 때로는 유아의 놀이를 더욱 풍부하게 해주기도 하고, 때로는 유아가 가지고 있는 오개념을 수정해 줄 수도 있으며, 때로는 유아가 접한 문제 상황을 해결하는 데 도움이 되기도 한다. 유아의 관심과 흥미에서부터 의미 있고 교육적인 활동이 시작될 수 있도록 교사는 유아의 놀이를 면밀히 관찰하며 일상생활에서도 유아의 놀이와 행동을 의미 있게 바라보고 적절히 지원해야 한다.

영유아들의 바람직한 놀이를 지원하기 위해 함께 하는 교사는 계획 및 조직하는 역할, 관찰하는 역할, 상호작용하는 역할, 감독하는 역할, 평가하는 역할을 동시에 수행한다.

2) 교사의 역할

(1) 계획 및 조직하는 역할

교사는 실내외 놀이를 위한 환경을 사전에 계획하여 변화 있게 조성해 주는 역할을 수행해야 한다. 다양한 놀이를 생활 주제, 교육목표, 발달에의 적합성 등을 고려하여 조직해야 한다. 또한 놀잇감을 제작하거나 선택하여 적절히 제공하고 관리하는 역할도 담당해야 한다.

영유아는 자유놀이 시간 동안 각 흥미 영역에서의 놀이 활동을 통하여 통합교육을 이룰 수 있다. 조형 영역에서 동물 가면을 만들고, 쌓기 놀이 영역에서 블록으로 동물원을 구성하며, 역할 놀이 영역에서 동물원 놀이를 하고, 음률 영역에서 동물의 사육제 음악을 감상하는 등의 놀이 활동을 통하여 영유아들은 동물과 관련된 학습을 하게 된다. 이를 위해서는 놀이계획 및 조직자로서 교사의 역할이 필수적이다.

(2) 관찰하는 역할

교사는 준비된 환경에서 영유아들의 반응을 면밀하게 관찰하는 많은 시간과 노력을 할애해야 한다. 교사의 민감성은 영유아의 요구에 즉각적으로 대처할 수 있게 한다. 관찰을 통하여 영유아 스스로 문제를 해결할 수 있는지, 지금 바로 개입해야 하는지, 어떤 보충적 도움을 필요로 하는지 등에 대해서 정확히 파악해야 한다. 교사는 영유아들이 놀이를 하는 동안 주의 깊게 관찰하여 영유아의 놀이 흐름이 끊기지 않고 놀이를 완성할 수 있도록 해야 한다. 또한 교사가 유아의 놀이 도중에도 다양한 놀잇감을 제공해 줄 때 놀이가 확장되고 오래 지속될 수 있다. 그러므로 교사는 관찰을 할 때 좀 더 체계적인 방법으로 하는 것이 좋다. 집중적으로 관찰할 대상을 우선 선정하여 순차적으로 관찰하며 무엇을 관찰할 것인지 내용을 분명하게 정해 두는 것이 바람직하다. 교사가 놀이를 지원하기 위한 관찰기록지는 [그림 5-14]에 제시되어 있다.

관찰기록지 1

관찰날짜		유아연령	
관찰공간		참여 유아명	
놀이주제		참여 유아수	
관찰내용		사진	
관찰초점		지원방안	

관찰기록지 2

유아명 :   생년월일 :   관찰날짜 :   년   월   일   요일

시간	함께 놀이하는 유아	장소	유아가 한 행동과 말
10:30 ~ 10:40			
10:40 ~ 10:50			
10:50 ~ 11:00			
11:00 ~ 11:10			
11:10 ~ 11:20			
11:20 ~ 11:30			
11:30 ~ 11:40			
11:40 ~ 11:50			
11:50 ~ 12:00			

관찰기록지 3

____________반 관찰날짜 : 년 월 일 요일

- 관찰시간: 등원, 실내놀이, 실외놀이, 정리정돈, 간식 및 점심, 기타( )
- 놀이공간: 쌓기, 역할, 수조작, 조형, 언어, 복합놀이터, 모래놀이터, 자전거 도로, 텃밭, 기타( )

놀이 참여 유아	놀이 상황
가희 가영 지영 진희 진숙 아영 아진 유진 여진 철이 민이 준이 철수 민수 준수 혁이 혁주 희주	

- 관찰시간: 등원, 실내놀이, 실외놀이, 정리정돈, 간식 및 점심, 기타( )
- 놀이공간: 쌓기, 역할, 수조작, 조형, 언어, 복합놀이터, 모래놀이터, 자전거 도로, 텃밭, 기타( )

놀이 참여 유아	놀이 상황
가희 가영 지영 진희 진숙 아영 아진 유진 여진 철이 민이 준이 철수 민수 준수 혁이 혁주 희주	

* 위의 이름은 가명으로 예시로 사용함.

관찰기록지 4

관찰날짜 :	년	월	일	요일

놀이 주제		참여 유아명	
관찰 공간		참여 유아수	

관찰의 초점	관찰 내용	사진 및 비고
• 유아의 목소리 (흥미, 사전 경험, 발달 수준 등) • 자료 (자료의 특성, 종류, 양, 융통성 등) • 공간 (공간의 특성, 크기, 융통성 등) • 시간 (시간의 양, 융통성 등) • 상호작용 (유아 간 긍정적, 부정적 상호작용) • 놀이전개 양상 • 일상생활과 안전		
지원 방안	• 시간 • 공간 • 자료	• 놀이 참여 및 상호작용 • 활동

[그림 5-14] 유아 관찰 기록지 예시

출처: 교육부(2020). 관찰에 기반한 유아 놀이지원. 세종: 교육부.

(3) 상호작용하는 역할

교사는 놀이 과정에서 놀이 집단의 구성원으로 직접 참여하거나 적절한 때 제언하거나 개입하여 영유아의 놀이가 확장될 수 있도록 도와야 한다. 예를 들면, 역할 놀이 영역에서 한 영유아가 의사 가운을 입고 서성이고 있다. 이때 교사는 인형을 안고 "의사 선생님이시죠? 저의 아이가 열이 많이 나요"라고 말함으로써 놀이 진행을 도와 줄 수 있다. 영유아의 단순한 역할 놀이를 보다 짜임새 있는 병원 놀이로 발전시켜 주는 실례이다.

또한 교사는 놀이에 열중하고 있는 영유아를 바라보며 미소를 지어 주거나 신체적, 언어적으로 격려해 줌으로써 영유아의 놀이를 인정해 주는 후원자의 역할도 수행해야 한다. 그밖에 놀이에 참여하지 못하거나 한 가지 놀이만을 계속하는 영유아와는 개별적으로 상호작용하여 다양한 놀이를 보다 적극적으로 할 수 있도록 도와주어야 한다.

(4) 감독하는 역할

교사는 영유아들의 놀이가 진행되는 동안 전체 장면을 머릿속에 그려두고 있어야 한다. 특정한 영역에서 개별 영유아와 상호작용을 하고 있는 경우라 할지라도 영유아들이 어느 영역에서 무엇을 하고 있는지, 안전하게 놀이하고 있는지 다른 영유아를 위협하거나 공격하는 영유아는 없는지 놀잇감을 혼자서 독점하는 영유아는 없는지 항상 살펴야 한다. 이러한 역할은 영유아의 놀이를 통제, 지시하는 것이 아니라 안정된 상태에서 자유롭고 편안하게 놀이가 진행될 수 있도록 돕는 역할이다.

(5) 평가하는 역할

교사는 놀이가 진행되는 동안 전체 영유아들의 반응을 관찰하여 관찰한 결과를 체계적으로 평가해야 한다. 영유아들이 놀이계획에 따라 놀이를 진행하고 있는지, 놀이 과정에서 나타나는 어려운 점은 무엇인지 등을 평가해야 한다. 평가의 결과는 영유아들에게 보다 풍부한 놀이환경을 마련해주고, 영유아의 발달 수준에 적합한 놀이를 진행시킬 수 있도록 하는 데 좋은 기초자료로 활용될 수 있어야 할 것이다.

생각해 봅시다

1. 어렸을 때 어떤 놀이를 하면서 놀았는지 생각해 보고, 영유아들이 즐기는 놀이의 종류를 기록해 봅시다.

2. 유아교육기관에서 이루어지고 있는 자유놀이 시간을 관찰하고 실내·외 환경구성과 교사의 역할에 대한 구체적인 사례를 조사해 봅시다.

참고문헌

교육부(2000). 유치원 교육활동 지도자료 1 - 총론. 세종: 교육부.
교육부(2020). 관찰에 기반한 유아 놀이지원. 세종: 교육부.
교육부, 보건복지부(2019). 2019 개정누리과정 놀이실행자료. 세종: 교육부, 보건복지부.
심성경, 백영애, 함은숙, 변길희, 정경자, 전영선, 박정은(2022). **놀이지도**. 경기: 공동체.
엄정애(2009). **영유아 놀이와 교육**. 경기: 교문사.
이기숙, 오은순(역)(2000). **신생아부터 8세아까지 발달단계로 본 우리 아이들의 놀잇감 선택방법**. 경기: 양서원.
이기숙, 장영희, 정미라, 엄정애(2022). **유아교육개론**. 경기: 양서원.
이대균(2022). **유아교육개론**. 경기: 양서원.
전남련, 최진원, 권경미(2007). **놀이지도**. 경기: 학현사.
진명희, 김호연(2022). **놀이와 학습의 통합적 연계를 위한 놀이지도**. 경기: 공동체.

Bronson, M. (1998). 신생아부터 8세아까지 발달단계로 본 우리 아이들의 놀잇감 선택방법.
Seefeldt, C. (1980). *A curriculum for preschool*. Columbus, OH: Charles E. Merrill.

Chapter

06

유아교사

유아교사는 교육의 질 뿐 아니라 유아의 발달을 촉진하는 중요한 가장 핵심적인 역할을 하는 존재라고 할 수 있다. 이에 본 장에서는 유아교사에 대한 올바른 이해를 위해 유아교사의 의미를 살펴보고 유아교사의 역할과 역량에 대해 알아보고자 한다. 또한 유아교사의 전문성과 양성과정, 현직 교육 및 유아교사에게 필요한 교직윤리를 이해하기 위한 내용을 살펴보고자 한다.

학습목표

1. 유아교사의 의미를 알고 이해한다.
2. 유아교사의 역할과 역량에 대해 안다.
3. 유아교사가 되기 위한 전문성과 양성과정에 대해 안다.
4. 유아교사의 교직 윤리인 윤리강령을 이해한다.

1. 유아교사의 이해

1) 교사의 의미

‘교사’라는 단어의 사전적 의미는 ‘주로 초등·중등·고등학교 따위에서 일정한 자격을 가지고 학생을 가르치는 사람’이다. 교사는 국가가 정하는 소정의 교육을 받고 자격증을 소지한 전문가로 한자 뜻풀이를 보면 ‘가르칠 교(教)’에 ‘스승 사(師)’를 사용하여, 가르침을 주는 스승이라는 뜻을 가진다(김정원, 이문정, 이연규, 전선옥, 조화연, 2022). 교사는 지식의 전달과 학습자의 인성이나 생활 지도까지 포함한 전인적 성장을 돕는 역할을 한다. 교사는 학습자의 잠재력과 가능성을 충분히 발휘하고 성숙한 인격을 가진 이상적인 인간으로 성장 발달할 수 있도록 가르치고 도와주는 역할을 하는 사람을 의미한다.

교사는 단순히 지식만을 전달하고 가르치는 것이 아니기에 다른 일반 직업과 구분되는 몇 가지 차이점이 있으며(곽영우, 김영화, 유경준, 한유경, 김경근, 1997), 그 내용은 다음과 같다. 첫째, 교직은 인간을 대상으로 하는 직업이다. 둘째, 교직은 인간을 총체적으로 다루며 단순한 지식의 전달뿐 아니라 학습자의 인성과 생활지도까지도 포함한 전인적 성장에 관심을 가지고 돕고자 한다. 셋째, 교직은 앞으로의 성장 가능성이 높은 미성숙자를 대상으로 한다.

2) 유아교사의 의미

유아교사란 법적·사회적인 측면에서 보면 출생부터 취학 전 영유아를 대상으로 보호와 교육의 역할을 담당하고 있는 자로서 유치원과 어린이집의 교사를 의미한다. 유아교육법에서는 유아교사를 ‘교직원’ 혹은 ‘교원’이라는 단어로 명시하고 있다. 발달적인 측면에서 보면 끊임없는 성장과 변화의 과정을 거치면서 발달적으로 적합한 교육과 보호 및 양육을 지원하는 사람을 의미하며, 유아와의 관계적인 측면에서 보면 유아교사는 유아에게 영향을 주고 또

받기도 하며 상호작용하는 존재를 의미한다. 즉 유아교사는 취학 전 영유아를 대상으로 발달 특성에 맞는 교육을 제공하는 보호 및 양육을 하는 유치원과 어린이집에서 근무하는 교사로 정의할 수 있다.

2. 유아교사의 역할과 역량

1) 유아교사의 역할

유아교사의 역할은 사회적, 문화적, 제도적 상황에 따라 변화할 수 있으며, 시대의 변천, 사회와 교육체계의 영향을 받아 변화한다. 유아교육은 다른 교육보다 내용과 방법, 형식, 제도의 측면에서 다양성과 융통성을 갖고 있기 때문에 유아 교사의 역할에 관한 관점은 변화할 수 있다(교육인적자원부, 2000). 다양한 관점에서의 유아교사의 역할 중 교육과학기술부 유치원 지도서 총론(2009)에서 제시한 유아교사의 일반적인 역할을 기준으로 유아교사의 역할을 살펴보면 다음과 같다.

① 교육과정 설계자

교육과정 설계자란 유아교육의 이론과 실제를 바탕으로 기관의 철학에 근거한 교육목적을 기초로 교육활동을 계획하고, 흥미와 경험을 고려한 발달에 적합한 학습내용을 설계하는 것을 말한다. 이를 위해 지역적·문화적 특성과 상황 및 유아의 흥미와 발달을 정확히 파악하고 기관이 속한 지역사회의 특성 및 초등과의 연계성을 고려하여 융통성 있게 반영해야 한다. 유아교사는 교육목표, 내용, 방법 등에서 다양한 교수전략, 평가유형 및 방법을 모색하며, 유아의 발달과 흥미에 적합한 환경구성에 대한 계획 및 활동을 계획하고 교육계획에 따라 활동을 수행하고 난 후 활동에 대한 유아의 반응을 관찰하면서 그 결과를 다음 교육계획에 반영해야 한다.

② 일과 계획 및 운영자

일과 계획 및 운영자의 역할은 융통성과 다양성을 고려하고, 체계적으로 계획을 수립하여 유아의 흥미와 요구에 따라 전개하고 하루 일과를 평가하는 것을 의미한다. 활동 간의 연결 및 전이를 적절히 이끌며, 유아와 교사와의 긍정적인 상호작용을 도모하며 유아들에게 적절한 질문이나 동기를 유발시키고, 유아들이 스스로 문제를 해결해 나갈 수 있게 격려하고, 흥미와 관심을 자극시킬 수 있도록 효과적인 교수-학습 방법으로 놀이와 활동을 촉진하기 위해 필요한 교재 교구를 선정하고 활동을 적절히 지원해 줄 수 있는 풍부한 교재 및 교구를 포함한 물리적 환경을 구성해 활동을 지원하고 유아가 활동할 때 지속적인 관찰과 적절한 개입을 해야 한다.

③ 상담 및 조언자

상담 및 조언자로서 유아 교사의 역할은 상호작용을 통해 정서적으로 안정감을 주는 역할을 의미한다. 이 역할을 제대로 소화하기 위해서 가정과의 연계가 필요할 수 있고 일상생활 안에서 유아와 신뢰감을 형성하는 기반이 되어야 한다. 유아에게 관심과 애정을 표현하고 개별성을 인정함으로써 유아 스스로 의사결정을 하도록 돕고, 문제 상황의 해결을 위해 조언 및 중재를 하고 유아들의 정서를 세심히 살펴 배려해주고 긍정적인 감정표현과 정서발달을 이루도록 상담자, 정서적 지지자의 역할을 하여야 한다.

④ 생활 지도자

생활 지도자로서의 역할은 유아가 지켜야 하는 예절과 규칙에 대해 바른 습관을 키우도록 지원하는 것을 의미한다. 유아기는 기본생활습관 형성을 하는 데 중요한 시기이므로 유아들의 기본생활 습관이 형성되도록 돕고, 유아들의 개별적 특성 및 학습적 특성을 파악하여 가정과 연계 및 발달이 이루어질 수 있도록 유아들이 일상생활에서 올바른 습관과 태도를 형성하기 위해 도와야 한다. 유아기는 타인의 행동을 관찰하고 모방하면서 학습하는 시기이기 때문에 유아교사는 항상 긍정적인 언행과 태도로 유아들에게 좋은 모델링이 될 수 있도록 바람직한 동일시 대상이 되어주는 생활 지도자가 되어야 한다.

⑤ 현장 연구자

현장 연구자의 역할은 유아교육기관에서 일어나는 실제적인 문제 상황을 해결하거나 새로운 이론이나 활동을 현장에 적용하는 역할을 말한다. 유아의 성장발달에 대한 폭넓은 이해, 문제 행동의 원인을 분석할 수 있어야 하며, 전문적이고 다양한 시각으로 교육 활동을 이해하고 반성적 사고를 통해 자신의 전문성을 높이고 유아가 전인적인 발달을 하도록 연구자의 역할을 해야 한다. 항상 자신의 교수 기술에 대해 평가를 해보고 자기 장학 및 동료 장학에 참여하고, 교수 기술을 향상시키며, 전문가 단체 및 학회, 협회 등에 적극적으로 참여하여 최신의 이론들을 습득하여 현장에 적합하게 수용 및 적용하고, 교사 자신의 교육관 및 가치를 탐구하고 정리하여 향상을 위한 노력을 하여야 한다. 유아교사는 이러한 지속적인 노력을 통해 새로운 교수방법을 모색하고 반성적 실천을 지향하는 연구자로서의 역할을 해야 한다.

⑥ 행정 업무 및 관리자

행정 업무 및 관리자로서의 역할은 원아모집에 대한 계획과 실행, 학급 편성, 유아에 대한 영양과 건강, 안전 지도 등 운영에 따른 각종 기록 관리와 보관 및 교직원에 대한 각종 기록 관리와 보관과 문서의 기록 및 보관을 위한 지식 등 유아교육기관에서 필요로 하는 각종 행정업무 및 관리 능력을 갖추어야 함을 의미한다. 교재 교구를 기준에 맞춰 목록화하고, 구입에 대한 계획수립과 시설 설비에 대한 계획 수립, 점검과 안전성에 대한 보완 사항을 계획하고 수립하여 각종 기록을 보관하고 관리하는 것을 포함한다.

⑦ 동료와의 협력자

동료와의 협력자로서의 유아교사 역할은 조직의 한 사람으로 동료 구성원들과 협력적으로 공동체적인 책임감과 목적을 가지고 교육의 질을 높이는 역할을 의미한다. 동료 교사와의 관계에 있어 교육과정의 협조자로서의 역할을 하면서, 다양한 프로그램을 구성하고 실시하는 가운데 자신들의 부족함에 대해 협력하고 서로에 대한 장학 활동을 통해 보다 나은 교육을 실행해야 한다. 유아들이 또래 관계에서 배움을 알아가는 것처럼 교사도 동료 교사들과 생각을 공유하고 배움의 기회를 갖도록 해야 한다. 서로에 대한 존중과 감사로 동료와 협조해 나갈 때 교육의 질을 높일 수 있다.

유아교사의 역할은 나라마다 지역마다 다를 수 있으며, 같은 지역이라 하더라도 기관에 따라 다를 수 있다(박은혜, 2016). 유아교사는 다양하게 요구되는 역할을 이해하고 교사로서 책임감과 자부심을 가지며 창의적으로 융통적인 사고로 유아에게 적합한 교육 실제를 구성하는 역할을 수행해야 한다(황윤세, 장영숙, 최미숙, 2004). 한편 2019 개정 누리과정에서는 놀이를 잘 운영하기 위한 교사의 역할을 네 가지(교육부, 보건복지부, 2019)로 제시하고 있으며 그 내용은 다음과 같다.

교사의 4가지 역할

유아 · 놀이 중심 교육과정 이해하고 실천하기	→	교육과정 문서와 해설서를 읽고 교육과정의 변화 이해하기
유아의 놀이를 통한 배움 지원하기	→	유아의 놀이를 민감하게 바라보고 그들의 소리 들어주기
놀이와 배움을 기록하고 평가하기	→	유아의 놀이를 어떻게 지원할지 고민하고 결정하기
함께 배우며 성장하기	→	공동체를 형성하여 교육과정 운영에 대해 함께 나누기

[그림 6-1] 2019 개정 누리과정에서 교사의 역할

출처: 교육부, 보건복지부(2019). 2019 개정 누리과정.

첫째로 '유아·놀이 중심 교육과정을 이해하고 실천하는 역할'이다. 교사는 교육과정 문서와 해설서를 읽고 교육과정의 변화를 이해하여 다양한 상호작용을 통해 교육과정을 만들어나간다. 둘째, '놀이를 통한 유아의 배움을 지원하는 역할'로 교사는 유아의 놀이를 민감하게 바라보고, 관찰하여 적절한 시기에 개입하여 놀이가 확장될 수 있도록 한다. 셋째, '놀이와 배움을 기록하고 평가하는 역할'로 유아의 놀이를 어떻게 지원할지 고민하고 결정하여 그 속에서 즐거움을 찾아낸다. 넷째, '함께 배우며 성장하는 역할'로 교육과정을 해석하고 재구성하기 위해 학습공동체를 형성하여 함께 고민과 의견을 나눈다.

유아교사는 앞서 말한 여러 가지 역할을 수행함에 있어서 자신이 수행한 역할에 대해 지속적으로 점검하고, 평가하고, 개선하고자 노력하는 '반성적 사고'를 하는 것이 필요하다. 매일 하루일과에 대한 회상을 하면서 점검하여 개선점을 찾고, 긍정적이며 효율적인 측면과 보완해야 할 점을 추후 어떻게 반영할 것인지에 대해 기록으로 남겨, 기관 구성원이 공유하며 함께 개선해 나갈 수 있도록 하여 함께 고민하고 의견을 교류하여 더 나은 방향으로 나갈 수 있는 방법을 함께 모색하는 것이 필요하다.

2) 유아교사의 역량

유아교사의 역량이란 유아교사가 갖추어야 할 개인적 특성과 사회적 가치관을 중심으로 한 규범적 기대수준을 의미하는 것으로 현장과 교수활동에 적합한 개인적 가치관과 태도와 유아교사가 갖추어야 할 태도와 관련된 부분을 의미한다. 유아교사의 역량에는 개인적 역량과 전문적 역량이 있는데, 개인적 역량이란 교사가 발달적으로 가지고 있는 특성을 의미하며 정서, 성격, 세상에 대한 인식 등을 포함하는 것으로, 이은화 등(1995)은 유아와 인간에 대한 사랑, 성실성, 봉사 정신, 원만한 인간관계, 사려성, 자발성, 도덕성, 신체적 건강, 정신적 건강 등으로 제시하였다. 전문적 역량은 교사로서 필요한 전문적 지식과 기능을 의미하는 것으로서 지식, 교수 기술, 교육관을 제시하고 있다. 더불어 교직에 대한 긍지를 가지고 연구하는 태도를 지녀야 하며, 강한 사명 의식을 지녀야 할 것이다.

(1) 개인적 역량

유아교사는 신체적·정신적으로 건강하여 긍정적인 자아개념을 가지고 다른 사람을 존중하고 인정할 수 있는 능력과 태도를 가져야 할 뿐만 아니라 정서적으로 안정된 사람이어야 한다. 또한 유아교사는 모든 사람과 생물을 사랑하며, 성실하고 모든 일에 적극적으로 임할 수 있을 뿐 아니라 남을 배려하고 사회를 위해 봉사할 수 있으며, 다른 사람들과 원만한 인간관계를 형성하고, 올바른 가치관을 가지며 자발적이고 도덕적인 자세와 태도를 가져야 한다.

① 신체 및 정신적 건강

유아교사는 신체적으로나 정신적으로 건강해야 한다. 신체적인 건강은 교사가 갖추어야 할 기본 능력이며 신체적·정신적으로 건강한 교사는 유아들에게 밝은 마음으로 성실하게 임할 수 있고 유아의 요구에 민감하게 반응할 수 있을 뿐 아니라 교사로서의 책임과 의무를 다할 수 있으므로 건강하도록 관리에 힘써야 한다.

② 온정적 성품

유아교사는 온정적인 성품을 지녀야 한다. 유아교사는 유아들과 동료들에게 편안하게 응대하며 정서적으로 성숙한 표현을 하도록 끊임없이 노력하여야 한다. 유치원이나 어린이집은 유아들이 가정을 떠나 처음으로 집단생활을 경험하는 곳인 동시에 가족보다 더 많은 시간을 함께 보내는 경우도 많으므로 교사의 온화한 성품과 수용적인 태도는 유아들이 겪게 되는 환경의 변화에 따른 불안감을 해소해주고 정서적으로 안정감을 가질 수 있도록 해준다. 또한 동료 교사들의 정서적 상태도 함께 공감할 수 있는 배려심도 갖출 수 있도록 노력하는 것도 필요하다.

③ 인간과 생명에 대한 사랑과 존엄성

유아교사는 유아를 존중하고 소중히 하는 것은 물론 모든 사람을 존중하고 사랑하며 나아가 살아있는 모든 생명체도 소중히 여기는 태도를 지녀야 한다. 이러한 교사의 태도는 유아의 고유한 권리와 가치를 인정하고 존중하고 유아들의 성장 가능성에 대한 믿음을 가질 수 있게 한다. 인간과 생명에 대한 사랑과 존엄성을 지닌 교사는 유아의 생각이나 느낌, 반응 등을 소중히 하고 수용해 줌으로써 유아들로 하여금 자신에 대한 긍정적인 자아개념을 형성할 수 있게 도울 수 있다.

④ 성실하고 적극적인 태도

유아교사가 갖추어야 할 개인적 역량 중의 하나는 성실하고 적극적인 태도이다. 교사는 유아를 위한 교육뿐만 아니라 자신의 삶에 의욕을 가지고 최선을 다해 교직에 임해야 한다. 유아교사는 다양한 역할들이 유아의 인격 형성에 영향을 미칠 수 있음을 인식하고 작은 일 하나에도 최선을 다하는 태도를 가질 때 유아들이 자신의 존재가 귀한 존재로 인정받음을 알고 긍정적 자아상을 이루어나간다. 자신이 맡은 바 임무에 최선을 다해 노력하는 교사의 성실하고 적극적인 태도는 유아들에게 좋은 모델링이 될 수 있다.

⑤ 자율성과 재량

유아교사들은 학급에서의 교육적 경험을 교육과정을 근거로 선정하고, 학급의 상황과 유아들의 수준에 적합하게 설계하여 제시할 수 있는 교육적 재량권이 있다. 어떤 내용과 교육적 경험을 제공할 것인지에 대해 교육적 결정에 대한 확실한 근거를 제시할 수 있어야 하며, 유아들에게 의미 있고 효과가 있는 교육적 경험이 되도록 노력하고, 전문적 자율 및 재량권 범위 내에서 행한 결정에 대해 책임을 질 수 있어야 한다.

⑥ 사명감

유아교사는 유아들과 함께 있는 것 자체가 즐겁고 행복한 일이며, 유아교사가 계획하고 결정한 활동을 유아들이 즐겁게 하면서 행복해하는 것을 인식할 때 성취감을 느끼며 업무에 임해야 한다. 단순히 의무감이 아닌 도움이 필요한 유아나 부모, 동료를 적극적으로 돕고자 하는 노력과 대가를 바라지 않고 마땅히 해야 할 일을 해내고자 하는 것은 교사로서의 사명감에서부터 시작되는 교사로서의 마음가짐일 것이다.

(2) 전문적 역량

① 전문적 지식

유아교사는 유아의 성장 발달이나 유아교육에 대한 전문적인 지식을 가지고 있어야 한다. 유아교육에 대한 광범위하고 다양한 요구를 수용하기 위해서는 교사의 전문적인 지식과 현장 훈련이 무엇보다 중요하며, 이를 위해 교육과정이나 교수-학습 과정 및 평가에 대한 폭넓고도 정확한 지식뿐 아니라 유아교육에 영향을 주는 제반 분야에 관한 일반 교양 지식도 갖추고 있어야 한다. 또한 교사의 전문적인 능력과 질을 보장할 수 있도록 교원 자격 기준을 엄격히 하는 것을 재검토하고, 예비 유아교사 양성교육에 대한 철저한 감독과 정비가 뒷받침되어야 할 것이다.

교육과정 개정은 교원의 현직 교육의 강화를 요구하고 있으며 빠르게 변화하는 교육 환경은 더욱 현직 교육을 필요로 한다. 최근에는 UNESCO, EU, OECD와 같은 국제기구들에서 영유아기 중요성을 더욱 강조함에 따라 세계 각국에서 유아교육의 질적 향상을 위한 방안으로 다양한 교원 정책을 제시하고 있으며, 교사의 전문성 개발을 위한 현직 교육은 교육의 질적 향상을 위한 핵심 과제로 부각되고 있다(이효림, 박영신, 2018). 이를 위한 우리나라 유아교사의 현직 교육은 교육의 주체나 목적에 따라 개인이나 유아교육기관 또는 교사 단체가 주도하는 현직 교육과 국가에서 주도하는 현직 교육으로 구분하여 이루어지고 있다.

개인이나 유아교육기관 또는 교사단체가 중심이 되는 현직 교육은 일반적으로 유아교사의 개인적인 선택에 의해 이루어지는데 유아교육의 새로운 이론이나 교육 동향, 효과적인 교수-학습 방법에 대한 강의나 워크숍, 모범기관 참관, 토론회 등의 방식으로 이루어지고 있으며, 많은 현직 교사들이 이에 참여하고 있다. 정부 및 행정기관 중심의 현직 교육은 교육부, 시·도·군·구 교육청, 보건복지부, 각종 교원연수원에서 실시되는 유치원교사의 교원연수(자격 연수, 일반 연수, 직무 연수)와 보육시설 교직원 보수교육(직무 교육, 승급 교육)으로 볼 수 있다.

② 교수 기술

유아교사는 교육현장에서 교육 프로그램을 계획하고 실천하는 능력이 있어야 하며, 발전적이고 창의적인 사고와 더불어 새로운 지식이나 이론, 발견, 연구에 열려 있어야 한다. 또한 유아나 상황 또는 날씨의 변화를 고려하여 교육 프로그램을 융통성 있게 운영할 수 있어야 한다. 교사들은 교사 교육이나 워크숍, 전문 출판물 구독, 단체 참여 등을 통해 새로운 지식을 받아들이도록 끊임없이 노력을 하여 전문가로서의 교수 기술을 발휘할 수 있어야 한다.

③ 올바른 교육관과 직업 윤리

유아교사는 자신의 전문성을 계속해서 함양하기 위해 노력해야 하며, 교육에 대한 소명감을 가지고 올바른 교육관과 함께 교사로서의 직업 윤리를 가져야 한다. 유아교사로서 지켜야 할 윤리는 우선 유아를 사랑하고 믿음으로써 공평하게 지도하고 유아의 개성을 존중하는 것이다. 또한 다른 동료들과 협동하고 사회에 봉사함으로써 교육의 발전과 나아가 교사의 지위 향상에 동참할 수 있는 태도를 갖추어야 할 것이다.

3. 유아교사의 교직윤리

1) 유아교사 교직윤리의 의미와 필요성

윤리란 인간이 지켜야 할 도리이며 바람직한 행동 기준을 의미한다. 윤리는 사람들이 어떤 것이 옳고 그른지를 판단하게 해주고, 어떻게 행동해야 하는지에 대한 지침을 말해준다. 따라서 교직 윤리는 교직 업무를 수행하는 가운데 지켜야 할 마땅한 도리이며 행동 기준 혹은 규범을 의미한다. 교직 업무를 이행하는 과정에서의 모든 의사결정은 교사로서의 전문적 지식에 기초하며 학습자에게 가장 이익이 되는 가치 판단에 의한 것이라는 윤리기준을 가져야 한다. 유아교사로서 지켜야 할 교직 윤리는 우선 유아를 사랑하고 믿음으로써 공평하게 지도하고 유아의 개성을 존중하는 것이다. 또한 교사는 다른 동료들과 협동하고 사회에 봉사함으로써 교육의 발전과 나아가 교사의 지위 향상에 동참할 수 있는 태도를 갖추어야 할 것이다(이기숙, 장영희, 정미라, 엄정애, 2007; 박서영, 2014 재인용).

2) 유아교사 교직윤리의 내용

사회적인 책임과 의무를 나타내는 교원의 윤리에 관한 기본조항이 교육법에 제시되어 있다. 교육법 제74조에 의하면 "교원은 학생들을 직접 지도하는 책임을 갖고 있을 뿐만 아니라 항상 사표(師表)가 될 품성과 역량의 향상에 힘쓰며, 학문의 연찬(硏鑽)과 교육의 원리와 방법을 탐구 연마하여 국민교육에 전심전력하여야 한다"라고 명기되어 있다. 이에 근거하여 1958년 9월에 대한교육연합회(현 한국교원단체총연합회)가 최초로 교원의 윤리강령을 제정·공포하였으며, 1982년 5월 15일에는 기존의 교원 윤리강령을 대폭 개정하여 '사도헌장'과 '사도강령'을 제정·공포하였다. 이는 모든 교원에게 되는 교원 윤리강령으로 유아교사에게도 적용되며 그 내용은 다음과 같다.

① 사도헌장, 사도강령

「사도헌장」

오늘의 교육은 개인의 성장과 사회의 발전과 내일의 국운을 좌우한다. 우리는 국민교육의 수임자로서 존경받는 스승이요, 신뢰받는 선도자임을 자각한다. 이에 긍지와 사명을 새로이 명심하고 스승의 길을 밝힌다.

1. 우리는 제자를 사랑하고 개성을 존중하며 한마음 한뜻으로 명랑한 학풍을 조성한다.
1. 우리는 폭넓은 교양과 부단한 연찬으로 교직의 전문성을 높여 국민의 사표가 된다.
1. 우리는 원대하고 치밀한 교육계획의 수립과 성실한 실천으로 맡은 바 책임을 완수한다.
1. 우리는 서로 협동하여 교육의 자주혁신과 교육자의 지위향상에 적극 노력한다.
1. 우리는 가정교육·사회교육과의 유대를 강화하여 복지국가 건설에 공헌한다.

「사도강령」

민주국가의 주인은 국민이므로 나라의 주인을 주인답게 길러내는 교육은 가장 중대한 국가적 사업이다. 우리는 겨레가 오랜 역사의 찬란한 문화를 계승, 발전시키며, 선진 제국과 어깨를 나란히 하여 인류복지 증진에 주도적으로 기여하려면 무엇보다도 문화국민으로서의 의식 개혁과 미래 사회에 대비한 창의적이고 민주적인 인간육성에 온 힘을 기울여야 한다.
그러기 위하여 우리의 교육자는 국가발전에 민족중흥의 선도자로서의 사명과 긍지를 지니고 교육을 통하여 각자의 능력을 최대한으로 개발하며, 개인의 자아실현과 국력의 신장, 그리고 민족의 번영에 열과 성을 다하여야 한다. 또한 교육자의 품성과 언행이 학생의 성장발전을 좌우시킬 뿐만 아니라 국민윤리 재건의 관건이 된다는 사실을 명심하고, 사랑과 봉사, 정직과 성실, 청렴과 품위, 준법과 질서에 바탕을 둔 사도 확립을 위해 우리 스스로 헌신하여야 한다.
우리의 이러한 뜻은 교직에 종사하는 모든 교직자가 주체의식을 가지고 노력하여야만 이루어질 수 있다는 것을 인식하고, 사도헌장 제정에 때맞추어 우리의 행동지표인 현행 '교원 윤리강령'을 '사도강령'으로 개정하여 이를 실천함으로써 국민의 사표가 될 것을 다짐한다.

제1장 스승과 제자

스승의 주된 임무는 제자로 하여금 고매한 인격과 자주정신을 가지고 사회에 봉사할 수 있는 유능한 국민을 육성하는 데 있다. 그러므로 우리는 제자를 사랑하고 그 인격을 존중한다.

우리는 제자의 심신발달이나 가정의 환경에 따라 차별을 두지 아니하고 공정하게 지도한다.

우리는 제자의 개성을 존중하며, 그들의 개인차와 욕구에 맞도록 지도한다.

우리는 제자에게 직업의 존귀함을 깨닫게 하고, 그들의 능력에 알맞은 직업을 선택하도록 지도한다.

우리는 제자 스스로 원대한 이상을 세우고, 그 실현을 위하여 정진하도록 사제 동행한다.

제2장 스승의 자질

스승은 스승다워야 하며 제자의 거울이 되고 국민의 사표가 되어야 한다. 그러므로

우리는 확고한 교직관과 긍지를 가지고 교직에 종사한다.

우리는 언행이 건전하고 생활이 청렴하여 제자와 사회의 존경을 받도록 한다.

우리는 단란한 가정을 이룩하고 국법을 준수하여 사회의 모범이 된다.

우리는 학부모의 경제적, 사회적 지위를 이용하지 아니하며, 또 이에 좌우되지 아니한다.

우리는 자기 향상을 위하여 전문적인 지식과 전문화된 기술을 계속 연마하는 데 주력한다.

제3장 스승의 책임

스승은 제자 교육에 열과 성을 다하여 맡은 바 책임을 다하여야 한다. 그러므로 우리는 사회의 일원으로 모든 책임과 의무를 다한다.

우리는 교재연구와 교육자료 개발에 만전을 기하여 수업에 최선을 다한다.

우리는 생활지도의 중요성을 인식하여 제자들이 올바른 사람이 될 수 있도록 지도의 철저를 기한다.

우리는 교육의 성과를 공정하게 평가하고 이를 교육에 충분히 활용한다.

우리는 제자와 성인들을 위한 정규교과 외의 활동에 적극 참여한다.

제4장 교육자와 단체

교육자는 그 지위의 향상과 복지의 증진을 위하여 교직단체를 조직하고 적극 참여함으로써 단결된 힘을 발휘할 수 있다.

우리는 교직단체 활동을 통하여 교직자의 처우와 근무조건의 개선을 꾸준히 추진한다.

우리는 교직단체 활동을 통하여 교직자의 자질 향상을 기함으로써 교원의 확립에 박차를 다한다.

우리는 편당적, 편파적 활동에 참여하지 아니하고 교육을 그 방편으로 삼지 아니한다.

교직단체는 국가 주요 교육정책 결정에 참여하여 교육자의 여망과 주장을 충분히 반영시킨다.
교직단체는 교육자의 혁신과 국가의 발전을 위하여 다른 직능단체나 사회단체와 연대 협동한다.

제5장 스승과 사회
스승은 제자의 성장 발달을 돕기 위하여 학부모와 협력하여 학교와 사회 간의 상호작용의 원동력이 되고 국가발전의 선도자가 된다. 그러므로 우리는 학교방침과 제자의 발달 상황을 가정에 알리고, 학부모의 정당한 의견을 학교교육에 반영시킨다.
우리는 사회의 실정을 정확하게 파악하고 지역사회의 생활과 문화향상을 위하여 봉사한다.
우리는 사회적 요구를 교육계획에 반영하며 학교의 교육활동을 사회에 널리 알린다.
우리는 국민의 평생교육을 위하여 광범위하게 협조하고 그 핵심이 된다.
우리는 확고한 국가관과 건전한 가치관을 가지고 국민의식 개혁에 솔선수범하며, 국가발전의 선도자가 된다.

교사가 윤리적인 가치판단을 할 수 있도록 기준과 지침이 되어 주는 것이 바로 윤리 강령이다. 윤리 강령은 유아교육의 핵심 가치가 무엇이고 윤리적 책임은 무엇인지 등에 대한 철학적 기초를 제공해 줌으로써 교육적·윤리적으로 올바른 결정을 할 수 있도록 도와준다. 전문가로서의 유아교사에게 윤리 강령이 중요한 이유는 다음과 같다(이은화, 이정환, 이경우, 이기숙, 홍용희, 박은혜, 김희진, 2001). 첫째, 유아교육은 유아의 전인발달을 목적으로 하기 때문에 유아교사는 이에 대한 분명한 가치와 목표를 가지고 교육하여야 한다. 둘째, 유아교육의 대상인 유아는 미성숙한 존재이기 때문에 윤리의식이 없는 교사가 교육활동을 하는 동안 잘못된 의사결정을 하고 잘못된 교육을 시행하면 그 피해는 유아 개인의 삶과 발달 측면에서 매우 심각할 뿐만 아니라 사회적인 측면에서도 위험한 문제를 발생시킬 수 있다. 셋째, 유아교육은 응용학문이며 실천적 학문이기 때문에 교육현장의 상황마다 유아의 특성과 요구에 따라 융통성 있게 응용하여 대처하여야 한다.

② 유치원 교사 헌장과 강령, 보육교사 윤리강령

유아교사만을 위한 윤리강령이 독립적으로 존재하지는 않다가 2011년 유아교육 현장 및 전문가들에 의해 「유치원 교사 헌장·강령」이 제정·공포되었다. '유치원 교사 헌장'은 유치원 교사가 교직을 수행하면서 스스로 실천하기를 기대하는 규범이며 '윤리강령'은 교사가 딜레마에 직면했을 때 적절하게 의사결정을 내릴 수 있도록 이끌어주는 지침이다. 이후에는 「어린이집 원장 및 보육교사 윤리강령」이 제정되었다. 유치원 교사 헌장과 강령, 어린이집 원장 및 보육교사 윤리강령의 내용을 살펴보면 다음과 같다.

유치원 교사 헌장

유아교육은 유아의 삶에 초석이 되며, 우리 사회와 국가의 미래를 결정한다. 우리는 국민의 생애 초기 교육을 책임지며 사회로부터 존경받는 교사로서 자신을 연마하고 소명의식을 가지고 유아 교육자로서 가야 할 길을 밝힌다.

1. 우리는 유아를 사랑하고 개성을 존중하며 전인발달을 지원하고 평화로운 교실문화를 조성한다.
2. 우리는 미래지향적이며 질 높은 교육을 계획하고 실천하여 교육자로서의 책임을 다한다.
3. 우리는 가정에 대한 이해와 연대를 강화하여 교육복지 사회구축에 공헌한다.
4. 우리는 사회의 변화와 요구에 적극 부응하여 유아교육의 혁신과 발전을 위해 노력한다.
5. 우리는 교육자로서의 품위를 유지하고 부단한 자기개발을 통해 유아교육 전문가로서의 위상을 갖춘다.

유치원 교사 강령

1. 유치원 교사와 유아

1) 우리는 유아를 사랑하며 유아의 인격을 존중한다.
2) 우리는 유아의 개인적·가정적 배경에 관계없이 유아를 평등하게 대한다.
3) 우리는 유아의 개성을 존중하며 개인의 흥미와 잠재력에 적합한 교육을 제공한다.
4) 우리는 유아의 전인발달을 지원하는 교육과 환경을 제공한다.
5) 우리는 유아의 안녕을 위해서는 가정적·사회문화적·경제적 상황을 적극적으로 파악하고 유아를 보호하기 위해 노력한다.

2. 유치원 교사와 가정

1) 우리는 유아를 교육하고 지원하기 위해 가정과 연계하고 협력관계를 구축한다.
2) 우리는 교육적 목적으로 수집한 가족 정보에 대해 기밀을 유지하고 가족의 사생활을 보장한다.
3) 우리는 유치원에서 일어난 안전사고나 위험 상황에 대해 가족에게 충분히 설명한다.
4) 우리는 가족에게 유치원을 개방하며 필요한 정보를 제공한다.
5) 우리는 유치원 운영에 관련된 중요한 의사결정 과정에 부모를 참여시킨다.
6) 우리는 가족에게 필요한 지역사회 자원에 대한 정보를 구축하고 이를 가족에게 적극 제공한다.

3. 유치원 교사와 사회

1) 우리는 사회의 흐름을 파악하고 이를 교육에 반영하고자 노력한다.
2) 우리는 유아에 관련된 법률과 정책을 이해하고, 이를 개선하기 위한 활동에 적극 참여한다.
3) 우리는 교직 관련 단체와 전문가 협회를 통해 교권 확립을 위한 활동에 참여한다.
4) 우리는 유치원 교육을 사회에 널리 알려 유아교육의 위상을 높인다.
5) 우리는 교직원 간의 상호존중과 협력을 통해 건전한 교직문화를 형성한다.
6) 우리는 유치원과 연계하여 지역사회의 생활과 문화 향상에 기여한다.

4. 유치원 교사의 책무

1) 우리는 교육전문가로서의 직업의식을 갖는다.
2) 우리는 건전한 국가관과 확고한 교육관을 가지고 교직에 종사한다.
3) 우리는 유아에게 최적의 교육을 제공하기 위해 열과 성을 다한다.
4) 우리는 건전한 언행과 생활태도로 유아에게 모범이 되도록 한다.
5) 우리는 열린 사고와 개방적 태도를 가지고 전문적 향상에 매진한다.
6) 우리는 다양한 분야의 전문가와 교류하고 새로운 지식과 정책을 비판적으로 수용한다.

원장 및 보육교사 윤리 강령

보육은 영유아를 건강하게 양육하고, 안전하게 보호하며, 발달특성에 적합한 교육을 제공하는 복지서비스이며, 보육인은 사랑과 존중과 전문지식을 바탕으로 영유아의 전인적 성장에 영향을 미치는 전문직업인이다. 그러므로 보육인은 윤리적 의식과 태도를 가지고 사회적 본분에 임해야 한다.

이에 어린이집 원장과 보육교사는 스스로 책무성을 발현하여 윤리강령을 제정함을 밝힌다. 본 강령을 직무수행의 규준으로 삼아, 보육현장에서 발생하는 윤리적 갈등을 해결하고, 생존권, 보호권, 발달권, 참여권 등 영유아의 권리를 보장함으로써, 직무상의 윤리적 책임을 다하여 전문직업인으로서의 위상을 공고히 하고자 한다.

더불어 영유아와 그 가정, 동료와 사회의 존엄성을 존중하는 보육의 실천으로 다각적인 신뢰를 구축하고, 영유아의 잠재력을 최대한 발휘시킴으로써 영유아가 긍정적인 자아개념을 형성하고 유능한 사회인으로 성장할 수 있도록 도와, 궁극적으로는 영유아와 그 가정, 동료와 사회의 통합적, 이상적 복지 실현에 기여하고자 한다.

1. 영유아에 대한 윤리

1) 영유아에게 고른 영양과 충분한 휴식을 제공하여, 몸과 마음이 건강한 사람으로 자라도록 돕는다.
2) 성별, 지역, 종교, 인종, 장애 등 어떤 이유에서도 영유아를 차별하지 않고, 공평한 기회를 제공한다.
3) 영유아는 다치기 쉬운 존재임을 인식하여 항상 안전하게 보호한다.
4) 영유아에 대한 정서적, 언어적, 신체적 학대를 행하지 않는다.
5) 어린이집 내외에서의 영유아 학대나 방임을 민감하게 관찰하며, 필요한 경우 관련 기간("아동보호전문기관" 등)에 보고하고 조치를 취한다.
6) 영유아의 인격을 존중하고, 개인의 잠재력과 개성을 인정한다.
7) 개별적 상호작용 속에서 영유아의 요구를 수용하기 위해 노력한다.
8) 영유아의 사회, 정서, 인지, 신체 발달을 통합적으로 지원하는 보육 프로그램을 실시한다.
9) 특별한 도움을 필요로 하는 경우, 전문가와 협력하여 영유아의 입장에서 최선의 대안을 찾는다.
10) 보육활동을 계획, 실행, 평가하는 모든 과정에 영유아의 흥미와 의사를 반영한다.
11) 영유아의 개인적 기록과 정보에 대해 비밀을 보장한다.

2. 가정에 대한 윤리

1) 상호 신뢰를 바탕으로 영유아의 가정과 동반자적인 관계를 유지한다.
2) 각 가정의 양육가치와 의사결정을 존중한다.
3) 경제적 수준, 가족형태, 지역, 문화, 관습, 종교, 언어 등 어떤 것에 의해서도 영유아의 가정을 차별 대우하지 않는다.

4) 보육활동 및 발달 상황에 관한 정보를 정확하게 제공하여 영유아에 대한 가정의 이해를 돕는다. 다문화, 심신장애 등으로 의사소통에 도움이 필요한 경우 문제를 해결할 최선의 방법을 도모한다.
5) 어린이집 운영 전반에 관한 정보를 공개하여 영유아 가정의 알 권리에 응한다.
6) 보육 프로그램과 주요 의사결정에 영유아의 가정이 참여하도록 안내한다.
7) 필요한 사회적 지원, 전문서비스 등 관련 정보를 제공하여 영유아 가정의 복리 증진을 돕는다.
8) 영유아 가정의 사생활을 보호하고 익명성을 보장한다.

3. 동료에 대한 윤리

[어린이집 원장]
1) 최상의 보육서비스 제공에 필요한 인적, 물적 환경의 조성 및 유지를 위해 노력한다.
2) 보육교사를 신뢰하고 존중하며 전문성과 자율성을 인정한다.
3) 성별, 학연, 지연, 인종, 종교 등에 따라 보육교사를 차별하지 않는다.
4) 업무 관련 의사결정이 필요한 경우, 보육교사의 의견 개진 기회를 보장한다.
5) 보육교사에게 지속적 재교육 등 전문적 역량 제고의 기회를 부여한다.
6) 보육교사에게 적정 수준의 보상(보험, 급여 등)을 안정적으로 제공하며, 복지 증진에 힘쓴다.
7) 보육교사 개인의 기록과 정보에 대한 비밀을 보장한다.

[보육교사]
1) 존중과 신뢰를 바탕으로 협력하며, 서로의 전문성과 자율성을 인정한다.
2) 상호 간 역량 계발과 복지증진에 부합하는 근무환경이 되도록 힘쓴다.
3) 어린이집 원장 및 동료와 영유아 보육에 대한 신념을 공유한다.
4) 보육교사로서의 전문성 향상을 위해 스스로 노력한다.
5) 어린이집 내에서 영유아 및 보육교사의 인권과 복지를 위협하는 비윤리적 사태가 발생한 경우, 법률 규정이나 윤리기준("한국어린이집연합회 윤리강령위원회" 참조)에 따라 조치를 취한다.

4. 사회에 대한 윤리

1) 공보육에 대한 책임을 인식하고, 항상 질 좋은 보육서비스를 제공한다.
2) 영유아의 안전을 위협하는 환경이나 정책이 발견될 시, 관계기관과 협의하여 개선한다.
3) 공적 책임이 있는 어린이집으로서 재정의 투명성을 유지하고, 부정한 방법으로 사적 이익을 취하지 않는다.
4) 영유아의 권익보호를 위해 관련 정책 결정 및 법률 제정에 적극 참여하며, 사회적으로 이를 널리 알리는 데 앞장선다.
5) 지역사회 실정에 맞는 어린이집 책임과 역할을 인지하고, 실천하고자 노력한다.

출처 : 보육교직원 통합정보 공지사항(https://chrd.childcare.go.kr/ctis/community/notice/NoticeSl.jsp?flag=Sl&BBSGB=640&BID=108325). 검색일: 2025. 01. 10.

4. 유아교사의 전문성과 양성과정

1) 유아교사의 전문성

전문성이란 직업에 종사하는 사람들이 보여주는 태도와 행동을 의미하는 것으로 자신의 일에 대한 신념, 헌신하는 태도, 전문가로서 지니는 의사결정권의 자유를 의미한다. 유아교사는 변화 가능성이 많은 생애 초기 유아기의 보호와 교육을 담당하며, 의미 있는 타인으로 인식되고, 그들의 사회화를 담당하는 자로 영향력을 행사하기 때문에 전문가로 볼 수 있다(김경회, 김선영, 김신영, 김지은, 김혜금, 문혁준, 서소정, 안선희, 안효진, 이희경, 정선아, 황혜원, 2006).

UNESCO에서도 명시하였듯이 많은 학자들이 교직을 전문직으로 인정하고 있다. 1966년 UNESCO의 '교원의 지위에 대한 권고문(Recommendation concerning the Status of Teacher)'에서는 "교육은 전문직으로 간주되어야 한다. 이 직업은 엄격하고 계속적인 연구를 통하여 획득되고 유지되는 전문적 지식과 기능을 교원에게 요구하는 공공봉사의 일종이다. 그리고 교사는 학생의 교육과 복지에 대하여 개인적 및 연대적 책임을 요구한다."라고 밝히고 있다(노명희, 윤은종, 안연경, 2006).

교육기본법 제14조도 학교교육에서 교원의 전문성은 존중되며 교원의 경제력·사회적 지위는 우대되고 그 신분은 보장된다. 유아교사는 학급을 운영하고 유아를 가르치는 데 있어서 자율성을 가지지만 이에 대한 책임을 요구받으며, 교사로서의 역할수행을 할 때 모든 판단과 의사결정은 교사로서의 윤리강령에 기초하여 이루어지도록 하고 있다. 이러한 측면에서 유아교사를 전문가로 보는 입장은 점점 확대되어 가고 있다.

2) 유아교사의 양성과정

(1) 유치원 교사

① 유치원 교사는 유아교육법 제22조 제2항 별표2의 자격기준에 해당하는 사람으로서, 대통령령으로 정하는 바에 따라 교육부장관이 검정·수여하는 자격증을 받은 사람을 말한다(유아교육법 제22조 제2항).

② 유아교육법에 규정된 유치원 교사의 종류에는 정교사 1급, 정교사 2급, 준교사가 있다.

* 자격 특징
① 유치원 교사 중 준교사는 준교사 자격시험에 합격해야 하나, 정교사의 경우에는 일정한 자격조건을 갖추면 자격심사 후 자격증을 받는다.
② 유치원 교원으로 원장, 원감, 수석교사 및 교사를 두되, 2학급 이하의 유치원에는 원감을 두지 아니할 수 있다(동법 제20조 제1항)

〈표 6-1〉 교사 자격기준(유아교육법 제22조 제2항)

	자격 기준
정교사 1급	1. 유치원 정교사(2급) 자격을 가진 사람으로서 3년 이상의 교육경력을 가지고 소정의 재교육을 받은 사람 2. 유치원 정교사(2급) 자격증을 가지고 교육대학원 또는 교육부장관이 지정하는 대학원의 교육과에서 유치원 교육과정을 전공하여 석사학위를 받은 사람으로서 1년 이상의 교육 경력이 있는 사람
정교사 2급	1. 대학에 설치하는 유아교육과를 졸업한 사람 2. 대학(전문대학 및 이와 동등 이상의 각종학교와 평생교육법 제31조 제4항에 따른 전문대학 학력인정 평생교육시설을 포함한다) 졸업한 사람으로서 재학 중 소정의 보육과 교직학점을 취득한 사람 3. 교육대학원 또는 교육부장관이 지정하는 대학원의 교육과에서 유치원 교육과정을 전공하고 석사학위를 받은 사람 4. 유치원 준교사 자격증을 가진 사람으로서 2년 이상의 교육 경력을 가지고 소정의 재교육을 받은 사람
준교사	1. 유치원 준교사 자격검정에 합격한 사람
비고	1. 원장·원감, 초·중등교육법의 규정에 의한 교장·교감, 교육장·장학관·장학사·교육연구관·교육연구사의 경력 연수는 교육 경력 연수로 볼 수 있다. 2. 위의 표에서 전문대학은 종전의 초급대학·전문학교 및 실업고등 전문학교를 포함한다.

〈표 6-2〉 원장 및 원감의 자격기준(유아교육법 제22조 제1항)

	자격 기준
원장	1. 유치원의 원감 자격증을 가지고 3년 이상의 교육경력과 소정의 재교육을 받은 사람 2. 학식·덕망이 높은 자로서 대통령령이 정하는 기준에 해당한다고 교육부장관의 인정을 받은 사람
원감	1. 유치원 정교사(1급) 자격증을 가지고 3년 이상의 교육경력과 소정의 재교육을 받은 사람 2. 유치원 정교사(2급) 자격증을 가지고 6년 이상의 교육경력과 소정의 재교육을 받은 사람
비고	1. 원장·원감, 초·중등교육법의 규정에 의한 교장·교감, 교육장·장학관·장학사·교육연구관·교육연구사의 경력 연수는 교육경력 연수로 볼 수 있다.

(2) 보육교사

① 보육교사란 보육교사 자격기준에 해당하는 자로서 보건복지부장관이 검정·수여하는 국가자격증을 발급받은 자를 말한다.

② 보육교사는 영유아를 대상으로 발달에 적합한 실제에 기초하여 영유아의 전인적 발달을 도모하고, 성장과 발달에 영향을 미치는 동시에 가족의 안녕과 건강을 지원하는 전문가를 말한다.

③ 보육교사는 영유아의 보육, 건강관리 및 보호자와의 상담 그 밖에 보육시설의 관리 운영 등의 업무를 담당한다.

* 자격 특징

① 보육교사는 학력 및 경력기간에 따라 1급, 2급, 3급, 3단계로 구분된다.

② 보육교사 자격검정은 별도의 시험 없이 서류검정으로 판정한다. 서류검정 결과 보육교사 자격기준을 충족하면 인정 판정을 하고 자격증을 발급한다.

③ 보육교사 자격기준을 갖추었는지의 여부는 보건복지부장관으로부터 관련 업무를 위탁받은 한국보육진흥원에서 수행한다.

〈표 6-3〉 어린이집 보육교사 자격기준(영유아보육법 제21조)

	자격 기준
보육 교사 1급	보육교사 2급 자격을 취득한 이후 3년 이상의 보육업무 경력과 보건복지부 장관이 정하는 승급교육을 받은 사람 보육교사 2급 자격과 보육관련 대학원에서 석사학위를 취득한 사람으로서 1년 이상 보육업무 경력과 보건복지부장관이 정하는 승급교육을 받은 사람
보육 교사 2급	전문대학 또는 이와 동등 이상의 학교에서 보건복지부장관이 정하는 보육관련 교과목 및 학점을 이수하고 졸업한 사람 보육교사 3급 자격을 취득한 이후 2년 이상의 보육업무 경력과 보건복지부 장관이 정하는 승급교육을 받은 사람
보육 교사 3급	고등학교 또는 이와 같은 수준의 학교를 졸업한 사람으로서 보건복지부장관이 정하는 교육훈련 시설에서 정해진 교육과정을 수료한 사람

〈표 6-4〉 어린이집 원장 자격기준(영유아보육법 제21조)

	자격 기준
일반 기준	• 보육교사 1급 자격을 취득한 후, 3년 이상의 보육 등 아동복지업무 경력이 있는 사람 • 유아교육법에 의한 유치원 정교사 2급 자격을 취득한 후, 3년 이상의 보육 등 아동복지업무 경력이 있는 사람 • 초중등교육법에 의한 초등학교 정교사 자격을 취득한 후, 5년 이상의 보육 등 아동복지업무 경력이 있는 사람 • 사회복지사업법에 의한 사회복지사 1급 자격을 취득한 후, 5년 이상의 보육 등 아동복지업무 경력이 있는 사람 • 의료법에 의한 간호사 면허를 취득한 후 7년 이상의 보육 등 아동 복지업무 경력이 있는 사람 • 국가 또는 지방자치단체에서 7급 이상의 공무원으로 보육 등 아동복지업무에 경력이 있는 사람
가정 어린이집	• 일반 기준에서 정한 자격을 갖춘 사람 • 보육교사 2급 이상 자격을 취득한 후 1년 이상의 보육업무 경력이 있는 사람
장애아 전담 어린이집	• 장애인복지법 제32조에 따라 장애인으로 등록된 영유아만을 20명 이상 보육하는 어린이집 일반 기준에서 정한 자격을 갖춘 사람으로서 다음의 어느 하나에 해당하는 사람 • 대학(전문대학을 포함한다)에서 장애인 복지 및 재활관련학과를 전공한 사람 • 장애아 어린이집에서 2년 이상의 보육업무 경력이 있는 사람

	자격 기준
영아 전담 어린이집	• 만 3세 미만의 영아만을 20명 이상 보육하는 어린이집 • 일반기준에서 정한 자격을 갖춘 사람 • 간호사 자격증을 취득한 후 5년 이상의 아동간호업무 경력이 있는 사람
고등교육법에 따른 교육훈련시설 어린이집	• 어린이집을 운영하는 대학의 전임강사 또는 교육훈련 시설의 전임교수 이상으로서 보육관련 교과목에 대하여 3년 이상의 교육 경력이 있는 사람

생각해 봅시다

1. 내가 생각하는 유아교사의 이미지를 제시해보고, 그 이유를 공유해 봅시다.

2. 바람직한 유아교사의 역할과 역량에 대해 생각해보고 내가 생각하는 가장 중요한 역할과 역량에 대한 의견을 이야기 나누어 봅시다.

3. 유아교사의 역량 중 나의 강점과 약점을 생각해보고, 강점을 개발하고 약점을 보완할 구체적인 실천 방안에 대해 생각해 봅시다.

4. 전문가로서 유아교사의 윤리강령이 필요한 이유는 무엇인지 논의해보고, 더 포함되어야 할 내용이 있다면 토의해 봅시다.

참고 문헌

강유정, 박진희, 정동희(2017). **영유아교사 인성교육의 이론과 실제**. 서울: 동문사.

곽영우, 김영화, 유경준, 한유경, 김경근(1997). **교육의 경제발전에 대한 기여 : 회고와 전망**. 서울: 한국교육재정 경제학회.

교육부, 보건복지부(2019). 2019 개정 누리과정.

김경희, 김선영, 김신영, 김지은, 김혜금, 문혁준, 서소정, 안선희, 안효진, 이희경, 정선아, 황혜원(2006). **보육학개론**. 서울: 창지사.

김정원, 이문정, 이연규, 전선옥, 조화연(2022). **유아교육론**. 경기: 양서원.

김정희, 이용주, 원혜경(2020). **영유아교사 인성론**. 서울: 동문사.

김현자, 김진선, 조미영, 고선영(2021). **영유아교사론**. 경기: 정민사.

노명희, 윤은종, 안연경(2006). **유아교육개론**. 서울: 동문사.

문혁준, 김정희, 김혜연, 서기남, 이성복, 최윤희(2022). **어린이집 운영관리**. 서울: 창지사.

박서영(2014). 유아교사의 교직윤리의식과 직무스트레스에 관한 연구. 가천대학교 교육대학원 석사학위논문.

보육교직원 통합정보 공지사항. (https://chrd.childcare.go.kr/ctis/community/notice/NoticeSl.jsp?flag=Sl&BBSGB=640&BID=108325) 검색일: 2025. 01. 10.

양옥승, 조유나, 신은미, 이옥주, 손복영, 이은정, 동풀잎, 양유진(2022). **유아교육개론**. 경기: 정민사.

이기숙, 장영희, 정미라, 엄정애(2021). **유아교육개론**. 경기: 양서원.

이상욱, 정희영, 최영해, 장은희, 황현주, 유은정, 신헌정, 김성원, 윤선화, 정희정(2011). **유아교육개론**. 서울: 학지사.

이은화, 배소연, 조부경(1995). **유아교사론**. 서울: 양서원.

이은화, 이정환, 이경우, 이기숙, 홍용희, 박은혜, 김희진(2001). **유아교육개론**. 서울: 이화여자대학교 출판부.

이효림, 박영신(2018). 예비유아교사의 장애유아통합교육에 대한 우려 분석. **학습자중심교과교육연구**, 18(22), 477-494.

지옥정, 김수영, 정정희, 고미애, 조혜진(2020). **유아교육개론**. 서울: 창지사.

황윤세, 장영숙, 최미숙(2004). 유아교사의 교육신념과 관심사와의 관계 연구. **한국교육**, 31(3), 265-285.

Chapter

07

유아교육과 부모

유아기는 신체·정서·인지·사회 등의 모든 영역에서 급격한 발달이 이루어지는 시기이다. 유아기에는 부모와의 상호작용을 통하여 부모의 사랑과 권위를 모방하며 그들의 가치관을 내면화하기 때문에 자녀의 전인적 발달과 효율적인 유아교육을 위해 부모교육은 무엇보다도 중요한 일이라 할 수 있다. 이 장에서는 부모교육을 위한 부모-자녀관계의 특성을 알아보고 가족관계를 보는 현대의 관점을 이해하고자 한다. 또한 바람직한 부모역할과 양육태도를 파악하여 유아교육기관과 가정과의 원활한 소통을 위한 부모참여 및 교육에 대해 고찰해 보고자 한다.

학습목표

1. 부모와 자녀와의 관계와 관련하여 부모-자녀관계의 특성, 부모-자녀 및 가족관계를 보는 관점을 제시할 수 있다.
2. 부모역할과 양육태도를 알아보고 바람직한 부모의 특징을 설명할 수 있다.
3. 부모참여 및 교육과 관련된 부모교육 계획, 운영형태 등을 알아보고 유아교육기관과 가정의 다양한 소통 방법을 정리할 수 있다.

1. 부모와 자녀와의 관계

1) 부모-자녀관계의 특성

한 명의 자녀가 태어나게 되면 자신이 원한 일이건 원하지 않았던 일이건 간에 부모 역할을 수행해야 한다. 부모 역할은 한번 맡으면 변경이 불가능하다. 부모 역할은 다른 성인 역할에 비해 사전에 준비할 수 있는 기간이 짧거나 거의 없기 때문에 부모 역할에 대한 준비는 꼭 필요한 것임에도 불구하고 부모 역할을 준비시켜주는 교육기관이 드물다. 부모와 자녀와의 관계는 생물학적이거나 심리적으로도 꽤 자연스럽게 이루어지는 관계로 다음과 같은 특성이 있다.

첫째, 부모 자녀와의 관계는 일방적인 관계가 아니라 쌍방적인 관계이다.

둘째, 부모 자녀와의 관계는 사회 속에 존재하는 하나의 생태학적 관계이므로 사회의 제반 영향력에 노출되어 있다.

셋째, 과거에는 부모 자녀와의 관계가 필수적이었으나 현대로 오면서 부모-자녀와의 관계는 선택사항이 되어가고 있다.

넷째, 부모 자녀와의 관계는 자녀가 성장함에 따라 끊임없이 변화한다.

다섯째, 부모 자녀와의 관계에서 수행해야 할 부모의 역할은 수많은 성인의 역할 중 하나지만 다른 성인의 역할과는 다른 점이 많다.

부모가 자녀를 키우는 과정에서 출산은 남자와 여자가 함께 자녀를 얻었음에도 부모 역할의 몫은 여자에게 더 크다. 그 이유 중 하나는 자녀 양육에 여자가 스트레스를 더 많이 받게 되고 부모 역할은 본인의 의지와 상관없이 부모 역할을 떠맡게 되는 경우를 주변에서 많이 볼 수 있기 때문이다.

2) 부모-자녀 및 가족관계를 보는 관점

부모-자녀 및 가족관계를 보는 현대의 관점은 크게 인지적 접근 방법, 생태적 접근 방법, 체제적 접근 방법으로 나누어진다.

(1) 인지적 접근 방법

부모의 태도와 신념, 가치관 등은 영유아발달에 영향을 미치는 부모 행동이 요인이라고 볼 수 있다. 영유아기의 발달과 관련하여 부모 연구가인 밀러(Miller, 1988)는 부모의 지식이 증가함에 따라 부모의 신념은 자신의 신념과 일치되는 방식으로 자녀와 상호작용을 할 것이고 이러한 인지적 접근 방법에 따른 부모의 인지는 자녀의 발달에도 직접적인 영향을 미치는 요인으로 작용한다고 보았다. 부모는 자녀들이 자신의 신념에 따라 발달해 나가기를 원하는데 그러한 기대는 부모의 신념 가치관에 따라 다르게 나타난다. 부모의 몸짓과 언어는 영유아에게 전달되고 이러한 요인들을 바탕으로 영유아들의 인지적 발달에 영향을 미친다고 보는 접근 방법이다.

(2) 생태학적 접근 방법

생태학적 접근 방법은 브론펜브레너(Bronfenbrenner, 1992)에 의한 접근 방법으로 가족을 하나의 생태학적 관점에서 본 것으로 환경체계를 중간체계, 외체계, 거시체계로 구분한 세 유형의 환경체계가 있다. 환경체계는 가족을 중심으로 동심원적으로 확장되어 부모 자녀 관계에 영향을 미친다고 보는 것이다. 부모 자녀와의 관계는 단순히 부모와 자녀 사이에서만 형성되는 것이 아니라 영유아가 속한 환경에서 간접적으로 영향을 주거나 가족을 둘러싼 주변 환경에 의해 지배된다고 볼 수 있다. 따라서 자녀 양육을 효과적으로 수행할 수 있는지의 여부는 자녀를 양육하며 발생하는 역할 기대, 스트레스, 그리고 지원 등에 달려 있고 자녀관 및 부모 자신의 역할에 대한 평가는 비상시 도와줄 수 있는 친구들과 이웃의 존재, 직장 일과에서의 융통성, 탁아의 적절성, 집 주변의 안전성, 의료 및 사회복지의 질 등과 같은 외적인 요인과 관련된다는 것이다.

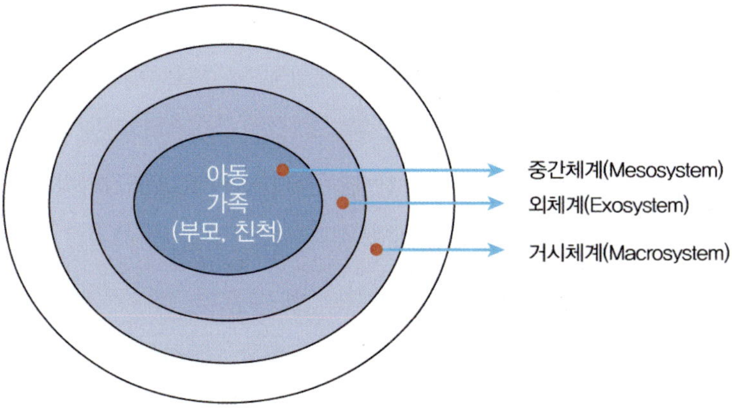

[그림 7-1] 가족관계의 생태학적 접근 모형

출처: 이기숙 외(2022). 유아교육개론. 서울: 양서원.

(3) 체제적 접근 방법

가족 내에 존재하는 부모 자녀 간의 관계는 자연스러운 상황에서 있는 그대로 관찰됨으로써 보다 다양한 맥락 내에서 고려되어야 할 과제로 부모 자녀와의 관계를 하나의 체제로 보는 관점을 말한다.

미누친(Minuchin, 1985)이 제시한 체제의 특성을 살펴보면 다음과 같다.

첫째, 어떤 체제이든 전체로 조직되어 있으며 전체의 구성 요소들은 필연적으로 의존적일 수밖에 없다. 즉 부모 자녀 관계는 가족 전체의 맥락 안에서 연구되어야 한다.

둘째, 체제 안의 패턴들은 직선적 형태보다는 원형적인 형태이다. 자녀가 ~ 하게 되면 부모가 ~ 하게 되고, 부모가 ~ 라면 또다시 자녀가 ~ 하게 된다. 따라서 가족 내에 문제가 발생했을 때는 패턴 자체를 바꾸어 주는 것이 바람직하다.

셋째, 체제는 스스로 항상성을 유지하려는 특성이 있다. 대부분의 정상적인 가정에서는 안정을 유지하는 교정 장치가 기능을 잘 발휘하므로 돌발 상황이나 어려운 상황을 잘 넘기게 된다.

넷째, 정상적인 체제는 변화하고 진화해 나가는 개방체제이어야 한다. 정상적인 가정은 안정을 유지해야 할 때와 변화하고 진화해 나가야 할 때를 잘 알고 이에 적응해 나간다.

다섯째, 모든 체제는 많은 하위체제로 구성되어 있다. 이때는 가족 한 사람이 다양한 하위체제에 동시에 속하게 된다. 예를 들면 '나'라는 존재는 나-할머니, 나-남편, 나-어머니, 나-자녀 등 많은 하위체제를 구성하게 된다. 체제적 접근 방법은 부모 자녀와의 관계에 많은 시사점을 던져준다. 개인, 또는 모든 관계는 항상 맥락 안에서 고려되어야 하고 가족 내에 존재하는 부모-자녀 관계는 자연스러운 상황 속에서 있는 그대로 관찰됨으로써 보다 다양한 맥락 내에서 고려되어야 한다.

이상을 통해 볼 때 적극적인 부모역할을 수행함으로써 올바른 부모-자녀 관계를 형성시켜 나갈 필요가 있으며 영유아의 정상적인 성장과 발달을 위해서는 무엇보다도 부모인 어머니, 아버지 역할이 중요함을 알 수 있다.

2. 부모역할과 양육태도

1) 부모 역할

사회가 빠르게 변화됨에 따라 대부분의 부모들은 자녀 양육에 대한 기대 수준만 높아져 가고 있다. 이러한 상황에서 부모의 역할은 한마디로 정의 내릴 수 없으며 자녀를 양육하는데 부모로서 성취하도록 기대되는 것을 제대로 하지 못한 채 필요한 통일된 개념이나 기법에 대한 정답도 없이 이전 부모 세대들이 하던 것을 그대로 답습하게 되는데, 부모 역할은 한 성인의 생애와 관련되어 수행되어야 하며 이 역할은 개인의 삶과 별개의 것이 될 수 없다.

(1) 발달에 따른 부모 역할

발달에 따른 부모역할 가운데 자녀의 양육과 같이 중요한 역할은 일관성 있게 그리고 적절하게 수행되어야 한다. 발달에 따른 부모로서 해야 할 역할 수행과 관련하여 갈린스키(Gallinsky, 1992)의 여섯 단계를 살펴보면 다음과 같다. 이미지 형성 단계, 양육 단계, 권위 형성 단계, 설명 단계, 상호의존 단계, 떠나보내는 단계로 각 단계에 따른 역할 수행의 내용은 다음과 같다.

〈표 7-1〉 갈린스키(Gallinsky, 1992)의 부모기 6단계와 단계에 따른 역할

단계	역할 수행 내용
이미지 형성 단계	• 임신 기간 동안 태어날 자녀를 중심으로 부모 자신의 이미지를 형성하고 수정해 가는 과정 • 임신의 수용, 부모가 될 준비, 출산의 준비 등이 포함
양육 단계	• 출생에서부터 약 18개월 내지 만 2세가 될 때까지의 단계 • 출산에 대해, 자녀에 대해, 부모로서 스스로에 대해 이미 형성되어 있는 이미지와 자신의 실제 경험을 비교해 나가며, 출산, 애착 형성, 유아의 양육 등의 역할을 수행해 나가는 과정 • 새로운 역할을 받아들이는 동시에 출산으로 인한 가족 내의 불균형을 바로잡고 자신의 정체감이 균형을 이루도록 노력해야 함
권위 형성 단계	• 자녀의 나이가 만 2세경부터 만 4, 5세까지의 단계 • 자녀에게 한계를 설정하고 강화하기도 하며 자율과 책임의 양면성 사이에서 부모로서의 권위를 형성해야 하는 단계 • 부모는 자녀와 좀 분리되는 듯한 느낌을 가지게 되며, 자녀가 정말로 자신의 연장이 아니라는 것을 이해하기 시작해야 함
설명 단계	• 만 5세에서 초등학교 시기까지의 자녀를 둔 부모의 시기 • 부모는 여러 가지 현실을 설명하고 연결해주는 역할을 하게 됨 • 분리와 결속, 걱정과 기대 중심으로 자신들의 지나온 부모기를 평가하고, 새로운 단계에 대비하게 되는 등 이 과정을 통해서 부모는 변화를 겪게 됨
상호의존 단계	• 자녀의 십 대 시기 동안 계속되는 단계 • 성인이 되어가며 행동과 감정이 급격히 변하는 자녀에게 느껴지는 놀라움 또는 충격을 중심으로 새로운 관계를 수립하기 위해 다른 의미의 권위를 형성해야 하는 단계 • 자녀의 정체감을 수용하여 자녀와 새로운 결속을 형성함으로써 다음 세대를 살아갈 자녀를 독립된 인격체로 인정해야 함
떠나보내는 단계	• 자녀의 청년기에 해당하며 자녀가 집을 떠나는 시기 • 부모기의 모든 경험을 평가하고 자녀의 떠남에 대해 준비하며 수용하고 적응해야 하는 단계 • 우선 일어나는 상황에 대해 떠남에 대한 자신의 이미지에 적응해 나가야 하고, 성인이 다 된 자녀의 부모로서 자신을 재정의하여, 한 자녀의 부모로서 전반적인 성취와 실패를 평가하게 됨

출처: 이기숙 외(2022). 유아교육개론. 서울: 양서원.

2) 부모의 양육 태도

부모의 자녀에 대한 양육 태도는 부모와 자녀 관계와의 질을 결정 해주고, 자녀의 지적·정서적·사회적 측면의 발달에 영향을 미친다. 부모는 자녀에게 사랑하고 있다는 것을 보여주면서도 스스로 할 일을 해내는 사람으로 키운다는 것은 바람직한 부모의 양육 태도에서 비롯된 것이다. 쉐퍼(Schacfer, 1959)는 부모의 양육 태도를 애정-적대와 자율-통제의 두 차원으로 다음과 같이 분류하였다.

(1) 애정적-자율적 유형

부모가 자녀에게 자율적, 허용적, 민주적, 수용적인 태도를 보이는 유형이다. 이런 태도를 가진 부모는 자녀에게 관심을 갖고 대화를 나누고 자녀의 의사를 존중함으로써 독단적인 의사결정을 피한다. 또 자녀에 대해 허용적이고 관용적이며 통제나 복종을 피하고 부정적인 감정도 자유롭게 표현함으로써 자녀의 정서적인 안정을 돕는다.

이 유형의 자녀 양육 태도 아래서 성장한 자녀는 능동적이고 독립적이며 외향적일 뿐만 아니라 사회 적응 능력이 높다. 이러한 부모의 양육 태도는 사교적이고 창의적이며 자신은 물론이고 타인에게도 적대감이 없다. 그러나 가정 밖에서 잘 적응하는 것과는 달리 가정에서는 때로 부모에게 순종하지 않거나 공격성, 고집 등을 보이기도 한다.

(2) 적대적-자율적 유형

적대적-자율적 태도는 자녀를 수용하고 허용하지 못하면서도 자녀를 마음대로 행동하도록 하는 형태이다. 이러한 양육 태도 유형을 가진 부모는 자녀에 대한 거리감, 무관심, 태만, 냉담적인 태도를 보인다. 그러므로 자녀는 불안정한 정서와 위축된 행동을 보이고 부정적인 주의 획득 기제를 자주 사용하게 된다.

(3) 애정적-통제적 유형

애정적-통제적 유형의 부모는 대개 통제의 방법으로서 심리적 통제 방법이나 언어적 통제 외에도 다양한 방법의 통제기법을 활용한다. 그러나 체벌은 되도록 금기시하는 특성을 지닌다. 애정적-통제적 유형의 부모는 의존성 조장, 과보호, 소유적인 태도를 보이는 경향이 있다. 자녀를 소유물로 생각하여 자녀가 독립적인 행동을 할 때 좌절감을 느끼게 되며 새로운 탐색을 제한함으로써 새로운 반응 습득의 기회를 축소시킨다. 따라서 이 영유아는 애정적-통제적 유형인 형태의 부모 밑에서 성장한 영유아보다 더 의존적이고 사교성, 창의성 등이 낮은 편이다. 그뿐만 아니라 상상적 적대 감정이나 잠재적인 적대 감정을 갖게 된다. 부모가 애정을 주면서도 자녀의 행동에 대해 많은 제약을 하는 유형이다.

(4) 적대적-통제적 유형

적대적-통제적 유형은 자녀교육에 있어서 사랑으로 용납하고 허용하지도 않을 뿐만 아니라 체벌을 포함한 심리적 통제와 언어적 통제를 특징으로 보이는 유형이다. 이러한 유형의 양육 태도를 지닌 부모는 권위적, 독재적, 요구 반복적, 거부적인 태도를 보인다. 특히 정서적으로 미성숙하고 불안정하여 일관성이 없는 태도로 심하게 훈육하며 절대적인 기준에 따라 영유아의 행동과 태도를 평가하고 복종을 요구하며 체벌을 가한다. 이러한 유형의 부모 밑에서 성장한 영유아는 자아에 대한 분노와 함께 내면적으로 많은 갈등과 고통을 지니게 되어 사회에 잘 적응하지 못하게 된다. 경우에 따라서 이런 부모 밑에서 자라난 영유아는 자학적 또는 퇴행적이 될 가능성이 아주 높다.

부모의 역할을 수행하는 데는 다양한 형태의 양육 태도가 개입된다. 이러한 부모의 양육 태도는 부모의 결혼 만족도, 가정의 사회 경제적 지위, 부모와 자녀의 성, 부모 자신이 양육 받아 온 방식, 부모가 지각하는 역할에 대한 태도, 부모의 인성 및 연령, 자녀 수, 지역 차 등에 따라 달라진다.

3) 바람직한 부모의 특징

현대사회에서 부모의 역할을 수행하는 것은 전통적인 사회에서보다 훨씬 더 많은 책임과 의무를 부여하고 있다. 하지만 어떤 사회이든지 부모역할 수행에 기본적으로 필요한 사항이 있기 마련인데, 이러한 점에서 바람직한 부모의 특성도 몇 가지로 정리해 볼 수 있다. 흔히 바람직한 부모의 특성을 논의할 때 '좋은 부모(good parent)', '훌륭한 부모(effective parent)'의 개념에서 찾아야 한다. 효율적인 부모의 특성으로 제시하고 있는 것들을 열거해 보면 다음과 같다(김명희, 1996).

(1) 일관성 있는 부모

흔히 부모들은 어떤 상황에서는 자녀의 행동을 묵시하거나 방관하지만, 다른 상황에서는 엄격하게 하는 경우가 있다. 이러한 부모는 자녀들에게 혼동을 주고 어느 행동이 바람직한 것인지를 알 수 없도록 만드는 결과를 초래한다. 즉, 자녀들이 어떻게 행동해야 하는지에 대한 원칙을 발견할 수 없도록 한다. 따라서 바람직한 부모의 특징 중의 하나는 일관성 있게 자녀를 양육하는 것이다. 바람직한 부모의 가장 중요한 특성 중의 하나는 부모가 자녀를 양육할 때 상황과 장소, 그리고 시간에 상관없이 자녀교육의 원칙을 세운 대로 지켜나가는 일관성을 유지하는 것이다.

(2) 이해하고 수용하는 부모

바람직한 부모는 자녀를 이해하고 수용한다. 부모들이 자녀를 이해하고 수용하려고 노력하게 되면 자녀는 독립심을 신장시켜 나갈 수 있고, 자기 통제의 기법을 스스로 개발시킬 수 있는 기회를 부여받게 된다. 더불어 자아존중감과 함께 부모와의 관계에서도 이해하고 수용하는 자세를 갖게 된다. 수용하는 부모는 자녀에게 건전한 성격을 육성시킬 수 있는 기회를 부여하는 부모이다. 그렇다고 어느 상황이나 어떤 경우에라도 무조건 이해하고 수용하는 부모가 바람직하다는 것은 아니다. 기본적인 태도와 행동에 있어서 수용하고 이해하는 부모가 되어야 한다.

(3) 모범적인 행동을 하는 부모

모범적인 행동을 하는 부모는 자녀만 훈육하는 태도를 지니지 않고 솔선수범하는 행동을 하는 부모이다. 부모가 모범적인 행동을 할 때, 자녀는 자연스럽게 부모의 행동을 모방하거나 따르게 되며 모범적인 행동을 보이는 부모에 대해서는 존경심을 갖게 된다. 즉, '입으로만 가르치는 부모'보다 '행동으로 보여주는 부모'가 자녀교육을 위해 더욱 바람직하다. 우리는 주변에서 자녀를 훈육하고 가르치면서도 자신의 행동이나 태도는 조심하지 않는 부모들을 흔히 볼 수 있다. 그러나 바람직한 부모의 특성 중 하나는 부모 자신이 스스로 모범을 보임으로써 자녀에게 가장 바람직한 모델을 제시하는 부모이다.

(4) 민주적인 태도를 가진 부모

자녀의 의사를 존중하는 태도를 지닌다는 것은 민주적인 태도를 가진 부모의 대표적인 특성 중의 하나이며, 해야 할 것과 해서는 안 되는 것을 엄격히 구분하는 부모라고 할 수 있다. 대개 이러한 유형의 부모는 언제나 의사결정 과정에서 자녀와의 대화를 통해 행동을 수행하게 된다. 민주적인 태도를 가진 부모는 자녀에게 허용하고 격려하며 자녀의 잠재능력을 개발해 줄 수 있는데 비해, 독재적인 부모 또는 지나치게 엄격한 부모의 경우는 자녀의 성장발달을 저해하는 경우가 많다. 흔히 자녀와의 차별과 자녀를 엄격하게만 양육시키는 것이 부모됨의 의미라고 잘못 이해하는 경우가 많은데 바람직한 부모는 민주적인 태도를 가진 부모라고 할 수 있다.

(5) 사랑하는 부모

부모에게서 사랑을 느끼지 못하고 자라난 자녀들은 거부적인 행동과 함께 공격적인 성향을 보이는 데 반해, 부모의 충분한 사랑을 받고 자란 자녀들은 허용하고 수용할 줄 안다. 사랑하는 부모는 자녀들에게 지나치게 거부 또는 학대하는 부모가 아니라, 사랑의 태도를 유지하는 부모이다. 바람직한 부모의 특징은 사랑을 행하고, 사랑을 전하며, 사랑을 느끼도록 하는 부모이다.

이에 반해 바람직하지 못한 부모의 특징으로 지적할 수 있는 특징들을 열거해 보면, 다음과 같다.

첫째, 자녀들과의 관계에서 자녀들을 심리적으로 거부하는 부모이다.

둘째, 자녀의 모든 욕구를 다 들어준다든지, 지나치게 과보호한다든지, 지나치게 허용적인 부모이다.

셋째, 상황에 따라 자녀 양육행동과 태도가 다른 일관성이 없는 부모이다.

넷째, 지나치게 엄격하거나 권위를 내세우는 부모이다.

다섯째, 자녀의 훈육을 지나치게 체벌 위주로 해결하려는 부모이다.

자녀를 양육 시 거부적이지도 이기적이지도 않고, 지나치게 권위적이지도 않으면서 일관성이 있고 민주적인 부모, 자녀를 체벌하지 않고 되도록 자녀를 이해하고 수용하면서 자신의 행동을 통해 사랑으로 자녀 양육을 수행하려는 부모야말로 현대사회의 바람직한 부모상이라고 볼 수 있다.

3. 부모참여와 부모교육

영유아가 균형 잡힌 인격을 갖춘 사람으로 성장하려면 부모, 교사, 지역사회의 협력이 필요하다. 이 중에서도 부모는 어린 자녀들에게 가장 의미있는 타인이기 때문에 영향력이 크다. 부모교육 관련 연구는 1920년 이후부터 본격적으로 시작되었다. 부모교육은 부모가 생각하고 느끼고 행동하는 자신의 습관에 의문을 갖게 하고, 자녀를 양육할 때 보다 적절하고도 새로운 방법을 개발하도록 돕는 데 의미가 있다. 1960년대 이후 부모교육에 대한 개념은 점차 수직에서 수평으로 확대되어 가고 상하 관계 속에서의 교육이 아니라 서로가 상호 보완하는 상호적인 참여가 바람직하여 유아교육기관에 부모가 적극적으로 참여할 것을 장려한다.

1) 부모참여

부모참여란 부모가 유아교육기관과의 긴밀한 유대를 통하여 영유아를 바르게 이해하고 부모 자신이 영유아의 학습 현장에 직접 참여함으로써 교육의 효율성이 높아지게 된 것이 밝혀지면서 유아교육에서 부모가 의사결정자, 지원자, 교사 보조자, 가정방문자 등의 여러 가지 역할로 교육 현장에 개입되는 것을 말한다(한국유아교육학회, 1997).

(1) 부모참여의 목적

① 부모의 입장에서 자녀를 양육하는 태도에 바람직한 변화를 가져오게 한다.

② 부모에게 자녀 양육에 대한 도움을 제공하며 자녀에게 바람직한 성장환경을 제공한다.

③ 부모-자녀와 긍정적인 상호작용을 하게 되고, 의사소통이 원활하게 되며, 양육 효능감을 높이고 부모 역할에 대한 흥미와 관심을 갖게 된다.

④ 영유아 교육기관과 교직원들에게도 영유아를 둘러싼 가족의 문화를 이해하는 데 긍정적인 영향을 준다.

⑤ 부모들의 참여는 유아교육기관의 교육과정을 더 효과적으로 만들 수 있다.

(2) 영유아를 위한 부모-가정의 협력

가정에서 영유아를 양육하는 것에서부터 교육기관에 대한 직·간접적인 협력에 이르기까지 부모 및 가정이 협력하는 차원은 매우 다양하다. 부모와 가정이 유아교육에 대하여 또 유아교육기관에 대하여 협력할 수 있는 내용을 정리하면 다음과 같다(교육부, 2000).

① 부모를 중심으로 가족 구성원 모두가 영유아를 잘 양육한다.
② 유아교육기관을 택하여 자녀를 보내고 선택한 기관의 교육철학과 교육 내용 및 교육 방법을 이해하고 동조한다.
③ 교사에게 영유아에 대한 각종 정보를 제공한다.
④ 학습에 필요하거나 도움이 되는 자료를 제공한다.
⑤ 교사 보조자가 되어 교사를 돕는다.
⑥ 영유아를 직접 교육하는 교사가 되어 협력한다.

2) 부모교육

영유아 교육기관에서는 영유아를 직접 교육하는 것 외에 유아교육의 효과를 극대화하기 위하여 부모교육을 실시한다. 이는 유아교육에 대한 전문적인 지식을 부모들과 함께 공유함으로써 부모들의 유아교육에 대한 이해를 높이고, 유아교육과 교육기관에 대한 부모와 가정의 협력을 극대화하려는 것이다.

(1) 부모교육 계획

부모교육을 위한 계획은 유아교육프로그램을 수립할 때 함께 고려되어야 하며 연간계획을 포함하여 계절, 행사, 기관의 사정을 기초로 단계적으로 시행해야 한다.

부모교육을 위한 자체계획을 수립할 때 고려해야 할 일반적인 원칙은 다음과 같다(교육부, 2000: 이은화, 김영옥, 1999).

① 부모교육이 유아교육기관의 전체적인 교육 및 운영계획 일부가 되도록 교육계획을 연간, 월간으로 수립하고, 절차나 방법 등을 구체적으로 마

련한다.

② 부모교육의 내용, 방법, 시기, 일정 등은 유아교육기관과 지역사회의 제반 사정을 충분히 고려하여 실천 가능한 범위 내에서 계획한다.

③ 부모교육의 계획은 부모들의 직업, 학력 생활 수준, 시간적 여유 등은 물론, 그들의 필요와 요구를 사전에 파악하여 계획한다.

④ 유아교육기관 주도의 부모교육보다는 부모들이 스스로 주도하여 부모교육이 시행될 수 있도록 계획한다.

⑤ 부모교육은 무엇보다도 부모들이 편안함을 느낄 수 있도록 배려하여 유아교육 기관과 정서적으로 밀접한 관계를 유지하도록 계획한다.

⑥ 부모교육은 실천 가능한 구체적이고 쉬운 일부터 시작하여 점차적으로 활동의 폭을 확대해 나가도록 계획해야 한다.

⑦ 부모교육은 부모들의 가정생활에 피해를 주거나 경제적인 부담을 주지 않는 범위 내에서 계획한다.

⑧ 부모교육을 위한 장·단기 목표를 설정하고 그에 따라 구체적인 실천 방법을 항목화하여 단계적이고 일관성 있게 추진할 수 있도록 계획한다.

⑨ 부모뿐 아니라 조부모, 형제들에게도 기회를 제공할 수 있게 계획한다.

부모교육 운영계획을 할 때는 기본적인 원리 외에도 몇 가지 사항을 고려해야 한다. 먼저 와서 기다리는 부모들을 위하여 잔잔한 음악을 틀어 놓거나 하여 처음 만난 부모들끼리 어색한 느낌을 없애고 친밀감과 안정감을 조성할 수 있도록 하고 부모교육의 주제에 알맞게 자리를 배치한 후 간식이나 다과를 어떻게 나누어 드릴 것인지 계획한다.

연간 부모교육 계획과 연간 부모교육 소식지 목록표 등과 관련된 현장사례는 [그림 7-2], [그림 7-3], [그림 7-4]와 같다.

○○유치원 연간부모교육 계획

1. 자녀교육을 위한 다양한 정보제공
   1) 개정 누리과정에 대한 이해 및 유치원에서 이루어지는 실제적 교육내용·과정 안내를 통해, 놀이를 통한 교육의 진정한 의의를 알고 유치원 교육과정에 가정에서 부모들이 협력할 수 있는 다양한 정보를 제공
   2) 매년 교육과정 운영평가 결과 시 학부모들의 요구를 반영한 주제로 관련 전문 강사를 초빙하여 학기별로 진행
   3) 학부모오리엔테이션 때 설문조사를 통하여 학부모들이 관심 있는 주제를 선정함

1학기 : "읽기를 즐겨하는 유아로 키우기 위한 가정에서의 부모 역할"
2학기 : "챗 GPT시대: 우리 아이에게 무엇을 키워 주어야 하나 "

   4) 부모 교육지를 통해 자녀교육 관련 정보를 주차별·단계별로 제공
   5) 유아교육진흥원 교육청에서 실시하는 부모교육을 학부모들이 적극적으로 참여할 수 있도록 정보공유
2. 유치원 교육에 학부모 참여를 위한 가정연계 활동
   1) 「○○노트」를 통한 성품·인성교육의 생활화
   2) 책 나무 가꾸기, 독서 기록, 독후 활동 등 다양한 독서 프로그램 운영
   3) 밥상머리 교육을 통한 바른 식습관 및 식사예절 지도
   4) 「서울시 ○○구어린이급식지원세터」 소식지를 통한 건강교육 소개
   5) 연간 기본 생활 습관 교육(예절 질서 절제 청결)을 통한 다른 사람을 배려하는 민주시민의 자질 형성
3. 학부모 참여 프로그램 운영
   1) 학부모 재능기부
   2) 유치원 교육설명회
   3) 참관수업일 참여
   4) 특성화 교육 참관과 ○○교회 드림홀 『작은 별들의 잔치』 관람
   5) 주 차별 가정통신문을 통한 부모교육지 배부

주차	내 용
1	「성품·인성」 부모 교육지 발송
2	유치원 생활 「놀이매거진」 발송
3	유아 체력 건강 증진 관련 및 안전교육 발송
4	○○어린이 이렇게 키워요 발송
마지막 주	월 교육계획안 특성화 교육 식단 발송

[그림 7-2] 연간 부모교육 계획

※ 2023학년 부모교육(인성 · 생태 · 언어) 목록표

번호	날짜		특색 교육	주제	출처
1		10	인성	'경청하는 습관 형성하기' 우리 아이에게 중요할까요?	유치원 부모교육 모음자료
2	3	17	생태	건강한 텃밭상자 / 심는 시기에 따른 파종 방법	『텃밭 채소기르기백과』, 홍규현·서명훈·장현우 공저 / 푸른행복
3		24	언어	누리과정과 연계한 유아추천도서	『우리 아이 첫 독서학교』, 서울시교육청
4		8	인성	1학기 성품 인성 주제 말씀	1학기 『영락노트』
5	4	21	생태	미세먼지란? 생태환경 추천영화	『얘들아 생태환경놀이가자』, 책장속 김용만 지음
6		28	언어	발표를 잘 하는 아이로 키우려면?	유튜브
7		4	인성	옳고 그름을 판단하는 분별력	유튜브
8	5	19	생태	음식물 쓰레기 줄이기 이렇게 실천해요	『지속 가능한 영양식생활교육』, 보건진흥원
9		26	언어	가정에서 함께하는 책읽기 활동	유아독서연구소
10		9	인성	다른 사람의 감정을 이해하는 공감인지 능력	『부모 교육과 지원』, 김지은·연미희 공저 동문사
11	6	16	생태	안전하고 건강한 먹거리	『실천적 유아 생태전환교육프로그램』, 유아교육진흥원
12		24	인성	맞벌이 가정을 위한 부모 교육	『유치원 부모교육프로그램』, 유아교육진흥원
13		30	언어	가족과 함께하는 여행지를 소개해요	서울시교육청 교육자료
14	7	7	인성	아이의 인성발달을 위한 부모역할	하임기너트 『부모와 아이 사이』, 양철북
15		14	생태	여름 감염병 종류의 예방법	유아교육진흥원
16	8	25	생태	기후변화	『유아기후변화프로그램』, 교육부
17	9	1	언어	내가 엄마가 되기 전에는	『부모님 당신도 교육자입니다』, 안양숙 지음 프로방스
18		8	인성	2학기 성품 인성 주제말씀	2학기 『영락노트』
19		22	생태	'뇌'가 좋아하는 브레인 푸드	찬진부모교육
20	10	13	언어	친구와 다툼을 잘 풀도록 도와주는 부모역할	찬진부모교육
21		27	인성	소신 부모로 살아가기	『우리모두의 아이』, 교육부
22		3	생태	생태전환 교육을 지원하는 생각거리	『실천적 유아 생태전환교육프로그램』, 유아교육진흥원
23	11	17	인성	인성교육이 궁금해요	『뇌기반 인성과 리더십코칭』, 진재열 형설출판사
24		24	언어	아빠와 같이 읽는 시	『유치원 부모교육프로그램』, 유아교육진흥원
25	12	1	생태	생태환경 영화감상하기	『얘들아 생태환경 놀이가자』, 책장 속 김용만 지음
26		8	인성	밥상머리교육 이렇게 실천해요(1)	○○여고 부모 교육자료
27		15	생태	겨울철 난방비 절약 꿀팁 5가지	『유아 기후변화프로그램』, 교육부
28	1	19	언어	자녀와의 소통 공감대 형성하기	『부모님 당신도 교육자입니다』, 안양숙 지음, 프로방스
29		26	생태	동물을 대하는 올바른 방법	유치원 부모교육모음자료
30	2	2	인성	밥상머리교육 이렇게 실천해요(2)	○○여고 부모 교육자료
31		8	언어	'나'전달법	『부모 교육과 지원』, 김지은·연미희 공저 동문사

[그림 7-3] 연간 부모교육 소식지 목록표

[성품 인성 교육]

참기 힘들어도 용서 해야 할까?

2024.07.05

용서란 무엇일까요?

용서란 어떤 잘못한 일을 했을 때 벌하거나 꾸짖지 아니하고, 너그럽게 이해하고 덮어 주는 마음입니다. 상대방과 나의 생각이 다르고 상황과 입장이 다르다는 것을 먼저 깨달으면, 쉽게 잘못한 일을 받아들이고 용서할 수 있답니다.

용서를 배우세요!

일상생활 속에서 누구나 잘못을 저지를 수 있다는 것을 인정하고 받아들이면 너그러운 마음이 생기고, 상대방의 입장과 감정을 이해할 수 있게 됩니다.

1. 용서하면 타인에 대한 이해력과 생각을 추론하는 능력이 발달되어요.
2. 공동체에서 사이좋게 지내고 화목하게 지내는 방법을 터득하게 되지요.
3. 용서, 배려 등 사회적 가치가 필요함을 이해할 수 있고 사회성, 도덕성이 발달되지요.

용서를 어떻게 키워야 할까요?

용서는 나와 다른 사람의 감정을 알고 적절하게 조절하는 것에서 출발합니다. 따라서 다른 사람의 생각과 입장을 이해하고, 서로 다를 수 있음을 깨달을 수 있도록 지도합니다.

1. 상황을 설정한 후, '내가 만약 상대방이었다면?'이라고 생각해 보도록 하세요.
2. 내 입장만 옳다고 주장하지 말고, 상대방의 입장을 헤아려 보도록 하세요.
3. 음악 듣기, 책 읽기, 운동하기 등을 통해 자신의 감정을 조절할 수 있도록 하세요.

- 주 안에서 아이가 신나고 학부모가 평안하고 교사가 즐거운 **영 락 유 치 원** -

2023학년도 부모교육-성품인성교육 2023. 4.22

미세먼지란 ?

미세먼지란 대기중에 떠다니거나 흩날려 내려오는 자상 물질을 말하는데 석탄, 석유 등의 화성연료를 태울때 혹은 공장, 자동차 등의 배출 가스에서 많이 말생합니다

우리나라미세먼지 발생원인

①중국발 미세먼지로 인한 미세먼지 유입
②우리나라 자체에서 발생하는 미세먼지
-자동차 매연, 공장가동, 가정 내의 난방기구 등을 위한 석탄이나 석유와 같은 화학연료가 탈 때 발생
-농촌에서 비닐, 페트병과 같은 생활 쓰레기 및 농업 잔재물 등을 불법 소각할 경우

왜 미세먼지를 줄여야할까요?

- 미세먼지는 지름이 10㎛이하의 우리 눈에 보이지 않을 정도의 가늘고 작은 먼지입자로 코, 구강, 기관지에서 걸러지지 않고 체내에 흡입됩니다.
-폐 기능의 저하나 손상으로 인해 호흡기 질환이 발생합니다
-심혈관 질환, 피부질환, 안구질환 등 각종 질병의 원인이 됩니다.
-주의력 결핍과 관련된 과잉행동장애나 자폐증과의 연관성이 있습니다.

환경부 미세먼지 대응 7가지 행동요령

①외출자제
②외출시 보건용 마스크 착용
③외출시 대기오염이 심한 곳은 피하고 활동량 줄이기
④외출후 깨끗이 씻기
⑤물과 비타민 C가 풍부한 과일 · 야채섭취하기
⑥환기·물청소등 실내공기질 관리하기
⑦대기오염 유발행위 자제하기

생태환경 추천영화

북극의 눈물(2008)

기후변화로 인해 녹고 있는 북극의 상황과 더불어 동물과 사람들이 그 환경에서 어떻게 살아가고 있는지를 잘 보여주는 다큐멘터리 형식의 영화

빌리와 용감한 녀석들3(2014)

자신이 사람이라고 믿는 정글의 아웃사이더 '빌리'가 인간이 되기 위해 태양의 도시 속 왕궁으로 떠나는 이야기
생태계안에서 인간이 최고의 존재가 아니라는 교훈을 주고 상대방의 단점보다 장점을 크게보는 법등을 어린이의 눈높이에 맞춰 보여준다.

로렉스(2012)

슈퍼배드제작진이 만든 영화로 모든 환경이 인공적으로 만들어진 플라스틱 도시 '스니드빌'에 사는 소녕 '테드'와 나무요정 '로렉스'가 세상을 바꾸기 위한 환상적인 모험 이야기를 담은 애니메이션

2023학년도 부모교육-인성(2024.1.19)

자녀와 소통 공감대 형성하기

출처 : 부모님, 당신도 교육자입니다..안양숙지음

지금 우리아이와 얼마나 소통하고 있습니까?

1. 아이가 가장 좋아하는 놀이가 무엇인지 알고 있다.
2. 아이가 좋아하는 동물 캐릭터 등에 대해 잘 호응해 준다.
3. 아이의 질문과 말을 진지하게 들어준다.
4. 아이와 단 둘이서 30분이상 놀이하는 것이 어렵지 않다.
5. 아이에게 속상한 일이 있을때 먼저 아이의 마음을 읽어준다.
6. 아이가 묻는 모든 질문에 참을성을 갖고 정직하게 답해준다.
7. 아이가 요즘 좋아하는 친구의 이름을 알고 있다.
8. 아이의 말에 대답만 하기 보다는 질문도 많이 한다.
9. 아이와 함께 하루동안 있었던 일에 대해 거의 매일 이야기를 나눈다.
10. 내가 기분이 좋지 않을 때는 아이에게 나의 기분을 말로 표현해 알려준다.

0~4개 : 아이와의 소통을 위한 노력이 필요합니다

5~7개 : 아이와 비교적 잘 소통하고 있으나 아이의 행동 뿐만 아니라 감정까지도 읽을 수 있는 깊이있는 소통이 필요합니다.

8~10개 : 아이와의 소통에 어려움이 없으며 소통을 통해 아이와 부모님이 모두 행복할 수 있도록 꾸준히 지속해야 합니다.

자녀와의 소통을 위한 실천 플랜

첫째, 아이가 관심 있어 하는 것을 공유하고 놀이를 지지해 주기
둘째, 아이의 말을 먼저 들어주기
셋째, 아이의 말과 감정을 있는 그대로 받아들이고 공감해 주기
넷째, 마음에 공감해 주는 말, 눈빛, 표정, 쓰다듬기, 손뼉치기 등 온몸으로 반응해 주기
다섯째, 1분만 말하고 2분이상 들어주며, 3분 동안 맞장구치는 1, 2, 3 대화법 사용하기

주안에서 아이가 신나고 학부모가 평안하고 교사가 즐거운 00유치원

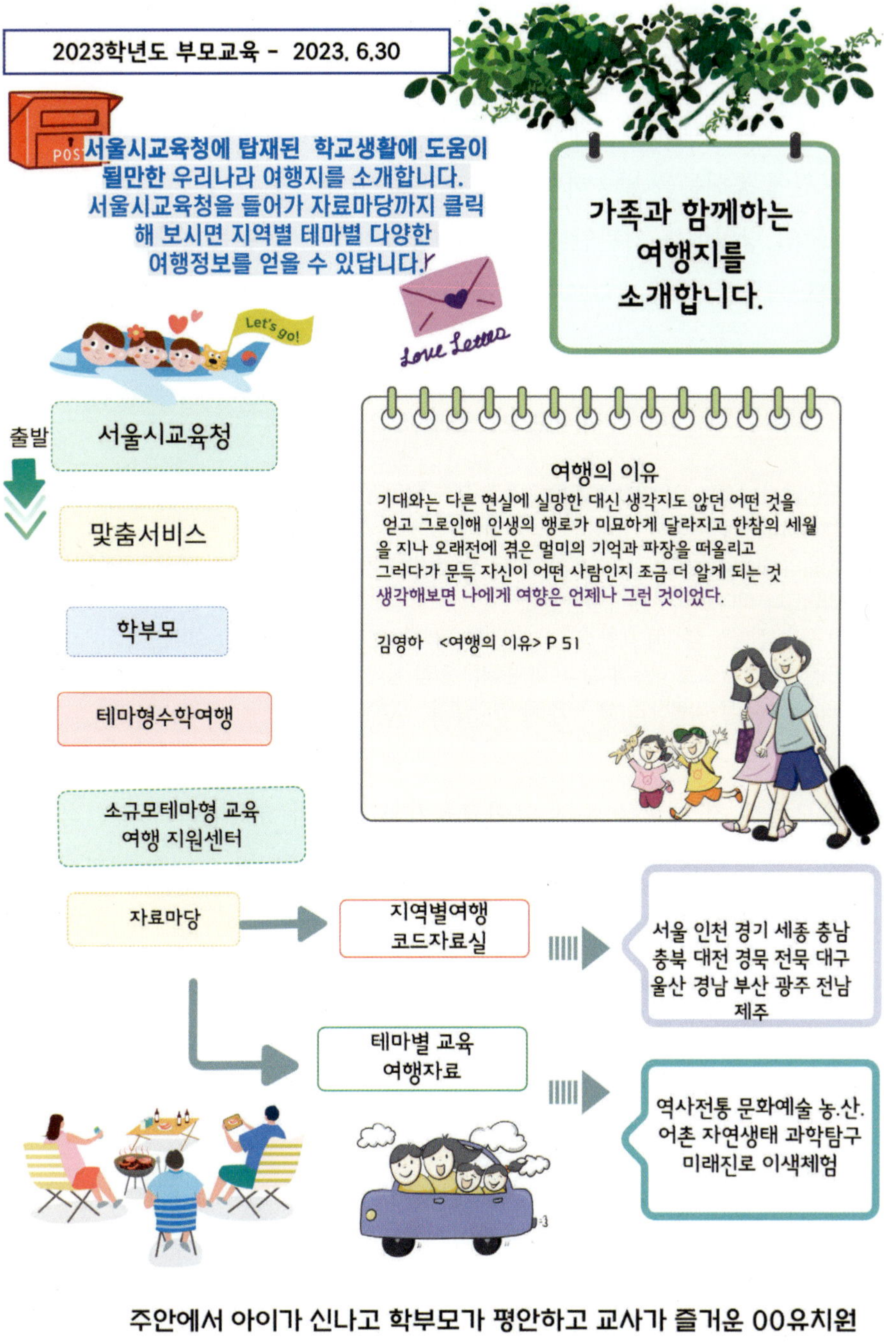

[그림 7-4] ○○유치원 부모교육(인성·생태·언어) 예시

(2) 부모교육 계획에 따른 운영형태

① 학부모 오리엔테이션

학부모 오리엔테이션은 재원생과 신입생 학부모들을 대상으로 신학기 시작 2~3주 전에 통신문을 발송하여 미리 시간을 마련하여 참석할 수 있도록 공지한다. 모임 당일에는 기관안내 소책자, 학사일정, 3월 교육계획안, 부모회 참석 표시 기록장, 교육프로그램 이해를 돕기 위한 자료 등을 마련한다.

학부모 오리엔테이션 진행방법

- 교육이념 및 목표, 교육방침과 교육 기능에 대해 알린다.
- 반별 교사를 소개한다.
- 유치원의 하루일과 프로그램을 위한 계획과 운영 및 평가에 대한 이야기를 한 후, 자세한 내용을 슬라이드나 비디오를 보면서 설명한다.
- 1년 동안 진행될 행사에 대한 이해와 협조를 위하여 연중 행사 계획표를 살펴본다.
- 부모를 몇 개의 조로 나누어 실내·외 환경을 직접 둘러보게 한다.
- 질의응답 시간을 마련하고, 요구사항을 건의할 수 있는 기회도 갖는다.

학부모들과 첫 대면을 통해 유아교육기관 교육의 교육철학과 전반적인 운영방침을 소개하고 운영 전반에 대한 이해를 통해 가정과 연계된 일관성 있는 교육설명을 통한 교육과정 운영의 효과를 극대화하기 위한 것이다. 특히 학부모들은 자녀의 선생님에 대한 기대가 크므로 사전에 교사들에게 단정한 옷차림을 하고 언행에 주의해야 함을 인식시켜 당황하지 않고 학부모들 앞에서 인사할 수 있도록 준비해야 한다.

② 면담

부모 면담은 개별 면담과 집단면담으로 나누어진다.

개별 면담은 부모 또는 교사의 요청에 따라 이루어지며 유아교육기관과 가정에서 이루어지는 교육을 자연스럽게 연결해 줄 수 있다. 부모와 자유롭게 이야기하는 가운데 영유아에게 영향을 주는 가정생활과 가족관계에 대하여 이야기함으로써 교사가 영유아를 이해하는 데 도움이 된다.

특히 영유아발달이나 행동에 관한 사항은 관찰과 같은 구체적이고 실증적인 자료를 토대로 면담이 이루어지는 것이 바람직하다. 유아교육기관과 가정과의 일관성 있는 교육을 위해 교사들은 신학기가 시작된 후 4월 중순 무렵부터 학부모 면담 일정에 따라 반별로 1학기 학부모 면담 시간을 마련한다. 부모로부터 사전 공지를 통해 자세히 알 수 없는 각 유아의 특징에 대한 개별 유아들의 발달상태, 식습관, 부모의 양육 태도 등과 같은 정보를 받기도 한다. 2학기 면담은 9월~10월경에 실시하여 유아들의 발달영역에 따른 교사의 의견을 토대로 부모와 면담 일정을 갖게 된다.

부모와 교사가 서로 의견을 나누기 위해서는 개별면담의 형식을 취하는 것이 바람직하나 부모와 교사가 개별적으로 만나기 위해서는 시간과 노력이 필요하다. 따라서 공식적, 일반적인 사항에 대해서는 집단면담을 갖기도 한다.

집단면담은 부모들이 함께 모여 인사를 나누는 기회를 얻도록 하고 유아교육기관의 교육철학에 대한 이해와 자녀교육에 대한 정보를 공유할 수 있게 하도록 개원 후 1~2개월 지난 후 실시하게 된다. 부모는 유아의 질병, 알레르기 등 양육과정에서 영향을 미친 건강 문제, 개별 유아 성격의 장단점, 가정에서 고치지 못한 습관, 가정에서 기관이나 교사에게 기대하는 교육적인 사항을 이야기한다.

유아교육기관에서는 집단면담을 통해 정리된 학부모들의 의견들을 수합하여 연간 부모교육 계획에 반영하기도 한다. 또한 집단면담은 같은 문제로 고민하는 부모들을 구성원으로 할 때 또래 유아들의 다양한 경험에 대한 사례들을 통하여 공감대를 형성하며 서로 지지받고 위로하며 문제를 해결하기 위한 다양한 의견을 나눌 수 있다. 집단면담 진행 시 면담할 주제를 사전에 준비하여 문제의 초점을 맞추어 진행하기도 하고 집단면담 주제에 따라 외부 전문가와 면담이 이루어질 수 있다.

집단면담 진행방법

- 담임교사는 학부모에게 간단히 인사를 한다.
- 집단면담의 취지 등을 이야기한 후 부모들끼리도 이름표를 보며 서로 인사를 나누게 한다.
- 교사는 각 반의 집단 구성에 대해 소개한다.
- 성별 및 집단생활 경험의 유무에 따른 인원 구성 등에 대해 이야기한다.
- 부모는 유아의 질병, 알레르기 등 양육과정에서 영향을 미친 건강 문제, 개별 유아 성격의 장·단점, 가정에서 고치지 못한 습관, 가정에서 기관이나 담임교사에게 기대하는 교육적인 사항 등을 이야기한다.
- 교사는 학부모의 이야기를 기록한다.
- 교사는 부모들이 골고루 이야기를 할 수 있도록 유도하거나 권유하면서 집단면담을 진행한다.
- 학부모들의 이야기가 정리되면 교사는 학부모에게 부탁하고 싶은 사항을 이야기한다.

③ 강연회

강연회는 효율적인 자녀교육을 위해 필요한 지식과 정보를 부모들에게 제공하기 위한 것으로, 강연회의 주제로 적합한 예로는 유아교육의 중요성, 미래 사회의 자녀교육, 영유아의 발달특성, 영유아 문해력지도, 창의성 발달, 부모-자녀 대화기법, 영유아 성교육, 영유아 미술 교육, 영유아의 사회성 발달, 놀이와 놀잇감의 중요성, 초등학교 입학 전에 부모가 알아둘 일 등이 있다.

학부모면담 자료, 부모교육 강연회와 관련된 현장사례는 [그림 7-5], [그림 7-6]과 같다.

하O반 개별면담 시간표

- 개별면담 시간은 20분입니다. 다음 면담 학부모님을 위해 시간을 엄수해 주시기 바랍니다.
- 부득이한 경우로 면담일정에 참석하지 못하실 경우 하루 전 또는 당일 오전에 유치원으로 반드시 연락주시기 바라며, 아래의 시간 외 면담일정은 이후에 개별적으로 진행될 예정입니다. 가급적 아래의 일정에 면담이 이루어질 수 있도록 협조해주시기 바랍니다.

- 유아 상담교사 : 이OO (전화 : 02-2200-0000)

	시 간	1일 (월)	2일 (화)	3일 (수)	4일 (목)
1	14:30 ~ 14:50				
2	15:00 ~ 15:20				
3	15:30 ~ 15:50	원하O		박온O	
4	16:00 ~ 16:20	이O현	이O준	정서O	
5	16:30 ~ 16:50	권루O	송O이	이O준	이길O
6	17:00 ~ 17:20		O예건	김유O	O예준
7	17:30 ~ 17:50	O띠이	모서O	O소율	
8	18:10 ~ 18:30		O지연		조서O

주 안에서 아이가 신나고 학부모가 평안하고 교사가 즐거운
O O 유 치 원

1학기 학부모 상담 기록지

유아이름		생년월일	

항목	진단 내용	잘함	부모 의견
1	스스로 옷 입기, 신발 신고 벗기를 노력한다.		
2	도움 없이 손, 이를 닦을 수 있다.		
3	유아 스스로 화장실에 가서 용변을 본다.		
4	식사시간에 돌아다니지 않고 스스로 음식을 먹는다.		
5	음식을 골고루 먹는다.		
6	자신이 사용한 놀잇감 소지품을 스스로 정리한다.		
7	자신의 감정을 말로 표현한다.		
8	다른 사람이 하는 말을 주의 깊게 잘 듣는다.		

아이가 유치원 생활에 대해 어떤 이야기를 많이 하나요?	
아이가 가장 많이 이야기하는 친구는 누구인가요?	
이전 기관 생활은 어땠나요?	
가정에서는 주로 누구와 대화하나요?	
가정에서 즐겨하는 놀이는 무엇인가요?	
우리 아이의 칭찬하고 싶은 점과 부족해서 염려되는 점은 무엇인가요?	
우리아이가 어떤 아이로 자라길 원하시나요?	

건의사항 및 유치원 선생님이 알아야 할 것들

1학기 학부모 상담 기록지

유아이름	김00	상담일시	
생년월일	19.10.19	상담교사	이00

사전 기록	• 기본생활습관 • 대그룹 (참여도, 태도) • 자유놀이 (선호 놀이, 사회성) • 또래 관계	
상담 내용		

주안에서 아이가 신나고 학부모가 평안하고 교사가 즐거운 00유치원

학년말 개별면담 기록지(00반)

이 름		면담날짜	
생년월일		면담시간	

	항 목	발달 상황
사전 기록	신체운동 및 건강	
	사회관계	
	예술경험	
	의사소통	
	자연탐구	
	전체적인 발달 상황 및 기타 요청 사항	
	기타 (도움을 바라는점)	
상담 내용		

[그림 7-5] 학부모면담 자료 예시

부모 교육 안내

2023. 5. 12

학부모님 안녕하세요?

푸르른 가정의 달 5월을 맞이하였습니다.

영락유치원에 귀한 자녀를 보내 주심에 감사드립니다. 가정에서 부모님의 역할이 소중한 만큼 학부모님과 함께 아이를 잘 키우기 위한 전략 가운데 하나로 아래와 같이 첫번째 부모 모임을 하고자 합니다. 정보로 가득한 교육 현장의 홍수 속에서 부모로서 학습과 관련하여 자녀를 어떻게 바라보고 미래 사회를 대비해 무엇을 키워 주어야 할지 구별된 지혜가 필요할 것으로 생각합니다. 사람의 뇌와 인지심리학을 전공한 강사님을 모시고 00유치원 학부모님들과 함께 생각하는 자리를 마련하였습니다. 유익한 시간이 될것으로 기대하오니 꼭 참석해 주시기를 바라오며 학부모님들께서 강의 듣는 동안 영락 친구들은 유치원 돌봄교실을 이용하도록 하겠습니다. 간식 준비를 위하여 아래 신청서를 5월 16일(화)까지 유치원으로 보내 주시기를 바랍니다.

주제: 『 학습과 관련된 유아의 인지 특성』

" 챗 GPT시대 : 우리 아이에게 무엇을 키워 주어야 하나"

일시 : 2023년 5월 23일(화) 오후 5시

장소 : 00교회 50주년 기념관 B2 층 소강당

강사	도경수
학력·학위	프린스톤대학교 대학원 심리학과 박사(인지심리학) 서울대학교 심리학과 학사·석사
주요 경력	2001-2021. 성균관대학교 심리학과 교수 1987-2001. 부산대학교 심리학과 교수
저서	사고: 추리, 판단, 결정. (2019)

------------------------ 절--------취--------선------------------------------

부 모 교 육 신 청 서

반 명	
유아명	
2023년 5월 23일 오후 5시 부모 교육 참석 여부	
참석합니다. ( )	불참석합니다. ( )

주안에서 아이가 신나고 학부모가 평안하고 교사가 즐거운 00유치원

2023학년도 부모교육 참석 명단 (　　반)

2023.05.23.(화)

주제:

번 호	유 아 명	부 모 님 　서 명
1		
2		
3		
4		
5		
6		
7		
8		
9		
10		
11		
12		
13		
14		
15		
16		
17		
18		
19		
20		

2023-1 부모교육 만족도 조사

참석자

	3세 00반	4세 00반	5세 00반	기타	계
참석자 수	4	9	8	1	22

문항별 만족도

	교육주제			교육내용			교육시간		
	매우만족	만족	보통	매우만족	만족	보통	매우만족	만족	보통
3세 00반	3	0	0	3	0	0	3	0	0
4세 00반	6	3	0	8	1	0	5	4	0
5세 00반	6	2	0	5	2	1	4	2	2
기타	1	0	0	1	0	0	1	0	0
계	16(77%)	5(23%)	0(0%)	17(81%)	3(14%)	1(5%)	13(62%)	6(28%)	2(10%)

오늘 부모교육 강의에 대한 소감 및 의견을 자유롭게 적어주세요

- 구체적인 교수님의 강의에 저 또한 성장하는 시간이 되었습니다. 감사합니다.
- 피드백이나 어떤 부모의 역할이 역시나 학습에 중요하구나 라고 느꼈습니다.
- 매우 훌륭, 조금 더 긴 강의 혹은 시리즈로 기획해주셔도 좋겠습니다.
- 생소한 주제였는데 교수님의 강의로 재미있는 시간이었습니다.
- 앞으로 아이와 대화나 교육에 있어 많은 정보와 도움을 받을 수 있었습니다.
- 유아의 인지심리에 대해 한번 더 생각해 보는 계기가 되었습니다.
- 육아에 꼭 필요한 학습법. 유익한 강의 였음
- 학습인지 과정에 대해 쉽게 설명해주시고 활용 예시 제시해 주셔서 좋았습니다.
- 알고 있는 듯한 내용이지만 잊기 쉬운 교육 부분을 상기하게 되어 유익했습니다. 시간 부족이 아쉽지만 그래도 알차게 잘 들었습니다.
- 현 시점에 필요한 부분에 대한 강의 주제 감사드립니다.
- 오랜만에 이론 강의 좋았습니다. 실제 구체적 적용에 관한 것들도 있었으면 좋을 것 같아요.
- 4차 산업혁명 시대에 아이를 어떻게 길러야 하는지에 대한 두려움이 있었는데 이에 대한 현실적 정보를 얻을 수 있어서 유익했습니다.
- 아이들 교육에 더욱 세세히 주의를 기울일 수 있게 도와주셨네요. 감사합니다.
- 아이의 교육방법과 궁금증이 해소되었습니다.
- 현재 어떻게 학습 지도, 관점을 가지고 있는지 생각하게 되었고, 우리 아이에게 어떻게 구체적으로 학습지도를 해야할 지 구체적인 방법과 관점의 변화에 큰 도움이 되었습니다.
- 정한 시간에 참석하지 못해 앞부분을 못들었어요. 너무 유익한 정보, 시간 유익했습니다. 정리된 자료가 있다면 나눠주세요.
- 평일 시간대에 교육에 참석한다는게 쉽지 않은 것 같습니다. 그래도 좋은 말씀이었습니다.

앞으로 00유치원 부모교육에서 다루었으면 하는 부모교육 주제를 적어주세요.

- 아이들의 생각이 자라나는 시대 속에 어떻게 이해해야 하나?
- 나이대별 (인지적, 정서적) 발달의 특징
- 다양한 주제로 부모교육 해 주셨으면 좋겠습니다.
- 아이의 감성코칭방법 관련 교육이 있었으면 합니다.
- 성장기 아이 건강관리 관련 강의
- 아이들이 잘 먹는 반찬, 영양 교육, 요리 / 훈육. 어떻게 말해줘야 할지.
- 공부정서, 인성교육
- 부모와의 소통과 미디어 매체의 수용 방법
- 아이들의 먹거리, 요리방법 / 훈육, 부모 마음건강

00 유치원

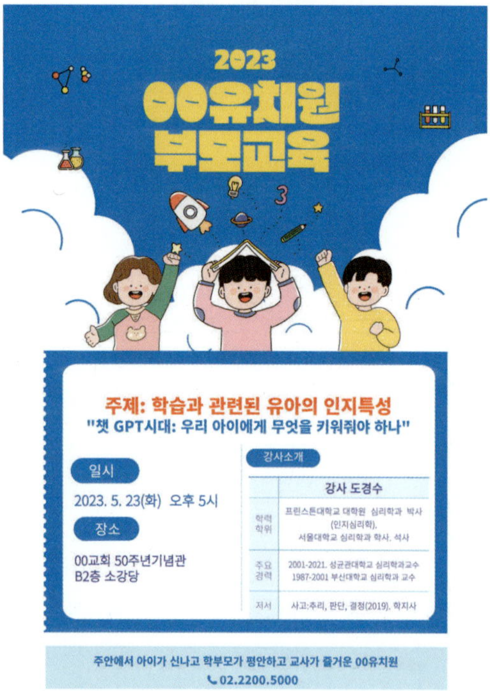

[그림 7-6] 부모교육 강연회 예시

④ 참여수업

학부모 참여수업은 부모와 영유아가 함께 교육활동에 직접 참여해 봄으로써 유아교육기관 교육 및 영유아에 대해 올바르게 이해할 수 있도록 하는 데 있다. 1년에 1~2회 정도 실시하되, 유아교육기관 설정에 따라 융통성 있게 전반기와 후반기로 나누어 아버지(어머니) 참여수업을 실시한다.

참여수업 1주일 전에 가정통신문을 보내고, 참여수업 계획안을 작성한다. 참여 여부 조사표를 가정으로 발송하여 참여 여부를 확인하고, 참여수업 계획안과 이름표, 어머니(아버지) 참석 여부 표시판을 준비하는 등 참여수업에 알맞은 환경 구성을 한다.

참여수업 진행방법

- 어머니(아버지)를 반갑게 맞이한다.
- 참여수업 계획을 나눠 드리고 이름표를 달도록 한다.
- 준비된 참석 여부 표시판에 표시를 하고, 유아와 함께 자유놀이를 한다.
- 참여수업이 끝난 후 평가시간을 갖는다.

[그림 7-7] 부모참여수업-가족과 함께 운동회 할 때 원에서 준비한 커피차

⑤ 워크숍

워크숍을 통해 부모들이 유아교육기관에 직접 참여하여 교구 제작 및 활동을 해봄으로써 기관과 부모 간에 긴밀한 유대관계를 유지할 수 있다. 유아교육기관에서 워크숍 주제로 활용하기 적합한 예로는 교구·교재 만들기, 가족신문 만들기, 다양한 책 만들기, 노래 및 손유희하기, 신체표현 해보기, 집에서 할 수 있는 게임과 놀이 해보기, 인형 제작 및 역할극 해보기, 모빌 만들기, 폐품을 이용하여 여러 가지 꾸미기 활동, 크리스마스 장식 만들기, 특정한 행사를 위한 준비물 만들기(예: 생일, 바자회, 부활절, 운동회 등), 요리하기 등이 있다.

⑥ 토의

토의는 부모의 자질 향상 및 소양을 높일 뿐만 아니라 양육문제에 대한 이해와 인식을 높여 준다. 토의할 수 있는 내용으로는 주로 가정 내·외에서 일어날 수 있는 사소한 문제, 생활지도, 기타 양육태도와 관련된 것 등이 될 수 있으며, 효과적인 의사전달 방법, 부모의 생각을 올바르게 전달하는 방법, 자녀의 말을 진지하게 경청하는 방법, 효과적인 본보기(모델링), 가족회의에 관련된 것 등이 있다.

⑦ 가정통신문

유아교육기관에서 가장 많이 사용되고 있는 부모교육 방법으로 기관에서 진행되는 여러 사항을 부모에게 알려줌으로써 가정과의 지속적인 관계를 유지해 주고 부모-자녀 간의 상호작용을 촉진시켜 준다. 가정통신문을 통해 제시될 수 있는 내용으로는 가정에서 영유아와 함께 할 수 있는 활동 소개, 기관이나 지역사회의 부모 관련 행사를 알리는 안내문, 부모나 가정의 협조를 요청하는 통신문, 부모에게 다양하고도 유용한 정보를 제공하는 통신문, 부모 자신의 양육행동을 평가해 볼 수 있는 목록표, 격언이나 지침이 되는 표어 모음, 의사소통이나 아이디어 교류를 위한 열린 공간 등이 있다.

⑧ 가정방문

가정방문은 유아교육기관 교사가 가정환경의 특성을 파악할 수 있어 영유아의 행동을 이해하고 영유아를 위한 지도에 가장 큰 도움을 줄 수 있다. 되도록 학기 초에 실시하는 것이 영유아를 이해하는 데 도움이 된다. 무리하게 실시할 필요는 없으며, 개별면담을 통해 가정환경, 부모의 양육관, 생활습관 등을 파악할 수 있다.

미리 전화를 통해 방문날짜와 시간을 정하고, 가정방문 시간은 20~40분 정도로 하며 너무 오래 있지 않도록 한다. 가능한 한 사적인 이야기를 삼가고 영유아와 관련된 내용의 대화를 하되, 부모에게 심리적·물질적 부담을 주지 않도록 한다.

⑨ 인터넷 통신망

인터넷 통신망을 이용하여 부모와 유아교육기관 간에 여러 가지 문제 상황, 행사, 궁금한 일 등을 교류할 수 있으며, 홈페이지를 개설하여 다양한 정보를 교환할 수 있다. 대부분의 현대 부모들은 직접 유아교육기관을 자주 방문하여 기관과 교류하는 것이 쉽지 않은 반면, 최신 정보통신 기술에 익숙한 편이다. 따라서 유아교육기관의 홈페이지를 구축하여 기관에 대한 여러 가지 정보를 부모들에게 알리고 특히, 자녀의 활동사진이나 동영상을 제시하면 부모들은 매우 만족해하며 유아교육에 대한 이해를 쉽게 할 수 있을 것이다.

⑩ 운영위원회

유아교육기관의 장은 운영의 자율성과 투명성을 높이고 지역사회와의 연계를 감안한 학부모 운영위원회를 설치·운영한다. 유치원과 어린이집 회계연도 기준으로 분기별 1회 이상 연 4회 운영하고 유치원 규칙 예·결산(안), 기관평가 자료 공개, 영유아 건강 및 식중독, 급식모니터링, 기타 기관운영 관련 자문 등을 받을 수 있다.

○○○○어린이집 운영위원회

1) 어린이집 운영위원회의 의의

어린이집과 학부모의 어린이집 운영에 대한 상호협조와 신뢰성을 바탕으로 각각의 어린이집 및 지역특성에 맞는 다양한 보육을 창의적으로 실시하고, 어린이집 운영의 자율성 및 투명성을 확보하며 어린이집과 부모, 지역사회의 의견과 요구를 나눌 수 있는 공식적인 통로를 마련하여 영유아들에게 보다 질 높은 보육서비스를 제공하고자 하기 위함입니다.

운영위원회 기능

기능 : 다음 각호의 사항에 대하여 심의한다.

* 어린이집 운영규정의 제·개정에 관한 사항
* 어린이집의 예산 및 결산의 보고에 관한 사항
* 영유아의 건강·영양 및 안전에 관한 사항
* 보육시간 및 보육과정 운영방법 등 어린이집의 운영에 관한 사항
* 그밖의 어린이집 운영에 대한 제안 및 건의사항
* 보육교직원의 근무환경 개선에 관한 사항
* 영유아의 보육환경 개선에 관한 사항
* 어린이집과 지역사회의 협력에 관한 사항

운영위원회 의무

❤ 회의 참석의 의무

운영위원은 임기 중 어린이집 운영위원회가 소집되었을 때 회의에 출석하여 성실히 참여해야 하는 기본적 의무가 있다.

❤ 지위남용 금지의 의무

운영위원은 그 지위를 남용하여 당해 어린이집과 영리를 목적으로 하는 거래를 하거나 재산상의 권리, 이익의 취득 또는 알선을 할 수 없으며, 어린이집 운영위원은 무보수 봉사직이다.

○○○○어린이집 운영위원회 구성	
구성인원	부모위원 3명(위원장 포함), 지역위원 1명, 원장, 교사대표 1명 총6명
회의구성	연 4회 이상
	회의 참석 - 안건 심의 (예·결산 / 부모제안 안건 / 운영 및 행사계획 등)
활동내용	급식 모니터링

[그림 7-8] 어린이집운영위원회

2023 유치원 운영위원회 연간 활동 계획

회	시기	활동계획
1회	3~4월 (4/19 예정)	◆2023학년도 유치원 교육과정·방과후과정 운영계획(안) (방과후과정, 특성화교육, 행사 및 현장체험학습계획 포함) ◆급식 운영에 관한 사항 / 급식 소위원회 겸임 ◆자체평가위원회 / 교원능력개발평가위원회 겸임 ◆교원위원과 간사 겸임 ◆토요돌봄 운영건
		◆2022 결산보고(2023.5.31.) ◆2023 예산 1차 추경 ◆유아 학비 관련 ◆수익자 부담 교육비 (특성화비, 체육복, 가방 등) 보고 ◆교사 급식비 보고 ◆지원금 및 보조금 운영(안) - 졸업앨범 관련 등 ◆유치원 운영에 대한 제안 및 건의사항
2회	6~7월 (6/14 예정)	◆추가경정예산(안) ◆방학중 방과후과정 및 급식 운영계획, 공사일정 ◆유치원 운영에 대한 제안 및 건의사항
3회	9~10월 (10/18 예정)	◆추가경정예산(안) ◆2023학년도 2학기 교육과정과 행사 안내 및 자문(발표회 등) ◆입학에 관한 사항(원아모집) ◆졸업앨범에 관한 사항
4회	12월~2월 (2/15일 예정)	◆2023학년도 결산 및 2024학년도 예산안 ◆2024학년도 학교안전계획 / 인성교육계획 ◆교육과정에 대한 평가 및 제안 (12월 중 실시한 교육과정 운영에 대한 설문조사 결과 포함)

[그림 7-9] 유치원운영위원회

○○○○어린이집 부모참여 프로그램

1) 부모참여 활동 안내

프로그램명	구분	횟수	실시방법
부모 상담 및 의사소통	의사소통	연중	• 게시판 • 키즈노트 알림장 • 전화
	오리엔테이션 (입소 시)	연 1회	• 어린이집 운영과 교육에 관련한 기본정보를 안내한 후 교육방향을 계획하고 의견을 나누는 시간
	개별면담	연 2회	• 영·유아의 발달 및 어린이집 생활에 대해 서로 의견을 교환하며, 영유아를 위한 적합한 지도 방법 등을 모색
	상담	연중	• 영·유아에 대한 올바른 성장을 위한 수시 상담
	아동행동발달기록	연 1회	• 포트폴리오 및 활동지 발송
부모교육	부모교육	연 2회	• 강연회, 워크숍, 토론회 등 • 유아교육의 중요성과 유아의 특성 및 지도 방법을 강의를 통해 듣고 함께 연구하며 바람직한 부모상을 정립
	부모 안전교육	월 1회	• 키즈노트 안내
	육아정보	월 4회	• 중구육아종합지원센터, 보육포털사이트
운영참여	운영위원회	연 4회	• 어린이집의 운영 논의
	열린 어린이집	월 1회 이상	• 급·간식 제공의 투명성 제고 • 부모님과 함께하는 소통활동
	부모만족도 조사	연 2회	• 부모의 보육 만족도를 조사하여 보육활동 계획수립에 반영
	부모참여 수업	연 1회	• 영유아들이 어린이집에서 생활하는 모습을 참관하고 함께 활동에 참여해 봄으로써 영유아의 특성 생활의 이해
	가족참여수업	연 1회	
	적응 프로그램 참여	입소부터 4주 전후	• 새로운 보육시설에 순조롭게 적응할 수 있도록 심리적 배려

[그림 7-10] 어린이집 부모참여프로그램

지역사회 연계 프로그램

1) 지역사회연계활동이란

지역사회 관련 기관과 협력 체계를 통하여 영유아와 가족이 자신의 지역사회를 이해하고 지역사회에서 필요한 지원을 받음으로써 영유아의 전인적이고 바람직한 성장을 돕고자 합니다.

2024년 지역사회 연계활동

우리 지역 연계자원

- **은행, 병원**: 은행, 병원을 방문하여 떡과 달걀을 전달하며 감사한 마음을 전한다.
- **공공기관**: 우리 지역사회에 속해 있는 경찰서, 소방서, 우체국, 도서관 등 공공기관을 방문한다.
- **컴패션**: 아동권리교육(성폭력, 학대)와 나눔행사(불우이웃돕기, 편지 쓰기) 등의 활동을 통해 지역사회와 교류한다.
- **지역상점 및 마트**: 지역상점과 마트 등을 견학하며 우리 지역의 특색 및 문화를 알아간다.

월	제 목	내 용
3	적응기간	
4	어린이집 주변을 둘러봐요	어린이집 주변을 둘러보며 봄이 되어 변화된 자연에 관심을 가지고 살펴보아요.
5	어린이집 텃밭을 가꾸어요 / 우체국에 가요	어린이집 텃밭을 가꾸어요. 부모님께 편지를 쓰고, 우체국에 가서 편지를 부쳐 보아요.
6	약국에 가요	우리 몸이 아플 때 먹는 약에 대해 알아보고, 가까운 약국에 방문하여 탐방하고, 마스크를 써보아요.
7 8	시원한 곳에 가요 / 팥빙수를 먹어요	여름철 시원한 곳을 찾아보고, 달콤하고 시원한 팥빙수를 먹어요.
9	경찰서에 가요	경찰서를 방문해 경찰관분들의 하시는 일을 알아보고 경찰서와 경찰차를 구경해보아요.
10	명동성당에 가요	케이블카도 타고 남산의 가을 풍경을 구경해요.
11	감사한 마음을 나누면 기쁨은 두 배♬	맛있는 떡을 감사한 분들에게 전해드려요.
12	산책하기	성탄절을 느끼며 주변을 산책해 보아요.
1	서점에 가요	사고 싶은 책을 서점에서 친구들과 함께 사보아요.
2	00도서관에 가요	도서관에서 읽고 싶은 책을 선택해 책을 읽을 수 있어요.

* 지역사회연계 프로그램은 내·외부 상황에 따라 주제나 장소가 변경될 수 있습니다.

[그림 7-11] 지역사회연계 프로그램

생각해 봅시다

1. 자신의 부모는 어떤 양육태도로 나를 키워왔는지 생각해 보고, 부모의 양육태도를 자신의 성격 특성과 연결시켜 봅시다.

2. 부모가 자녀를 사랑한다는 것의 진정한 의미는 무엇이며, 이를 자녀들에게 어떻게 보여주는 것이 현명한 것인지 토의해 봅시다.

3. 자녀가 다니는 유아교육기관에 부모가 협력할 수 있는 내용들을 구체적으로 찾아서 기록해 봅시다.

참고문헌

교육부(2000). **유치원 교육활동 지도자료 1-총론**. 세종: 교육부.
김명희(1996). **현대 사회의 부모교육**. 서울: 학문사.
이기숙, 장영희, 장미라, 엄정애(2022). **유아교육개론**. 경기: 양서원.
이은화, 김영옥(2000). **유아를 위한 부모교육**. 서울: 동문사.
한국유아교육학회(1996). **유아교육사전–용어편**. 서울: 한국사전연구사.

Bronfenbrenner, U. (1992). **인간발달 생태학**. 이영(역). 서울: 교육과학사.
Gallinsky, E. (1992). *The six stages of parenthood*. 김세희, 김정준, 송미선, 장화선, 전선옥(역). 자녀와 더불어 성장하는 부모. 서울: 양서원.
Miller, S. A. (1988). Parent's beliefs about children's cognitive development. *Child Development, 59*, 259-285.
Minuchin, P. (1985). Families and individual development: provocations from the field of family therapy. *Childhood Development, 56*(2), 289-302.
Schaeher, E. S. (1959). Development of a maternal behavior research instrument. *Journal of Genetic Psychology, 95*, 83-102.

Chapter

08

영유아교육 환경

영유아교육 환경은 영유아의 발달과 학습에 매우 중요한 역할을 하며, 단순한 물리적 공간을 넘어 영유아의 전인적 발달을 촉진하는 중요한 매개체이다. 영유아는 주변 환경과의 상호작용을 통해 학습하고 탐구하며, 적절하게 설계된 교육 환경은 영유아가 자발적으로 놀이하고 탐색할 수 있는 안전하고 흥미로운 학습 공간을 제공한다. 실내 환경에서 교실 구성의 원칙과 교구 배치는 영유아의 학습 활동에 직접적인 영향을 미친다. 또한 실외 환경은 자연을 활용한 다양한 경험을 통해 신체적, 정서적 발달을 도울 수 있다.

따라서 바람직한 영유아교육 환경을 조성하기 위해서는 영유아의 발달 수준과 흥미를 고려한 교구와 자료 제공, 실내외 공간의 창의적 활용, 그리고 영유아와 교사 간의 상호작용을 지원하는 환경적 조건을 마련해야 한다. 본 장에서는 영유아교육 환경의 개념과 중요성을 제시하고, 실내외 환경구성의 원칙을 탐구하여 실제 교육 현장에서 적용할 수 있는 방법을 모색할 것이다. 또한 영유아의 발달을 지원하는 최적의 환경을 조성하기 위한 교사의 역할과 지원 방안을 살펴볼 것이다.

학습목표

1. 영유아교육 환경의 개념과 중요성을 이해하고, 물리적 환경이 영유아에게 미치는 영향을 파악하여 영유아와 교사의 요구를 고려한 효과적인 유아교육 환경을 설계하고 구성할 수 있다.
2. 실내외 환경이 영유아의 발달에 미치는 영향을 분석하고, 이를 교육 환경에 적용할 수 있다.
3. 교구와 자료를 적절하게 준비하고 활용하여 영유아의 자발적 놀이와 학습을 촉진할 수 있다.

1. 영유아교육 환경의 개념과 중요성

1) 영유아교육 환경의 개념

영유아교육 환경은 유아가 발달하고 학습하는 데 있어 중요한 역할을 하는 물리적, 심리적, 사회적 조건을 포함하는 포괄적인 개념이다. 이는 단순히 물리적 공간만을 의미하지 않으며, 영유아가 상호작용하고 경험할 수 있는 모든 환경적 요소를 포함한다. 영유아교육 환경은 영유아의 자발적 학습과 놀이를 촉진하기 위해 설계되며, 영유아가 안전하고 흥미로운 학습 공간에서 다양한 경험을 통해 자신감을 키우고, 창의성과 문제 해결 능력을 발달시킬 수 있도록 지원한다. 이러한 환경은 교사의 교육적 신념과 철학이 반영되어야 하며, 영유아의 발달 단계와 개별적인 요구를 충분히 고려한 구성을 필요로 한다.

물리적 환경은 교실의 크기, 구조, 색상, 조명, 그리고 교재와 교구의 배치를 포함하며, 심리적 환경은 영유아가 느끼는 정서적 안정감과 소속감을 포함한다. 또한, 사회적 환경은 영유아와 교사 간의 상호작용, 또래와의 관계 형성, 그리고 사회적 규칙과 문화적 요소를 포함한다. 따라서 영유아교육 환경은 영유아가 전인적으로 발달하고, 잠재력을 최대한 발휘할 수 있도록 지원하는 종합적이고 유기적인 구조로 구성되어야 한다. 이는 단순한 공간 구성을 넘어, 영유아의 학습 경험과 정서적 안정감을 증진시키는 중요한 매개체로 기능한다.

2) 영유아교육 환경구성의 중요성

영유아교육 환경구성은 영유아의 발달과 학습을 효과적으로 지원하기 위한 필수적인 과정으로, 물리적, 심리적, 사회적 요소가 조화를 이루어야 한다. 이는 단순히 물리적 공간을 배치하는 것을 넘어, 영유아의 학습 경험과 정서적 안정감을 증진시키는 데 중요한 역할을 한다. 적절하게 구성된 영유아교육 환경은 영유아의 자발적 놀이와 탐구를 촉진하며, 안전하고 흥미로운 학습 경험을 제공함으로써 자신감, 문제 해결 능력, 창의성 등을 발달시킬 수 있다.

영유아는 주변 환경과 끊임없이 상호작용하며 학습하기 때문에, 교육 환경은 영유아의 자발적 학습을 촉진하는 중요한 매개체로 작용한다. 이러한 환경이 적절히 구성될 경우, 영유아는 안정감과 흥미를 느끼며 자신감을 키우고, 문제 해결 능력과 창의성을 발달시킬 수 있다. 따라서 영유아교육 환경은 영유아의 전인적 발달을 위해 필수적인 요소로 그 중요성이 매우 크다. 영유아교육기관의 물리적 환경은 시설, 설비, 교재, 교구 등을 포함하며, 원장이나 교사의 철학과 신념이 반영되어야 한다. 코스텔니크(Kostelnik, 1984)는 물리적 환경이 영유아에게 다음과 같은 영향을 미친다고 설명하였다.

첫째, 환경은 영유아의 활동에 직접적인 영향을 미친다. 공간의 배치, 실내 디자인, 그리고 제공되는 자료들은 영유아의 학습과 놀이를 촉진하거나 제한할 수 있다.

둘째, 환경은 영유아에게 상징적인 의미를 가진다. 공간의 구성, 자료의 접근성, 그리고 환경의 아름다움은 영유아의 능력과 가치에 대한 메시지를 전달한다.

셋째, 환경은 만든 사람들의 철학을 반영한다. 교실 환경은 영유아와 교직원들의 신념과 교실 내 인간관계, 교육에 대한 철학을 반영한다.

넷째, 영유아도 자신이 참여하는 환경에 대한 의견과 선호도를 가지고 있다. 영유아들은 자신들의 물리적 환경을 잘 이해하고 있으며, 교실에 필요한 것과 불필요한 것에 대한 명확한 의견을 가지고 있다. 따라서 영유아의 요구를 고려하여 환경을 구성하는 것이 중요하다.

다섯째, 효과적인 실내 환경은 영유아와 교사 모두의 요구를 고려해야 한다. 영유아의 학습과 놀이를 촉진하고, 교사가 수업을 효과적으로 진행할 수 있는 환경을 조성하는 것이 필요하다.

3) 환경구성 시 고려 사항

영유아의 발달 수준과 특성을 고려하여 안전하고 즐겁게 학습할 수 있는 환경을 만들어야 한다. NAEYC(National Association for the Education of Young Children)에 따르면, 영유아의 물리적 환경 구성 시 안전성, 편안함, 공간, 소음, 영유아의 신체 크기, 이동성, 매력, 보관성 등을 고려해야 한다. 이러한 요소들은 영유아의 발달에 적합한 실제를 제공하기 위해 필수적이다. 특히, 펠레그리니(Pelegrini, 1990)는 교사가 특정한 방법으로 교실을 배치함으로써 영유아들로부터 기대되는 행동을 유도할 수 있다고 하였으며, 구조화 정도가 낮은 교실 환경이 자발적인 영유아 행동을 이끈다고 하였다. 예를 들어, 종이나 연필, 가위 등이 제시된 경우, 주로 혼자 놀이나 병행 놀이를 하며, 큰 적목 등이 제시된 경우 집단놀이를 많이 한다. 이는 교실 환경의 구조화 정도가 영유아의 행동에 영향을 미친다는 것을 보여준다.

[그림 8-1] 실내 놀이 공간

이러한 사항들을 반영하여 영유아들의 발달과 안전에 적합한 물리적 환경 구성의 고려 사항은 다음과 같다.

(1) 안전성

환경 구성 시 가장 중요한 것은 영유아의 안전을 최우선으로 고려해야 한다. 영유아는 신체적으로 발달하는 과정에서 공간을 탐색하고 운동 능력을 발휘하려 하므로, 부상을 방지할 수 있는 설비 및 배치를 해야 하며 이를 유지하기 위한 지속적인 관리와 감독이 필요하다. 날카로운 모서리나 위험한 물건 등을 제거하고, 바닥에 미끄럼 방지 매트를 설치하는 등의 조치가 필요하다. 또한 교사는 영유아교육기관의 시설과 설비에 대해 항상 안전 점검을 실시하고, 영유아에게 교구와 시설물을 안전하게 사용하는 방법을 교육해야 한다. 이를 통해 발생 가능한 위험 요소를 최소화하여 영유아들의 안전을 보장할 수 있다.

(2) 편안함

영유아교육기관의 환경을 구성할 때는 영유아의 가정환경과 유사하게 조성하여 안정감과 편안함을 느낄 수 있도록 계획해야 한다. 실내 환경은 영유아가 활동하는 공간으로, 물리적 안전 외에도 정서적 안정감, 사회적 상호작용을 촉진할 수 있도록 구성되어야 한다. 이에 따라 공간 배치, 조명, 소음 관리, 환기 등의 요소가 반드시 고려되어야 하며, 시설과 도구는 영유아의 신체 크기에 적합한 것으로 마련하여 영유아가 심리적으로 위축되거나 물리적으로 불편함을 느끼지 않도록 주의를 기울여야 한다.

(3) 영유아의 발달 수준

영유아를 위한 환경구성은 영유아의 연령과 발달 수준에 적합한 것을 제공하며, 다양한 종류와 크기의 교구를 준비하여 영유아가 선택할 수 있도록 한다. 교재 교구는 영유아의 흥미와 호기심을 자극하고, 창의성을 발휘할 수 있는 것으로 구성되어야 하며, 주기적으로 교체하고 관리해야 한다.

활동 공간의 밀도에 관한 연구에 따르면, 실내 공간의 밀집도는 유아의 성장과 행동에 부정적인 영향을 미치는 것으로 나타나고 있다(Casscy, 1997; Hurt

& Vajda, 1996; Renberg, 1999). 즉, 밀집된 교실에서 놀잇감의 종류와 수량이 충분하지 않은 경우 영유아들의 불안하고 공격적인 행동이 증가하고, 주의력이 감소하여 산만한 행동이 증가한다. 또한, 사회적 상호작용 수준의 저하와 협력적인 활동의 감소, 질투심, 분노 등의 부정적 정서가 증가한다. 반면에, 넓은 공간만이 영유아에게 긍정적인 영향을 주는 것은 아니다. 영유아 수에 비해 지나치게 공간이 넓은 경우 영유아들 간의 상호작용의 기회가 적고, 쫓기 놀이나 거친 신체 놀이가 지나치게 자주 발생할 우려도 있다. 이처럼 공간의 면적은 영유아의 행동에 영향을 줄 수 있기 때문에, 교사들은 이러한 변인을 잘 관찰하고 조절해야 한다.

(4) 개인적 공간

영유아는 혼자서 활동하거나 자신의 생각과 감정을 자유롭게 표현할 수 있는 개인적 공간이 필요하다(곽은복 외, 2008). 옷장, 신발장, 사물함 등에 개인 이름을 붙여주어 자신의 소지품과 활동 결과물을 스스로 관리할 수 있는 공간을 마련하는 것이 좋다. 또한 개인별 의자나 탁자 등을 이용하여 개인적 공간을 마련해 줌으로써 자아감과 독립성을 키워줄 수 있다. 실외 공간에도 시설물의 종류에 따라 개인 공간과 소집단 공간, 대집단 공간으로 나누어 구성하는 것이 좋으며, 공간의 참여자 수를 표시하여 물리적인 경계를 구분 지어주는 것이 좋다.

(5) 소음

제한된 공간에서 영유아들이 함께 활동하다 보면 소음이 발생하게 되는데, 이는 다른 영유아들의 활동에 방해가 될 수 있다. 따라서 소음을 최소화하기 위한 방법이 필요하다. 언어영역에 카펫이나 쿠션 등을 배치하여 소음을 흡수하게 하고, 소음이 심한 활동은 서로 가깝게 배치하여 활동 간의 효율성을 높이도록 한다. 또한, 영유아들은 복잡한 환경에서 더 소란스러워지므로 교사는 활동 간의 공간 구성을 주의 깊게 관찰해야 한다. 악기 놀이, 목공 놀이 같이 의도적인 소음이 많이 발생하는 활동 영역을 실외에 구성하는 것도 효과적이다.

시설의 외장재는 소음에 영향을 준다. 딱딱한 외장재는 청결 유지가 쉽지만 소음을 증가시킨다. 반면 부드러운 외장재는 소음을 흡수하고 따뜻하며 포근한 느낌을 주지만 청결 유지가 어렵다.

따라서, 교실에는 부드럽고 소음을 흡수하는 교구를 배치하여 일반적인 소음을 줄일 수 있도록 해야 한다. 예를 들어, 언어영역에 의자 대신 작은 카펫 위에 큰 베개나 쿠션을 놓으면 주변 다른 아동을 방해하지 않고 읽기 활동을 할 수 있다.

[그림 8-2] 언어영역과 휴식영역

영유아들이 복잡한 환경에서 더 시끄럽게 행동하는 경우, 교사는 어떤 일이 일어나고 있는지 주의 깊게 관찰하고, 이를 바탕으로 활동을 재조직하거나, 두 가지 활동으로 분리하거나, 필요한 경우 활동을 없앨 수도 있다. 실외 활동의 큰 장점 중 하나는 영유아들이 소리에 신경 쓰지 않고 자유롭게 활동할 수 있다.

(6) 융통성

환경은 필요에 따라 유연하게 조정되어야 하며, 고정된 환경은 영유아의 흥미를 떨어뜨릴 수 있으므로, 영유아의 관심사에 따라 지속적으로 개선하고 보완하는 것이 중요하다. 칸막이나 교구장을 이용하여 공간을 다양하게 구성하고, 영유아의 성장과 관심사의 변화에 따라 적절한 자료를 추가하는 것이 좋다. 하지만 환경이 너무 자주 바뀌면 영유아의 정서적 안정과 놀이 참여에 부정적인 영향을 미칠 수 있으므로, 다양성과 안정성을 동시에 고려하여 환경을 재구성해야 한다.

교사들은 영유아가 적극적으로 참여하고 질서 있게 이동할 수 있도록 프로그램을 계획해야 하며, 통로는 다른 영유아들과 충돌하거나 그들의 활동을 방해하지 않도록 충분히 넓어야 한다. 길고 비어 있는 공간은 영유아들이 뛰어다니거나 급하게 움직일 수 있으므로 피해야 하며, 대신 각 영역을 신중하게 배치하여 공간을 효율적으로 활용해야 한다. 탁자나 이젤과 같은 큰 물건들이 대각선으로 배치되어 있으면 영유아들이 이를 우회하여 이동해야 하므로 움직임이 느려질 수 있다. 이 경우, 교실 중앙을 개방된 공간으로 남겨두고, 학습 영역은 큰 탁자나 작은 탁자 주변에 배치하여 영유아가 쉽게 이동할 수 있도록 해야 한다.

특히 어린 영유아들은 아직 협응력이 충분히 발달하지 않아 넘어지거나 비틀거리거나 미끄러질 수 있으므로, 이동 경로에 장애물이 없도록 주의해야 한다.

[그림 8-3] 역할 놀이와 쌓기 놀이 활동

(7) 심미성

흥미롭고 쾌적한 환경은 영유아의 감각을 자극하고, 영유아 중심으로 구성되어 영유아에게 평온함과 흥미를 제공한다. 이러한 환경은 영유아들이 스스로 활동에 참여하도록 유도하며, 개인 공간을 제공한다.

교사는 영유아에게 깨끗하고 정돈된 환경을 제공해야 하며, 교실 구성은 시각적으로 매력적이어야 한다.

또한, 교사는 영유아가 자신의 학습과 생활 환경에 관심을 가질 수 있도록 도와야 하며, 활동이 끝난 작업대를 청소하고, 영유아가 사용한 공간을 깨끗이 정리하는 것도 중요하다.

교사는 지속적인 교육과정에 맞게 물리적 환경을 조성해야 하며, 교구, 게시판, 그림 등은 다양한 주제를 반영하여 정기적으로 교체해야 한다. 영유아의 관심을 끄는 요소와 학습 영역의 재료는 정기적으로 교체되어 영유아의 변화하는 요구와 관심을 반영해야 하며, 불필요한 교구는 제거하여 교실의 모든 물건이 영유아에게 목적과 의미를 갖도록 해야 한다.

(8) 교사의 요구

효과적인 실내 환경은 영유아의 요구뿐만 아니라 교사의 요구도 고려된 환경이다. 영유아의 학습과 놀이를 촉진하고, 교사가 수업을 효과적으로 진행할 수 있는 환경을 조성하는 것이 필요하다. 이를 위해, 교사의 이동 동선과 수업 준비 공간 등을 고려하여 환경을 구성해야 한다. 교사는 영유아의 활동 모습을 항상 관찰할 수 있어야 하므로 교실에 칸막이와 경계는 교사가 한눈에 볼 수 있도록 구성해야 한다.

2. 실내 환경 구성

영유아교육기관의 실내 공간은 영유아가 대부분의 시간을 보내며 활동하는 장소이다. 많은 연구에 따르면, 실내 공간의 크기와 배치, 구성 방식, 놀이 자료의 구조와 종류는 영유아의 발달과 밀접한 관련이 있다. 따라서 관심 있는 다양한 요소로 실내 환경을 구성하여 유아의 학습과 성장 및 발달에 도움이 되도록 해야 한다.

1) 실내 시설 및 설비

(1) 출입구 및 현관

출입구와 현관은 영유아교육기관의 첫인상을 결정짓는 공간으로, 영유아와 부모가 편안하고 따뜻한 분위기를 느낄 수 있도록 구성해야 한다. 현관은 영유아가 교사와 친구들을 만나는 동시에 부모와 헤어지는 장소로, 활동실과 가까이 배치되어야 한다. 또한, 실내와 실외가 보일 수 있는 구조를 통해 공간의 개방감을 제공하며, 안전사고 예방을 위해 문턱이 낮고 자동으로 여닫히는 문을 사용하는 것이 바람직하다.

현관문은 투명하거나 투시 가능한 재질로 만들어 유아가 스스로 출입할 수 있도록 손잡이를 허리 높이에 맞게 설치한다. 또한, 현관에는 신발장과 옷걸이를 비치해 영유아가 자신의 물건을 정리할 수 있도록 하여 자립심을 키운다.

현관 벽면은 영유아들의 작품을 전시할 수 있는 공간으로 활용해 영유아의 자아존중감을 높인다. 넓은 현관 공간은 외부에서 유입되는 먼지와 오염 물질을 차단할 수 있도록 신발 교체 공간과 손 소독 시설을 포함한다. 더불어, 현관 앞에는 안전한 놀이 기구와 부드러운 바닥재를 사용한 놀이 공간을 마련해 영유아가 자연스럽게 실내외를 이동하며 활동할 수 있도록 한다.

[그림 8-4] 현관

(2) 교실

교실은 영유아가 대부분의 시간을 보내며 다양한 활동을 하는 공간으로, 영유아의 발달 특성과 요구에 맞게 구성되어야 한다. 교실 면적은 영유아가 충분히 움직이고 활동할 수 있도록 넓어야 하며, 가능하다면 1인당 4.5제곱미터 이상의 공간을 확보하는 것이 바람직하다. 교실 내부는 영유아의 흥미와 요구에 따라 쌓기놀이, 역할놀이, 미술활동, 언어활동, 수·과학활동 등 다양한 영역으로 구성한다. 각 영역은 영유아의 발달 수준에 맞는 놀이 자료와 교구를 갖추어야 하며, 영역 간의 경계를 명확히 하되 영역 간 이동이 자유롭도록 배치한다.

교실 내 영역 구성 시에는 영유아의 자발적인 탐색과 상호작용을 촉진할 수 있도록 개방적이고 융통성 있게 배치하는 것이 좋다. 또한, 교실 내 영역의 배치는 영유아의 활동 흐름을 고려하여 이동 동선이 자연스럽도록 구성한다. 교실 환경은 영유아가 편안하고 안정감을 느낄 수 있도록 조명과 온도, 습도, 소음 등을 적절히 조절해야 한다. 창문을 통해 자연광이 들어올 수 있도록 하고, 필요에 따라 커튼이나 블라인드를 활용하여 빛의 양을 조절할 수 있다.

교실 벽면은 영유아의 작품을 전시하거나 교육적인 자료를 부착할 수 있는 공간으로 활용할 수 있다. 영유아의 눈높이에 맞춰 전시함으로써 영유아의 자긍심을 높이고 학습 동기를 유발할 수 있다. 바닥 역시 영유아가 안전하게

[그림 8-5] 영아반과 유아반 교실

활동할 수 있도록 미끄럼 방지 처리가 되어 있으며, 쿠션감이 있는 재질을 사용하는 것이 좋다. 교실 내 가구는 영유아의 신체 크기에 맞는 것을 사용해야 하며, 모서리가 둥글고 안전한 재질로 제작된 것이 바람직하다. 교구장이나 수납장은 영유아가 스스로 자료를 꺼내고 정리할 수 있는 높이로 배치하며, 자료의 종류와 수량을 영유아의 발달 수준에 맞게 제공한다. 이처럼 교실 환경은 영유아의 발달 특성과 흥미를 고려하여 구성해야 하며, 교사는 지속적으로 교실 환경을 관찰하고 평가하여 영유아의 요구에 맞게 재구성해 나가야 한다.

(3) 유희실

유희실은 영유아들이 신체 활동을 통해 에너지를 발산하고 대근육 발달을 도모하는 공간이다. 유희실은 실내에 마련되거나 실외에 별도로 구성되며, 영유아가 자유롭게 뛰어놀 수 있도록 넓은 면적을 확보해야 한다. 기구와 장비는 유아의 발달 수준에 적합한 크기와 형태로 제공되며, 그네, 정글짐, 평균대, 공, 후프 등 다양한 놀이 기구가 포함된다. 기구 간 간격은 충분히 두어 안전성을 확보하고, 정기적으로 점검하여 안전한 상태를 유지해야 한다.

바닥은 충격 흡수 재질로 마감해 영유아가 넘어질 때 발생할 수 있는 부상을 최소화하고, 자연광이 충분히 들어오도록 창문을 크게 설치해 정서적 안정감을 제공한다. 환기를 자주 실시하여 신선한 공기를 유입하고 위생을 유지하는 것도 중요하다.

유희실에서는 자유로운 놀이 외에도 교사가 계획한 신체 활동 프로그램이 진행된다. 프로그램은 영유아의 발달 수준과 흥미를 고려해 구성하며, 활동 전후 기구와 장비를 점검하고 영유아들에게 안전 수칙을 알려야 한다.

유희실은 신체 활동을 통해 영유아의 협동심과 의사소통 능력을 길러주는 등 사회성 발달에도 기여한다. 안전하고 흥미로운 환경을 조성해 영유아가 다양한 신체 활동을 경험할 수 있도록 교사는 항상 세심히 관찰하고 지도해야 한다.

[그림 8-6] 유희실

(4) 낮잠실

낮잠실은 영유아들이 휴식을 취하며 에너지를 재충전할 수 있는 공간으로, 편안하고 조용한 환경을 조성하는 것이 중요하다. 낮잠실은 독립된 공간으로 마련되거나 교실 내에 별도로 구성될 수 있으며, 외부 소음을 최소화하기 위해 방음벽을 설치하거나 소음이 적은 위치에 배치하는 것이 좋다. 커튼이나 블라인드를 사용해 자연광을 차단하거나 조절하고, 은은한 조명을 활용하여 편안한 분위기를 제공한다. 영유아가 안락하게 낮잠을 잘 수 있도록 낮잠실에는 개별 침구류를 준비하며, 침구는 정기적으로 세탁해 위생적으로 관리한다.

온도는 약 20~22도, 습도는 40~60%로 유지하며, 환기를 통해 신선한 공기를 제공해야 한다. 교사는 낮잠 시간 전에 부드러운 음악이나 책 읽기 등 안정감을 주는 활동을 통해 영유아들이 쉽게 잠들 수 있도록 돕는다. 또한, 영유아의 낮잠 패턴을 파악해 각자의 요구에 맞게 유연하게 대응한다. 낮잠실은 영유아의 신체적 휴식뿐만 아니라 정서적 안정과 건강한 발달을 지원하는 중요한 공간이다.

[그림 8-7] 낮잠실과 유아용 개별 침구

(5) 화장실

화장실은 영유아가 자주 이용하는 공간으로, 안전하고 청결하게 관리되어야 한다. 화장실은 보육실 내부나 가까운 위치에 마련하며, 영유아가 쉽게 접근할 수 있어야 한다. 변기와 세면대는 유아의 신체 크기에 맞춰 설치하고, 바닥은 미끄럼 방지 처리가 된 재질을 사용하는 것이 좋다. 화장실 내부는 영유아의 신체 크기에 맞는 변기와 세면대를 설치해야 한다. 변기의 높이는 영아용의 경우 20~30cm, 유아용은 30~40cm가 적당하다. 세면대 역시 영유아가 손을 씻기 편한 높이인 50~60cm로 설치한다. 화장실 바닥은 물에 젖어도 미끄러지지 않는 타일이나 바닥재를 사용하여 안전사고를 예방해야 한다.

남녀 화장실을 구분하여 영유아가 성 정체성을 형성하도록 돕고, 영유아의 눈높이에 맞는 거울을 설치해 스스로 몸단장을 할 수 있게 한다. 화장실 내에는 비누, 핸드타월, 휴지를 충분히 비치하고 정기적으로 청소와 소독을 실시해 위생 상태를 유지한다. 교사는 영유아가 혼자 배변할 수 있도록 지도하고, 손 씻기 방법 등을 알려줘 독립심을 키워준다. 화장실 문과 잠금장치는 영유아의 안전을 고려해 설계하며, 밝고 친근한 분위기로 꾸며 영유아가 화상실을 긍정적으로 인식하도록 돕는다.

[그림 8-8] 유아화장실

(6) 조리실

조리실은 영유아에게 제공되는 급식과 간식을 위생적으로 준비하는 공간으로, 철저한 관리가 요구된다. 조리실은 보육실과 분리된 독립적인 공간에 위치해야 하며, 식재료 반입에서 조리, 배식까지의 동선을 고려하여 설계하는 것이 바람직하다. 조리실 내부는 청결하고 밝은 환경을 유지해야 하며, 유해 요소를 차단하기 위한 환기 시설을 갖추어야 한다. 조리 설비로는 조리대, 싱크대, 가스레인지, 냉장고 등이 필요하며, 내구성이 좋고 위생적인 재질로 만들어져야 한다. 사용한 조리 기구는 세척과 살균 후 보관해야 한다. 식재료는 신선하고 안전한 것을 사용하며, 적정 온도에서 보관해야 한다. 냉장고나 냉동고에 보관 시 날짜를 기록해 선입선출 원칙에 따라 사용하고, 보관 장소는 정기적으로 청소 및 소독하여 위생 상태를 유지한다. 조리 과정에서는 위생복과 위생모를 착용하며, 손 씻기를 철저히 해야 한다. 조리가 끝난 음식은 적정 온도를 유지한 상태에서 신속히 배식해야 하며, 영유아의 알레르기 여부를 확인해 제공해야 한다. 조리실은 영유아의 건강한 성장을 위한 중요한 공간으로, 균형 잡힌 영양과 올바른 식습관 형성을 지원해야 한다. 철저한 위생 관리와 체계적인 운영을 통해 영유아의 건강과 발달을 돕는 역할을 해야 한다.

[그림 8-9] 조리실

(7) 놀이 환경

놀이 환경은 영유아의 창의력과 탐구심을 자극하며, 전인적 발달을 지원하는 핵심적인 공간이다. 영유아는 놀이를 통해 감정과 생각을 표현하고, 사회적 상호작용을 경험하며, 문제 해결 능력을 키운다. 따라서 놀이 환경은 영유아의 흥미와 발달 특성에 맞게 구성되어야 하며, 안전하면서도 자율적인 탐색이 가능하도록 설계되어야 한다.

놀이 환경은 역할놀이, 쌓기놀이, 미술놀이, 언어놀이, 탐색 및 실험 활동 등 다양한 영역으로 구성된다. 이러한 영역은 영유아의 발달과 흥미를 반영한 활동을 제공해야 하며, 영유아가 자유롭게 접근할 수 있도록 개방적으로 배치되어야 한다. 다만, 활동 간 간섭을 최소화하기 위해 물리적 경계를 적절히 설정하는 것이 중요하다. 이처럼 놀이 환경은 영유아의 전인적 발달을 지원하는 중요한 교육적 공간으로, 신중한 설계와 지속적인 관리가 필수적이다.

[그림 8-10] 놀이 환경에서 창의력과 사회성을 키우는 유아들

[그림 8-11] 역할놀이 영역에서 상상력을 발휘하는 영유아들

① 역할놀이 영역

역할놀이 영역은 영유아가 상상력을 발휘하여 다양한 상황을 연출하고 사회적 역할을 모방하며 경험을 확장할 수 있는 공간이다. 이 영역에는 주방 놀이 세트, 인형 집, 의상, 소품 등을 비치하여 영유아가 실제 생활을 연습하고 또래와 협력하며 놀이를 즐길 수 있도록 한다.

[그림 8-12] 쌓기놀이를 즐기는 영유아들

② 쌓기놀이 영역

쌓기놀이 영역은 영유아의 공간지각 능력과 창의적 사고를 촉진하는 공간이다. 다양한 크기와 형태의 블록, 레고, 자연 재료(나무 조각, 돌 등)를 제공하여 영유아가 구조물을 만들고 해체하는 과정을 통해 문제 해결 능력과 소근육 발달을 도모할 수 있도록 한다.

③ 미술놀이 영역

미술놀이 영역은 영유아가 자신의 감정을 자유롭게 표현하고 창의성을 발휘할 수 있는 공간이다. 이 영역에는 물감, 크레용, 색종이, 점토, 브러시 등 다양한 미술 도구와 재료를 구비하며, 작품을 전시할 수 있는 벽면을 마련하여 영유아의 성취감을 높인다.

[그림 8-13] 미술놀이 영역에서 점토로 창의성을 표현하는 영유아

④ 언어놀이 영역

언어놀이 영역은 영유아의 언어 능력을 향상시키고 문해력을 발달시키는 데 초점을 맞춘 공간이다. 그림책, 플래시 카드, 자석 글자, 이야기 보드 등을 비치하며, 영유아가 조용히 책을 읽거나 친구들과 함께 이야기를 나눌 수 있는 아늑한 환경을 조성한다.

[그림 8-14] 언어놀이 영역에서 그림책을 읽는 영유아들

⑤ 탐색 및 실험 영역

탐색 및 실험 영역은 영유아가 자연과 과학에 대한 호기심을 키우고 관찰 및 탐구 능력을 기를 수 있는 공간이다. 이 영역에는 돋보기, 자석, 물과 모래 놀이 도구, 현미경 등을 제공하여 영유아가 직접 실험하고 결과를 관찰하며 학습할 수 있도록 한다. 놀이 환경은 영유아의 발달 단계와 흥미에 따라 유동적으로 구성해야 하며, 교사는 영유아의 놀이 패턴을 관찰하여 적절한 자료를 추가하거나 환경을 재구성해야 한다. 또한, 영유아가 놀이를 통해 성취감을 느끼고 사회적 관계를 형성할 수 있도록 격려하며, 안전하게 놀이할 수 있도록 지속적으로 지도하고 점검해야 한다.

[그림 8-15] 탐색 및 실험 활동을 하는 영유아들

3. 실외 환경 구성

실외 환경은 영유아의 전인적 발달을 지원하는 중요한 교육적 공간으로, 신체 활동, 자연 탐구, 사회적 상호작용의 기회를 제공한다. 영유아는 실외 환경에서 에너지를 발산하고 대근육을 발달시키며, 자연 속에서 탐구와 발견을 통해 생태적 감수성을 키울 수 있다. 또한, 또래와의 협력을 통해 사회적 기술을 배우고 정서적 안정감을 경험하게 된다. 실외 환경 구성 시에는 영유아의 안전을 최우선으로 고려하며, 다양성과 개방성을 겸비한 공간으로 설계해야 한다. 놀이 기구, 자연 탐구 공간, 신체 활동 영역, 모래 및 물놀이 공간, 휴식 공간 등으로 구성하여 영유아의 흥미와 발달을 지원한다. 자연 요소를 활용하여 생태적 경험을 제공하고, 모든 유아가 쉽게 접근하고 참여할 수 있는 공간으로 구성해야 한다.

1) 실외 놀이 공간의 중요성

실외 놀이는 영유아의 신체 발달, 정서적 안정, 사회적 상호작용을 촉진하며, 자연 속에서 탐구와 발견의 기회를 제공하는 중요한 활동이다. 영유아는 실외 놀이를 통해 에너지를 발산하고, 대근육 발달을 도모하며, 스트레스를 해소할 수 있다. 또한, 자연과의 접촉을 통해 생태적 감수성을 키우고, 환경에 대한 책임감을 형성하게 된다.

실외 놀이는 실내에서 얻기 어려운 다채로운 경험을 제공하며, 영유아가 창의적이고 자발적으로 놀이할 수 있는 기회를 만든다. 안전하고 다양하게 설계된 실외 환경은 영유아가 자유롭게 움직이며 자신감을 키우고, 또래와 협력하며 사회적 관계를 형성할 수 있는 장을 제공한다.

2) 실외 놀이 공간 구성 원칙

실외 놀이 공간을 구성할 때는 영유아의 안전, 흥미, 발달 특성을 고려하며, 자연과 조화를 이루는 공간으로 설계해야 한다. 주요 구성 원칙은 다음과 같다.

〈표 8-1〉 실외 놀이 공간 구성 원칙과 세부 지침

구성 원칙	세부 내용
안전성	- 놀이 기구와 시설물은 영유아의 발달 수준에 적합하고, 날카로운 모서리나 위험 요소를 제거해야 한다. - 바닥은 충격 흡수 재질(우레탄, 모래 등)을 사용하여 안전 사고를 예방해야 한다.
다양성	- 영유아의 흥미와 발달을 지원할 수 있는 다양한 활동 공간을 제공한다. - 놀이 기구, 정원, 모래 놀이터, 물놀이 공간 등 다양한 시설을 포함한다.
개방성	- 영유아가 자유롭게 이동하며 탐색할 수 있는 열린 공간을 확보한다. - 실외 환경은 유아의 자발적 놀이와 상호작용을 촉진할 수 있도록 구성한다.
접근성	- 영유아가 쉽게 접근할 수 있도록 공간을 설계하며, 장애 영유아를 위한 배려도 포함해야 한다. - 이동 동선을 단순화하고, 모든 유아가 참여할 수 있는 구조로 설계한다.
자연과의 연계	- 나무, 풀, 꽃 등 자연 요소를 활용하여 영유아가 자연과 상호작용할 수 있는 기회를 제공한다. - 텃밭 가꾸기, 자연 관찰 활동 등을 통해 생태적 감수성을 기를 수 있도록 한다.
융통성	- 계절과 날씨에 따라 영유아의 활동이 원활히 이루어질 수 있도록 유연한 공간을 마련한다. - 휴식 공간, 그늘막 등 날씨 변화에 대응할 수 있는 시설을 포함한다.

출처: 서현아, 김창평, 하선혜, 한희정, 변상우, 허수윤, 오소리(2015). 유아교육개론. 서울: 창지사.

3) 실외 놀이 공간의 세부 구성

(1) 놀이 기구 영역

놀이 기구 영역은 영유아의 대근육 발달과 신체적 활동을 촉진하는 핵심 공간이다. 이 영역에는 그네, 미끄럼틀, 정글짐, 평균대 등 다양한 놀이 기구가 포함된다. 기구들은 영유아의 발달 수준에 적합한 크기와 형태로 제공되며,

안전성을 확보하기 위해 각 기구 간 충분한 간격을 두고 배치한다. 놀이 기구의 설치 및 유지 관리가 정기적으로 이루어져야 하며, 교사는 영유아가 안전하게 놀이 기구를 사용할 수 있도록 지도해야 한다.

[그림 8-16] 실외 놀이터

(2) 자연 탐구 영역

자연 탐구 영역은 영유아가 자연을 직접 관찰하고 경험할 수 있는 공간으로, 나무, 풀, 꽃, 텃밭 등을 조성하여 자연적 요소와의 상호작용을 가능하게 한다. 이 공간에서 영유아는 곤충 채집, 식물 가꾸기, 자연 관찰과 같은 활동을 통해 생태적 감수성을 키우고, 환경에 대한 책임감을 학습하게 된다. 또한, 자연을 주제로 한 놀이와 학습을 통해 창의적 사고와 탐구심을 개발할 수 있다.

[그림 8-17] 자연 탐구 영역에서 텃밭 가꾸기와 생태 감수성을 키우는 영유아들

(3) 신체 활동 영역

신체 활동 영역은 영유아가 자유롭게 뛰어놀며 에너지를 발산하고 대근육 활동을 도모할 수 있는 공간이다. 넓은 잔디밭이나 트랙, 장애물 코스 등이 마련되어 영유아가 달리기와 공놀이, 균형 잡기 등 다양한 활동을 할 수 있다. 이 공간은 영유아의 안전을 고려하여 장애물이 없는 열린 설계로 구성하며, 바닥은 충격 흡수 재질로 마감해 안전성을 강화한다.

[그림 8-18] 신체 활동 영역에서 대근육 발달을 위한 놀이

(4) 모래 및 물놀이 영역

모래와 물놀이는 영유아에게 촉감 자극과 창의적 놀이 경험을 제공하는 중요한 활동이다. 모래 놀이터는 영유아가 모래성을 쌓거나 다양한 도구를 활용해 놀이할 수 있는 환경을 제공하며, 물놀이는 물감을 활용한 놀이, 작은 연못이나 물놀이 시설을 통해 이루어진다. 물놀이는 계절과 날씨에 따라 운영되며, 위생 관리와 안전 관리를 철저히 해야 한다.

[그림 8-19] 모래 및 물놀이 영역에서 촉감 자극과 창의적 놀이를 경험하는 영유아들

(5) 휴식 및 사회적 상호작용 공간

휴식 공간은 영유아가 놀이 후 편안하게 쉴 수 있는 장소로, 벤치와 그늘막, 테이블 등이 배치된다. 이 공간은 영유아들이 또래와 함께 대화를 나누고 협력적인 활동을 할 수 있는 사회적 상호작용의 장으로도 활용된다. 조용하고 안정적인 환경을 조성하여 영유아가 신체적·정서적으로 회복할 수 있도록 설계한다.

[그림 8-20] 벤치와 그늘막, 테이블

(6) 융통성 있는 공간 설계

실외 놀이 공간은 영유아의 성장과 계절적 변화에 따라 유연하게 변형될 수 있도록 설계되어야 한다. 다양한 놀이 활동과 학습이 가능하도록 개방적이고 조화롭게 구성하며, 영유아의 흥미와 요구에 따라 공간을 재배치하거나 새로운 시설을 추가할 수 있도록 한다.

생각해 봅시다

1. 영유아의 발달과 학습을 촉진하는 데 있어 실내외 환경 구성의 원칙은 무엇인지 정리하고, 각 원칙이 영유아의 발달에 미치는 영향을 이야기해 봅시다.

2. 실내 환경과 실외 환경이 영유아의 학습과 놀이에 미치는 영향을 비교 분석해보고, 각각의 환경에서 교사가 어떤 역할을 해야 하는지 토의해 봅시다.

3. 영유아들이 자신이 참여하는 환경에 대해 가지는 의견과 선호도의 중요성을 정리해 보고, 이를 실내외 환경 구성에 어떻게 반영할 수 있을지 구체적으로 제안해 봅시다.

참고문헌

교육부, 보건복지부(2019). 2019 개정 누리과정 해설서. 세종: 교육부, 보건복지부.

김영옥, 오숙현, 임영숙, 정경자(2020). **유아교육기관 환경 구성**. 경기: 공동체.

서현아, 김창평, 하선혜, 한희정, 변상우, 허수윤, 오소리(2015). **유아교육개론**. 서울: 창지사.

Casscy, R. (1997). Child Space and Density: Effects on Behavior and Development. *Journal of Early Childhood Research, 12*(3), 123-136.

Hurt, A. & Vajda, Z. (1996). Classroom Density and Young Children's Emotional Well-Being. *Early Childhood Environment Quarterly, 10*(2), 45-59.

Kostelnik, M. (1984). Designing Physical Environments for Young Children. *Early Childhood Research Quarterly, 1*(4), 281-293.

Pellegrini, A. D. (1990). Classroom Design and Child Behavior: A Developmental Perspective. *Journal of Environmental Psychology, 7*(4), 329-342.

Renberg, B. (1999). The Impact of Classroom Arrangement on Young Children's Behavior. *Child Development Journal, 14*(1), 11-20.

Chapter

09

영유아교육의 사회적 요구

현대사회는 산업화, 도시화, 정보화, 여성의 사회 참여 확대, 고령화 등의 변화로 다양한 사회적 요구를 제기하고 있다. 이러한 변화는 영유아교육의 중요성을 부각시키며, 단순한 교육 기능을 넘어 양육 공백 해소, 영유아의 전인적 발달 지원, 그리고 환경문제와 지속가능발전교육(ESD, Education for Sustainable Development) 등 새로운 과제에 대응하는 역할을 요구하고 있다.

특히, 가족구조의 변화와 맞벌이 가정의 증가로 인해 영유아교육기관은 양육 지원과 더불어 부모와 지역사회를 연결하는 가교 역할을 수행하고 있다. 또한, 정보화 사회의 디지털 환경에 대응하여 건강한 기술 활용 습관을 형성하고, 지역사회와의 연계를 통해 영유아교육의 사회적 역할을 확장해야 한다. 본 장에서는 현대사회의 변화가 영유아교육에 미치는 영향을 분석하고, 이에 대응하기 위한 영유아교육의 방향성과 역할을 모색하고자 한다.

학습목표

1. 현대사회의 특징과 변화가 영유아교육에 미치는 영향을 이해하고, 영유아교육의 사회적 역할을 설명할 수 있다.
2. 사회의 변화에 따른 영유아교육의 필요성을 분석하고, 이를 반영한 교육적 접근방법을 제안할 수 있다.
3. 영유아교육과 지역사회의 연계 방안을 모색하여, 영유아와 지역사회의 상호작용을 촉진할 수 있는 교육 환경을 설계하고 실천할 수 있다.

1. 현대사회의 특징

1) 산업화와 도시화

산업화와 도시화는 현대사회의 가장 두드러진 특징 중 하나로, 인간의 생활과 사회 구조에 지대한 영향을 미쳐왔다. 산업화는 18세기 말 영국에서 시작된 산업혁명을 계기로 기계화된 생산체계가 보급되며 농업 중심의 사회에서 산업 중심의 사회로 변화한 것을 말한다(Giddens, 2006). 이는 생산성과 경제적 부를 급격히 증대시켰으며, 대량 생산과 소비 사회의 기반을 마련하였다. 산업화의 진전으로 인해 도시로의 인구 이동이 가속화되면서 도시화가 진행되었다. 도시화는 농촌에서 도시로의 인구 유입과 도시 지역의 확장을 의미하며, 이는 경제적 기회를 제공하고 교육 및 의료 등 다양한 사회적 혜택을 누릴 수 있는 환경을 조성하였다(UN, 2019). 그러나 동시에 도시화는 주택 부족, 교통 혼잡, 환경오염, 사회적 불평등과 같은 문제를 초래하기도 했다.

〈표 9-1〉 산업화와 도시화의 긍정적/부정적 영향

영역	긍정적 영향	부정적 영향
산업화	- 생산성 증가 및 경제 성장 - 생활 수준 향상 - 대량 생산으로 소비재 가격 하락	- 환경 오염 및 자원 고갈 - 노동 착취와 빈부격차 심화 - 전통적 공동체 해체
도시화	- 의료, 교육 등 공공서비스 접근성 향상 - 문화적 다양성 증가 - 경제적 기회 확대	- 주택 부족과 교통 혼잡 - 사회적 불평등 심화 - 심각한 환경 문제 (대기 오염, 쓰레기 처리 문제)

출처 : 이수정(2018). 산업화와 도시화가 사회에 미친 영향. 서울: 창지사.

산업화와 도시화는 인간의 삶의 방식에 근본적인 변화를 가져왔으며, 영유아교육에도 중요한 영향을 미쳤다. 도시화로 인해 핵가족과 맞벌이 가구가 증가하면서 영유아교육기관의 필요성이 대두되었다. 부모가 직장생활을 지속하면서 자녀를 안전하고 교육적인 환경에 맡길 수 있는 영유아교육기관의 역할이 강조되었다. 이에 따라 영유아교육은 단순히 보호와 양육의 기능을 넘어, 영유아의 전인적 발달을 지원하는 중요한 사회적 제도로 자리 잡게 되었다. 또한, 산업화와 도시화는 기술 발전을 통해 새로운 학습 기회를 제공하며, 영유아교육에서도 창의적이고 혁신적인 교수 방법을 도입하는 계기가 되었다. 디지털 기술과 정보화의 진전으로, 영유아는 다양한 학습 자원을 통해 과학적 사고와 문제 해결 능력을 개발할 수 있게 되었다. 이는 현대사회에서 영유아교육이 기술과 창의성을 결합하여 새로운 사회적 요구를 충족시킬 수 있음을 보여준다. 결론적으로, 산업화와 도시화는 현대사회의 핵심적 특징으로, 영유아교육의 중요성과 방향성을 재정립하는 데 기여하였다. 영유아교육은 이러한 사회적 변화에 대응하여 영유아가 미래 사회에 적응할 수 있도록 지원하며, 사회 전반의 발전과 연결된 중요한 교육적 기회로 자리매김하고 있다.

2) 가족구조와 여성의 사회 참여 변화

가족구조의 변화와 여성의 사회 참여 증가는 현대사회의 또 다른 두드러진 특징으로, 개인의 삶뿐만 아니라 영유아교육에 이르기까지 전반적인 사회 시스템에 영향을 미치고 있다. 전통적으로 대가족 중심의 구조였던 가족 형태는 산업화와 도시화의 진전에 따라 핵가족화로 전환되었다. 이 과정에서 1인 가구와 비혼 가구의 증가, 이혼율 상승 등의 변화가 나타나며 가족의 형태와 역할이 다양화되고 있다. 이러한 가족구조의 변화는 영유아교육의 필요성을 더욱 강조하게 했다. 핵가족화와 맞벌이 가구의 증가는 부모가 직장과 가정의 역할을 동시에 수행해야 하는 도전을 수반하며, 영유아교육기관은 부모의 부재를 보완하는 역할을 맡게 되었다. 이로 인해 단순한 돌봄 기능을 넘어, 교육과 사회화의 책임까지 수행하는 영유아교육기관의 중요성이 더욱 커졌다.

〈표 9-2〉 1인 가구와 4인 이상 가구 비중 변화 추이 (2000-2023)

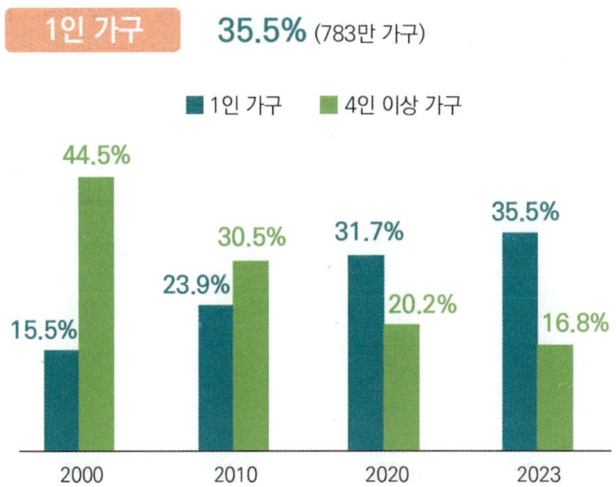

출처: 통계청(2023a). 경제활동인구조사 및 가구동향조사. 서울: 통계청.

한편, 여성의 사회 참여 증가는 가족 구조의 변화와 맞물려 나타난 중요한 사회적 현상이다. 여성의 교육 수준 향상과 고용 기회 확대는 여성들이 경제활동에 적극적으로 참여할 수 있는 기반을 마련했다(World Bank, 2020). 이는 가정 내에서 여성의 전통적인 역할에 변화를 가져왔으며, 남녀가 함께 자녀 양육과 가사에 참여하는 문화가 점차 확산되고 있다. 여성의 사회 참여 증가는 영유아교육에도 직·간접적으로 영향을 미쳤다. 맞벌이 가정이 증가하면서 영유아교육기관은 더 많은 영유아를 수용해야 했고, 동시에 여성 교사와 보육 전문가에 대한 수요도 증가하였다. 이는 영유아교육의 질적 향상과 여성의 직업 안정성을 위한 정책적 지원의 필요성을 부각시켰다.

결론적으로, 가족구조와 여성의 사회 참여 변화는 유아교육에 대한 사회적 요구를 증대시키며, 영유아교육이 사회적 변화에 부응하여 더욱 포괄적이고 체계적인 지원을 제공해야 할 필요성을 제기하고 있다. 영유아교육기관은 이러한 변화 속에서 영유아와 가정을 지원하는 중요한 사회적 기반으로 기능하며, 영유아교육의 방향성과 역할을 새롭게 정립하고 있다.

3) 환경문제와 지속가능발전교육(ESD)의 중요성

현대사회는 기후변화, 자원 고갈, 생태계 파괴와 같은 심각한 환경문제에 직면하고 있다. 이러한 문제는 미래 세대의 삶에 직접적인 영향을 미칠 뿐 아니라, 현재 세대에게도 지속 가능한 삶의 방식을 요구한다. 환경문제가 심화되는 상황에서 영유아교육은 이러한 도전에 대응하기 위한 중요한 역할을 맡고 있으며, 이를 통해 영유아들에게 환경에 대한 책임감을 심어주고 지속 가능한 발전을 지향하는 삶의 가치를 가르치는 것을 목표로 한다.

환경문제는 전 세계적인 차원에서 인간 활동과 밀접하게 연관되어 있다. 온실가스 배출로 인한 지구 온난화, 대기오염과 수질오염, 생물 다양성의 감소 등은 인간의 생활 방식과 소비 패턴의 변화 없이는 해결하기 어려운 문제들이다. 따라서 이러한 문제를 해결하기 위해서는 교육이 핵심적인 역할을 해야 하며, 특히 영유아교육은 이 과정에서 중요한 출발점으로 간주된다. 영유아기는 환경에 대한 태도와 습관이 형성되는 시기로, 이 시기에 환경 친화적인 가치와 실천을 배울 수 있도록 교육하는 것이 필수적이다.

지속가능발전교육(ESD, Education for Sustainable Development)은 이러한 맥락에서 주목받고 있다. ESD는 현재와 미래 세대의 요구를 균형 있게 충족시키기 위해 환경, 경제, 사회의 지속 가능성을 통합적으로 고려하는 교육을 지향한다(UNESCO, 2014). 이는 영유아들에게 자연과의 상호작용을 통해 환경의 소중함을 느끼게 하고, 환경을 보호하기 위한 실천적인 행동을 익히도록 돕는 것을 포함한다. 예를 들어, 재활용 활동, 에너지 절약 실천, 친환경 놀이 프로그램 등은 영유아들이 일상생활에서 환경을 지키는 행동을 체화할 수 있도록 한다.

영유아교육기관은 ESD를 구현하는 데 있어 중요한 플랫폼 역할을 한다. 영유아교육기관은 영유아들이 자연을 관찰하고 경험할 수 있는 환경을 조성하며, 놀이와 학습을 통해 환경문제와 관련된 다양한 주제를 탐구할 수 있도록 지원한다. 또한, 부모와 지역사회를 교육 과정에 참여시키며, 영유아교육기관이 지역사회와 협력하여 지속 가능성을 실현하는 거점 역할을 수행하도록 해야 한다.

[그림 9-1] 지속가능발전목표(SDGs) 17개 항목 개요

출처: 유엔환경계획(UNEP) 한국위원회(2023). 2030 지속가능발전목표 국문본. 서울: 환경부.

ESD의 핵심은 영유아들이 단순히 환경문제를 배우는 것을 넘어, 문제를 해결할 수 있는 사고력과 협력 능력을 기르는 데 있다. 영유아들은 ESD를 통해 환경문제의 원인과 결과를 이해하며, 문제 해결을 위한 창의적인 아이디어를 탐구하고 실행하는 경험을 쌓을 수 있다. 이를 통해 영유아들은 미래 사회에서 환경문제를 인식하고, 이에 적극적으로 대응할 수 있는 책임감 있는 시민으로 성장할 수 있다(Lee, 2018). 영유아교육은 환경문제 해결과 지속 가능한 발전을 위한 핵심적인 역할을 수행하며, 이는 현재와 미래 세대 모두에게 중요한 영향을 미칠 것이다.

2. 사회 변화와 유아교육의 새로운 방향

급격한 변화와 더불어 다양한 사회적 도전에 직면하고 있다. 고령화와 인구구조 변화는 사회 전반에 걸쳐 새로운 요구를 만들어내고 있으며, 여성의 사회적 진출 확대와 맞벌이 가정의 증가는 가족구조와 양육 방식에 변화를 가져왔다. 이러한 변화는 영유아교육의 공공성과 사회적 역할을 강화해야 할 필요성을 강조한다. 사회적 불평등의 심화 또한 영유아교육의 공공성을 강화하는 데 있어 중요한 문제로 떠오르고 있다. 경제적 격차와 교육 기회의 불평등은 영유아들의 성장 환경에 직접적인 영향을 미치며, 영유아교육이 이를 완화하기 위한 핵심적인 역할을 해야 한다는 점을 부각시킨다. 특히, 공공 유아교육기관의 접근성과 서비스의 질적 개선은 이러한 문제를 해결하는 중요한 방안으로 간주된다.

팬데믹은 전 세계적으로 정신건강에 큰 영향을 미쳤으며, 영유아들도 예외가 아니었다. 팬데믹 상황에서 영유아들은 불안과 스트레스에 직면하며, 이에 따라 영유아교육기관은 영유아들의 정서적 안정과 건강한 발달을 지원하는 데 더욱 중요한 역할을 맡게 되었다. 또한, 팬데믹 이후 변화한 교육 환경에 적응하기 위한 새로운 접근 방식과 지원 체계가 필요하다는 점이 강조되고 있다.

이러한 사회적 변화들은 영유아교육의 중요성을 더욱 부각시키며, 사회적 요구에 부응하는 영유아교육의 방향성을 재정립할 필요성을 제기하고 있다. 본 장에서는 이러한 변화가 유아교육에 미치는 영향을 분석하고, 영유아교육이 수행해야 할 역할과 과제를 탐구하고자 한다.

1) 고령화와 인구구조 변화

현대사회는 급격한 고령화와 인구구조 변화라는 새로운 국면에 접어들고 있다. 출생률은 지속적으로 감소하고 있으며, 기대수명은 꾸준히 증가하고 있다. 이러한 변화는 고령화 사회를 심화시키며, 경제적·사회적 구조 전반에 중요한 영향을 미치고 있다. 특히, 2013년부터 2023년까지의 통계에 따르면 출생률은 약 8.8명에서 4.9명으로 감소했고, 기대수명은 약 79.0세에서 82.7세로 증가했으며, 65세 이상 인구 비율은 11.8%에서 17.2%로 크게 상승했다. 이러한 데이터는 고령화가 가속화되고 있음을 명확히 보여준다. 이러한 변화는 영유아교육 분야에도 큰 영향을 미치고 있다. 감소하는 영유아 인구는 영유아교육기관의 운영 방식과 정책적 방향을 재고하게 만들고 있다. 예를 들어, 출생률 감소로 인해 영유아교육기관의 정원이 줄어들고, 이에 따른 운영 효율성과 재정 안정성을 확보하기 위한 전략적 변화가 요구되고 있다. 또한 고령화로 인해 젊은 세대의 사회적 부담이 증가하면서, 영유아교육은 가족의 양육 부담을 덜어주는 중요한 사회적 역할을 맡게 되었다.

〈표 9-3〉 고령화와 인구구조 변화에 따른 주요 지표 변화

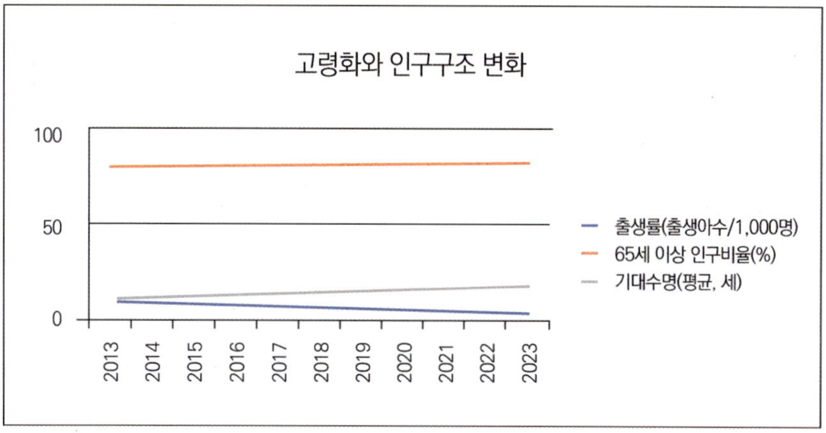

출처: 통계청(2023b). 인구동향조사 및 생명표 통계. 서울: 통계청. (참고)

고령화 사회에서 영유아교육의 또 다른 역할은 세대 간 소통과 상호작용을 촉진하는 것이다. 65세 이상 인구 비율이 증가함에 따라, 고령 세대와 유아 세대 간의 교류를 활성화하는 프로그램 개발이 필요하다. 예를 들어, 영유아교육기관에서 지역 내 노인들과 협력하여 진행하는 세대 통합 프로그램은 양

세대 간의 정서적 유대감을 강화하고, 서로의 삶을 이해하는 데 도움을 줄 수 있다. 이는 고령화 사회에서 유아교육이 단순한 교육과 돌봄의 기능을 넘어, 사회적 통합을 촉진하는 중요한 플랫폼으로 작용할 수 있음을 시사한다. 고령화와 인구구조 변화는 영유아교육이 사회적 요구에 민감하게 대응해야 하는 환경을 조성하고 있다. 이러한 변화 속에서 영유아교육은 영유아의 전인적 발달을 지원하는 동시에, 지역사회와 연계하여 세대 간 상호작용을 활성화하고 사회적 부담을 분담하는 역할을 수행해야 한다. 그래프에서 확인된 출생률 감소와 고령화 진행 속도는 영유아교육의 방향성을 명확히 제시하며, 지속가능한 사회를 위한 교육적 접근이 필수적임을 보여준다.

2) 여성의 사회적 진출과 맞벌이 가정의 증가

현대사회에서 여성의 경제활동 참여가 꾸준히 확대되면서 맞벌이 가정은 보편적인 가족 형태로 자리 잡고 있다. 통계청의 「경제활동인구조사」에 따르면 여성의 경제활동 참여율은 지속적으로 증가하고 있으며, 이에 따라 가정 내 양육과 가사 분담의 전통적 역할 분배가 변화하고 있다. 이러한 변화는 영유아교육 분야에 새로운 요구를 제기하며, 영유아교육기관의 역할과 기능을 확대시키는 계기가 되고 있다(통계청, 2023a).

맞벌이 가정의 증가는 부모가 직장에서 보내는 시간이 늘어나면서 자녀 양육과 관련된 시간적·정서적 공백을 초래할 수 있다. 이러한 상황에서 영유아교육기관은 단순히 영유아를 돌보는 시설을 넘어, 전인적 발달을 지원하고 부모의 양육 부담을 덜어주는 중요한 사회적 역할을 수행해야 한다. 특히, 연장보육과 주말 보육 서비스 같은 유연한 운영 방식은 맞벌이 가정의 요구를 충족시키는 데 필수적이다. 또한, 맞벌이 가정의 증가로 인해 부모와 영유아교육기관 간의 소통과 협력이 더욱 중요해졌다. 영유아교육기관은 부모와의 긴밀한 협력을 통해 영유아의 발달 상황을 공유하고, 가정과 교육기관 간의 일관된 교육 목표를 설정해야 한다. 이를 통해 영유아는 가정과 교육기관에서 통합적이고 안정적인 환경에서 성장할 수 있다(김영미, 2020).

〈표 9-4〉 여성 경제활동 참여율 변화 추이 (2015-2023)

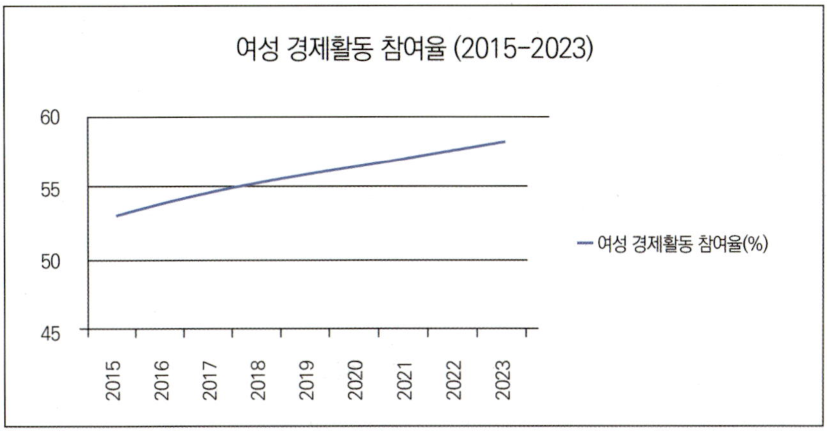

출처: 통계청(2023a). 경제활동인구조사 및 가구동향조사. 서울: 통계청. (참고)

여성의 사회적 진출이 증가하면서 영유아교육은 단순히 아이들을 돌보는 기능을 넘어선 전문성과 질적 향상이 요구되고 있다. 양질의 교육 프로그램과 유아의 발달을 지원하는 다양한 활동이 마련되어야 하며, 이는 영유아교육의 공공성과 전문성을 동시에 강화하는 방향으로 이어져야 한다. 특히, 맞벌이 가정을 지원하기 위한 국가적 차원의 정책적 지원도 필수적이다. 예를 들어, 보육료 지원 확대와 공공 영유아교육기관의 접근성 향상은 맞벌이 가정의 양육 부담을 줄이는 데 기여할 수 있다(이정은, 2018). 여성의 사회적 진출과 맞벌이 가정의 증가는 영유아교육의 중요성과 역할을 재조명하게 하며, 이를 기반으로 부모와 유아 모두에게 적합한 양질의 교육 환경을 제공하는 것이 현대 영유아교육의 핵심 과제로 자리 잡고 있다. 영유아교육기관은 맞벌이 가정의 요구를 수용하고, 가정과의 협력을 강화함으로써 사회적 변화에 능동적으로 대응해야 한다.

3) 사회적 불평등과 영유아교육의 공공성 강화

현대사회는 점점 심화되는 사회적 불평등의 문제를 안고 있다. 경제적 격차, 교육 기회의 불평등, 지역 간 차이는 영유아들의 성장 환경과 교육 기회에 직접적인 영향을 미친다. 이러한 상황에서 영유아교육은 사회적 불평등을 완화하고, 모든 영유아에게 동등한 출발선을 제공하기 위한 중요한 수단으로 주목받고 있다. 영유아교육의 공공성을 강화하는 것은 경제적·사회적 취약 계층의 유아들이 양질의 교육을 받을 수 있는 기반을 마련하는 핵심적인 방안이다(통계청, 2023b; 박은영, 2020). 사회적 불평등은 경제적 배경에 따라 영유아가 접하는 교육 기회와 자원의 질에 큰 차이를 가져온다. 저소득 가정의 영유아는 양질의 사교육에 접근하기 어려우며, 이로 인해 초기 학습 기회의 격차가 발생하게 된다. 이러한 격차는 영유아 시기에 해결되지 않을 경우 학령기 이후에도 이어지며, 장기적으로 사회적 불평등을 고착화할 위험이 있다. 따라서 공공 유아교육기관의 역할이 더욱 중요해지고 있다. 공공 영유아교육기관은 경제적 부담을 줄이면서도 모든 영유아에게 질 높은 교육과 돌봄을 제공하는 사회적 안전망 역할을 해야 한다(김민주, 2019).

영유아교육의 공공성을 강화하기 위해서는 국가적 차원의 정책적 지원이 필수적이다. 예를 들어, 보육비 지원 확대, 공공 영유아교육기관의 설립과 운영 강화, 교사 전문성 개발을 위한 투자 등이 포함된다. 특히, 경제적 취약계층의 가정이 안정적으로 영유아교육을 받을 수 있도록 지원하는 방안이 필요하다. 보육비 감면 및 면제, 지역사회 기반의 공공 영유아교육기관 확충은 실질적으로 사회적 불평등을 줄이는 데 기여할 수 있는 중요한 정책이다(UNICEF, 2021). 지역 간 교육 격차 문제 역시 영유아교육의 공공성을 통해 해결해야 할 중요한 과제이다. 농어촌 지역이나 소외된 지역의 영유아들은 도시 지역에 비해 상대적으로 낮은 수준의 교육 환경에 놓여 있다. 공공 영유아교육기관은 이러한 지역 불균형을 해소하는 데 중추적인 역할을 해야 하며, 이를 위해 정부와 지방자치단체의 협력과 지속적인 투자가 요구된다(이정은, 2018).

교사연수 EK보육경영연구소

정책지원회의(강원도 유아교육 공공성 강화 추진단 협의회)

출처: 뉴스1, (2018년 11월 22일), https://edu.donga.com/news/articleView.html?idxno=38308. 2025. 1. 13.

[그림 9-2] 영유아교육 공공성 강화를 위한 전문가 모임

사회적 불평등과 관련된 또 다른 중요한 측면은 교육의 질적 보장이다. 단순히 교육 기회의 확대를 넘어, 모든 영유아가 동등하게 질 높은 교육을 받을 수 있도록 공공 영유아교육기관의 교사 교육과 프로그램 개선이 필수적이다. 영유아교육의 공공성이 강화될 때, 영유아들은 출신 계층에 관계없이 건강한 발달과 학습의 기회를 동등하게 누릴 수 있으며, 이는 장기적으로 사회적 통합과 지속 가능한 발전에 기여할 수 있다. 영유아교육의 공공성 강화는 단순히 사회적 불평등 해소를 넘어, 모든 영유아가 공평한 출발선을 가질 수 있는 사회를 만드는 데 기여한다. 이러한 노력이 지속될 때, 영유아교육은 사회의 안전망이자 평등한 사회를 만드는 도구로서 중요한 역할을 수행할 수 있다.

4) 팬데믹과 정신건강: 영유아교육의 새로운 도전

팬데믹은 전 세계적으로 영유아교육의 형태와 방식에 큰 변화를 가져왔다. 영유아들은 갑작스러운 교육기관의 폐쇄, 사회적 거리 두기, 가정 내 고립과 같은 환경적 변화를 경험하며 정서적·심리적 어려움을 겪었다. 특히, 일상의 변화와 제한된 사회적 상호작용은 영유아들의 정서적 안정감과 정신건강에 심각한 영향을 미쳤다. 이러한 상황은 영유아교육이 정신건강을 지원하는 새로운 역할을 수행하도록 요구하고 있다(이지현, 2020; WHO, 2021).

팬데믹 기간 동안 영유아들은 교육기관에 가지 못하는 동안 사회적 상호작용 부족과 놀이 기회의 감소를 겪었다. 이러한 변화는 영유아들의 사회성 발달과 정서 조절 능력에 부정적인 영향을 미칠 수 있다. 또한 부모 역시 팬데믹으로 인한 스트레스와 불안 속에서 양육 부담이 가중되며 영유아들에게 정서적 안정감을 충분히 제공하기 어려운 상황에 처했다. 이러한 환경적 요인들은 영유아들의 정신건강 문제를 더욱 심화시키는 결과를 초래했다(김영미, 2021).

팬데믹 상황에서 영유아교육기관은 영유아들의 정신건강을 지원하기 위해 중요한 역할을 수행해야 한다. 놀이를 통한 심리적 회복 프로그램, 정서 표현과 조절을 돕는 활동, 영유아들이 겪는 불안을 해소하기 위한 맞춤형 상담 지원이 필요하다. 특히, 놀이 기반 치료와 예술 활동은 유아들의 스트레스 해소와 정서적 안정에 효과적인 접근법으로 평가받고 있다(UNICEF, 2021). 또한, 팬데믹은 영유아교육에서 디지털 기술의 활용을 급격히 확산시켰다. 온라인 교육으로의 전환은 영유아들의 학습 연속성을 보장하는 데 기여했으나, 영유아들이 지나치게 디지털 환경에 노출되는 문제를 초래하기도 했다. 따라서 영유아교육기관은 디지털 기술을 활용한 교육과 전통적 놀이 중심 학습 간의 균형을 유지하며 유아들의 건강한 발달을 지원해야 한다.

팬데믹 이후의 영유아교육은 정신건강 문제에 대응하기 위한 체계적인 접근이 필요하다. 교사와 부모를 대상으로 한 정신건강 지원 교육, 위기 상황에서의 영유아 보호 방안 강화, 지역사회와의 협력을 통한 정신건강 네트워크 구축이 포함되어야 한다. 이와 함께, 정책적 차원에서 영유아들의 정신건강을 장기적으로 지원하기 위한 예산 확대와 프로그램 개발이 요구된다(박민정, 2022). 팬데믹은 영유아교육이 단순히 학습을 지원하는 기능을 넘어, 정서적 안정과 정신건강을 지원하는 역할로 확장되어야 함을 강조한다. 이는 영유아들이 어려운 환경 속에서도 심리적 회복력을 키우고, 건강한 사회 구성원으로 성장할 수 있도록 돕는 데 중요한 역할을 한다.

3. 영유아교육과 지역사회 연계

현대사회에서 영유아교육은 지역사회와의 연계를 통해 더욱 효과적이고 지속 가능한 방향으로 발전할 수 있다. 지역사회는 영유아교육의 교육적·사회적 가치를 확장하는 데 중요한 역할을 하며, 영유아교육기관과 지역사회의 협력은 영유아들의 전인적 발달을 지원하고, 지역 내 다양한 자원을 활용할 수 있는 기반을 제공한다. 본 장에서는 지역사회의 역할과 자원 활용, 영유아교육기관과 지역사회의 협력 전략, 그리고 지역사회 중심 영유아교육의 실천 방안을 살펴본다.

1) 상호작용의 필요성과 지역사회 참여

영유아교육과 지역사회는 서로 밀접하게 연결되어 있으며, 이 둘 간의 상호작용은 영유아의 전인적 발달과 교육의 질을 높이는 데 필수적이다. 지역사회는 영유아교육기관에 다양한 자원을 제공하며, 이를 통해 영유아교육기관은 지역사회의 발전과 연계된 교육적 가치를 실현할 수 있다.

영유아는 지역사회의 구성원으로, 주변 환경과의 상호작용을 통해 성장하고 배운다. 영유아교육기관은 지역사회를 활용한 학습 환경을 조성하여 영유아에게 지역사회의 역사와 문화, 자연환경 등 다양한 요소를 학습 소재로 제공해야 한다. 이러한 활동은 영유아가 새로운 지식을 습득하는 동시에 지역사회에 대한 소속감과 책임감을 키울 수 있도록 돕는다. 또한, 영유아교육기관은 지역사회의 다양한 기관 및 전문가들과 협력하여 부모와 지역사회의 요구를 반영한 교육 프로그램을 운영할 수 있다. 예를 들어, 지역 도서관, 공공시설, 환경 단체 등과의 협력을 통해 영유아의 탐구심과 학습 경험을 확대할 수 있다.

이를 위해 영유아교육기관은 지역사회와의 적극적인 의사소통과 협력 체계를 구축하고, 지역사회의 자원을 활용한 참여형 프로그램을 기획해야 한다.

이러한 상호작용은 영유아와 지역사회의 관계를 더욱 돈독히 하고, 영유아교육의 질적 향상을 도모하는 기반이 될 것이다.

2) 지역사회 행사와 자원 활용

지역사회는 영유아교육에 풍부한 교육적 자원을 제공할 수 있는 중요한 환경이다. 영유아교육기관은 지역사회에서 이루어지는 다양한 행사와 프로그램에 영유아와 가족이 참여할 기회를 마련해야 한다. 예를 들어 지역 축제, 문화 행사, 박람회 등은 영유아가 새로운 경험을 쌓고, 다양한 사회적 기술을 배울 수 있는 장을 제공한다. 또한, 지역사회의 공공시설(도서관, 박물관, 공원 등)과 자원을 활용하면 영유아교육의 질을 더욱 높일 수 있다. 이러한 자원 활용은 교육 비용을 줄일 뿐만 아니라, 영유아들에게 다양한 학습 환경을 제공하여 창의적이고 탐구적인 태도를 형성하는 데 기여한다.

영유아교육기관은 지역사회의 전문가 및 자원봉사자와 협력하여 영유아의 발달을 지원하는 활동을 기획할 수도 있다. 예를 들어, 지역 환경 전문가와 함께 자연 탐구 활동을 진행하거나, 지역 기관과 협력하여 견학 프로그램을 운영하는 것은 영유아들에게 흥미롭고 교육적인 경험을 제공할 수 있다. 이처럼 지역사회의 자원과 협력을 활용하면 영유아교육의 범위를 확장할 뿐만 아니라, 영유아와 지역사회의 상호작용을 강화하고 영유아가 공동체의 일원으로 성장할 수 있는 발판을 마련할 수 있다.

[그림 9-3] 약국과 문구점 방문을 통한 지역사회 연계 활동 경험

3) 지역사회 중심 영유아교육의 실천 방안

지역사회 중심 영유아교육은 영유아교육기관이 지역사회의 자원과 네트워크를 활용하여 영유아의 전인적 발달을 지원하고, 영유아가 지역사회의 일원으로 성장할 수 있도록 돕는 교육 접근 방식이다. 이는 영유아들에게 지역사회에 대한 소속감과 책임감을 심어주며, 지역 문제 해결에 참여할 수 있는 기회를 제공한다. 본 실천 방안은 영유아교육기관이 지역사회와 협력하여 영유아들에게 풍부한 학습 환경과 경험을 제공하는 구체적인 전략을 제시한다.

(1) 지역 자원 활용의 중요성

지역사회는 영유아교육에 필요한 다양한 자원을 제공할 수 있는 중요한 환경이다. 도서관, 박물관, 공원, 농장 등 공공시설은 영유아들이 실제 경험을 통해 학습할 수 있는 기회를 제공한다. 예를 들어, 도서관과 협력하여 독서 프로그램을 운영하거나, 농장을 방문해 자연과 생태를 체험할 수 있는 활동을 기획할 수 있다. 이러한 활동은 영유아들이 지역사회를 이해하고, 자연과 상호작용하며 성장하는 데 도움을 준다. 또한, 지역사회의 인적 자원은 영유아교육 프로그램의 다양성을 확대할 수 있는 중요한 요소다. 예를 들어, 지역 예술가와 협력해 예술 교육을 진행하거나, 환경 전문가와 함께 환경보호 교육을 실시함으로써 영유아들에게 전문적이고 풍부한 학습 경험을 제공할 수 있다. 이를 통해 영유아교육기관은 지역사회의 자원을 적극적으로 활용하고, 교육의 질을 높일 수 있다.

(2) 지역사회와의 협력 프로그램

영유아교육기관은 지역사회와의 협력을 바탕으로 다양한 프로그램을 운영할 수 있다. 지역 축제나 행사에 참여해 영유아들이 지역사회의 일원으로 활동할 기회를 제공하고, 지역 농가 체험, 환경 정화 활동, 지역 역사 탐방 등 공동 활동을 통해 영유아들이 지역사회의 가치를 배우도록 돕는다. 이러한 협력은 영유아들에게 지역사회와의 연계를 강화하고, 사회적 책임감을 심어주는 데 기여한다.

지역사회와의 협력은 단순히 활동에 참여하는 것을 넘어, 지역사회 문제를 해결하는 공동 프로젝트로 발전할 수 있다. 예를 들어, 지역의 환경 문제를 해결하기 위한 캠페인에 참여하거나, 지역의 전통문화를 보존하기 위한 프로젝트를 통해 영유아들이 지역사회와 상호작용하며 성장할 기회를 제공한다.

〈표 9-5〉 지역사회 연계 활동 연간 프로그램(예시)

월	영아	유아	활동내용
3	영덕 레스피아 공원에 가요	이야기 할머니	어린이집 : 어린이집 주변 레스피아 공원 둘러보기 가 정 : 부모님과 함께 어린이집 레스피아를 걸어요 어린이집 : 할머니가 들려주시는 이야기 들어보기
4		은행에 가요	어린이집 : 내가 직접 은행에 저축하기 가 정 : 나의 저축 금액 연간 계획안 작성해보기
5	흥덕 플리마켓에 동참해 보아요	도서관에 가요	어린이집 : 흥덕 플리마켓 둘러보기 가 정 : 부모님과 함께 동네 놀이터를 둘러보아요 어린이집 : 도서관에 가서 책을 읽어요 가 정 : 부모님과 함께 도서관에서 좋아하는 동화책 읽어요
6		꽃가게에 가요	어린이집 : 어린이집 주변 꽃가게에 가서 꽃을 둘러보고 이웃에 인사해요 가 정 : 부모님과 함께 꽃가게에 가서 마음에 드는 꽃을 구매해요
7	ESG 미니 캠페인을 실천해요	이야기 할머니	어린이집 : 지구를 보호하기 위해 할 수 있는 일을 알아봐요 가 정 : 부모님과 일회용품 사용을 줄여요 어린이집 : 할머니가 들려주시는 이야기 들어보기 가 정 : 부모님과 함께 동화책 읽어보기
8		교통박물관에 가요	어린이집 : 교통박물관에 어떤 곳인지 소개하기 가 정 : 부모님과 함께 드라이브 가요
9	광교 호수 공원으로 가을 나들이 가요	빵 가게에 가요	어린이집 : 광교 호수 공원으로 가을 나들이 가요 가 정 : 부모님과 함께 광교 호수 공원으로 나들이 가며 가을을 느껴요 어린이집 : 우리 원 주변에 있는 빵집 둘러보고 빵 사오기 가 정 : 부모님에게 빵집에 가본 경험 이야기하기

10		은행원을 만나요	어린이집 : 그동안 저금한 금액 살펴보기 가 정 : 부모님과 나의 저축 금액 연간 계획안 살펴보기
11	베이커리를 가요	환경 캠페인을 해요	어린이집 : 재활용으로 나만의 작품을 만들어요 가 정 : 부모님과 함께 분리수거해요
12		우체국에 가서 편지를 보내요	어린이집 : 우체국이 하는 일 소개하기 가 정 : 부모님과 함께 우체국에서 물건을 보내기 어린이집 : 우리 원 주변에 있는 빵집 둘러보아요 가 정 : 부모님과 빵집을 방문해 좋아하는 빵을 구매해요
1	어린이집 건물 미화원 선생님께 감사의 마음을 전해요	마트에 가요	어린이집 : 마트에는 어떤 물건들이 있는지 둘러보아요 가 정 : 내가 꼭 필요한 물건을 마트에서 구매해요 어린이집 : 미화원 선생님께 감사한 마음을 전해요 가 정 : 부모님과 함께 감사한 이웃에게 감사 인사를 해요
2		초등학교에 가요	어린이집 : 초등학교가 어떤 곳인지 소개하고 교실을 둘러보아요 가 정 : 초등학교 용품을 사며 미리 준비해요

출처: 홍덕IT밸리직장어린이집(2024). 지역사회 연계 활동 연간 프로그램. 어린이집 연간 보고서.

[그림 9-4] 환경 정화 활동과 재활용품을 이용한 놀이

(3) 가정과 지역사회의 연결

영유아교육기관은 가정과 지역사회를 연결하는 중요한 매개체 역할을 한다. 부모 참여 프로그램은 가정과 지역사회를 연결하는 효과적인 방법이다. 예를 들어, 부모와 영유아가 함께 참여하는 환경보호 활동이나 지역사회 봉사 활동은 부모와 지역사회의 유대를 강화하며, 영유아들에게 긍정적인 롤모델

을 제공한다. 또한, 지역사회 내 다양한 자원을 활용해 부모 교육 세미나를 개최함으로써 부모들이 지역사회의 자원을 더욱 효과적으로 활용할 수 있도록 돕는다.

[그림 9-5] 지역사회와 함께 하는 플리마켓과 기부모금

(4) 지속 가능한 영유아교육 실천

지역사회 중심 영유아교육은 지속 가능한 발전을 위한 교육의 일환으로, 영유아들이 환경과 사회에 대한 책임감을 배우고 실천할 수 있도록 돕는다. 영유아교육기관은 재활용 캠페인, 자원 절약 교육, 지역 환경보호 활동 등 지속 가능한 실천을 영유아교육 프로그램에 포함시킬 수 있다. 이러한 활동은 영유아들이 어릴 때부터 지속 가능성의 가치를 배우고, 지역사회와 환경에 기여할 수 있는 태도를 형성하는 데 기여한다.

[그림 9-6] 지속 가능한 영유아교육 실천과 캠페인 활동

〈표 9-6〉 지속가능발전교육 연간 프로그램(예시)

월	생활주제	소주제	ESD활동명 / 활동목표
3	그린나래반과 친구들	생명윤리	- 활동명: 방울토마토를 심어요 목표: 친구들과 함께 식물을 기르며 식물의 성장 과정을 배우고, 자연과 함께 생활하는 방법을 익힌다.
4	봄과 동식물		- 활동명: 동물복지 인증제품으로 요리해요 목표: 동물복지 인증제품이란 무엇인지 알아보고, 동물복지 인증제품으로 요리활동을 해본다.
5	우리 가족	자원순환 탄소	- 활동명: 흥덕 플리마켓에 참여해요 목표: 물건의 재사용과 순환을 통해 친환경에 관심을 갖는다.
6	우리 동네		- 활동명: '환경의 날' 우리동네 줍깅 목표: 쓰레기를 줍는 활동을 통해 지역사회의 환경을 깨끗하게 만든다.
7	신나는 여름	환경보전 지구온난화	- 활동명: 빗물 저금통을 만들어요 목표: 물 자원의 소중함을 인식하고 물을 절약하는 방법을 배운다.
8	내가 좋아하는 교통기관		- 활동명: 걷기 챌린지 목표: 걷기와 같은 친환경적인 교통수단의 장점에 대해 안다.
9	얼쑤! 우리나라	생태계	- 활동명: 숲 체험 목표: 자연의 다양한 생명체와 살아가는 환경을 이해하고, 자연과의 관계를 형성한다.
10	알록달록 가을		- 활동명: 새를 위한 나무집을 만들어요 목표: 동물들이 어떤 환경에서 살고, 필요로 하는 자원이 무엇인지 안다.
11	그린나래반 환경지킴이	에너지 새활용	- 활동명: 소등의 날 목표: 세계적인 에너지 위기 상황에서 이를 해결하기 위해 작은 행동을 실천한다.
12	겨울나기		-활동명: 나만의 에코 장난감을 만들어요 목표: 폐품을 이용해 장난감을 만들어보며, 자원 절약과 재활용의 중요성을 배우고, 쓰레기를 줄이는 실천 활동을 경험한다.
1	뚝딱뚝딱 생활도구	지구를 위한 다짐	- 활동명: 지구를 위한 다짐 목표: 유아들이 실천할 수 있는 구체적인 행동 다짐을 통해 환경 보호에 대한 의식을 고취시킨다.
2	우리들의 일년		- 활동명: 지구를 위한 작은 실천 캠페인 목표: 구체적인 실천 목표를 세우고, 실천 결과를 확인하며 지속 가능한 행동을 위한 캠페인을 진행한다.

출처: 홍덕IT밸리직장어린이집(2024). 지속가능발전교육 활동 프로그램. 어린이집 연간 보고서.

생각해 봅시다

1. 현대사회의 변화(산업화, 도시화, 정보화, 가족구조 변화) 속에서 영유아교육기관의 역할은 어떻게 변화해야 할까? 영유아교육기관이 가정과 사회의 요구를 동시에 충족시키기 위해 어떤 노력이 필요할지 이야기해 봅시다.

2. 경제적 격차와 교육 기회 불평등이 영유아 발달에 미치는 영향을 논의하고, 영유아교육의 공공성을 강화하기 위한 구체적인 방안을 제안해 봅시다.

3. 지역사회의 자원 활용과 영유아교육기관의 협력 사례를 바탕으로, 영유아교육이 지역사회의 발전과 영유아 발달에 동시에 기여할 수 있는 방안을 토의해 봅시다.

참고문헌

김영미(2020). 맞벌이 가정을 지원하기 위한 유아교육기관의 역할. 유아교육연구, 30(4), 245-263.

뉴스1(2018.11.22.). 강원교육청, '강원도 유아교육 공공성 강화 추진단 협의회' 22일 개최. https://edu.donga.com/news/articleView.html?idxno=38308. 검색일: 2025년 1월 13일.

박민정(2022). 팬데믹 이후 유아교육의 정신건강 지원 방안. 아동심리연구, 29(2), 178-195.

박은영(2020). 교육 기회 불평등 완화를 위한 공공 유아교육의 역할. 교육정책연구, 15(3), 89-105.

유엔환경계획(UNEP) 한국위원회(2023). 2030 지속가능발전목표 국문본. 서울: 환경부.

이수정(2018). 산업화와 도시화가 사회에 미친 영향. 서울: 창지사.

이정은(2018). 공공 유아교육기관의 역할과 발전 방향. 유아교육연구, 38(2), 221-235.

통계청(2023a). 경제활동인구조사 및 가구동향조사. 서울: 통계청.

통계청(2023b). 인구동향조사 및 생명표 통계. 서울: 통계청.

홍덕IT밸리직장어린이집(2023). 지속가능발전교육 및 지역사회 연계 활동 연간 프로그램. 어린이집 연간 보고서.

최은영(2020). 영유아기 지속가능발전교육 실천 방안 연구. 육아정책연구소.

Cherlin, A. J. (2010). *The marriage-go-round: The state of marriage and the family in America today*. New York: Vintage Books.

Giddens, A. (2006). *Sociology*. Cambridge: Polity Press.

Lee, J. (2018). Sustainable development education for early childhood: Concepts and strategies. *International Journal of Early Education Research, 20*(2), 145-160.

Moore, G. T., & Wong, H. H. (1997). Natural learning: Creating environments for rediscovering nature's way of teaching. *Children, Youth and Environments, 14*(2), 16-25.

UNESCO(2014). UN Decade of Education for Sustainable Development (2005–2014) Final Report. Paris: UNESCO.

UNICEF(2021). State of the world's children: Promoting mental health. New York: UNICEF.

WHO(2021). Mental health and COVID-19: Early evidence of the pandemic's impact. Geneva: World Health Organization.

World Bank(2020). Women in the workforce: Increasing participation and advancing equality. Washington, D.C.: World Bank.

Chapter

10

유아교육 프로그램

유아교육 프로그램은 영유아의 발달 단계에 맞는 교육 철학과 방법을 제시하며, 전 세계적으로 다양한 형태로 발전해 왔다. 각 프로그램은 고유한 교육 철학을 기반으로 설계되었으며, 지역적 특성과 사회적·문화적 맥락을 반영하여 영유아의 전인적 발달을 지원한다. 이 장에서는 대표적인 유아교육 프로그램인 프로젝트 접근법, 발도르프 교육, 몬테소리 프로그램, 레지오 에밀리아 접근법, 숲 프로그램, 생태친화보육을 중심으로 각 프로그램의 개요와 교육 철학, 주요 특징, 그리고 교육 방법을 논리적으로 정리하여 설명하고자 한다.

학습목표

1. 다양한 유아교육 프로그램의 철학과 특징을 이해한다.
2. 영아와 유아를 대상으로 하는 프로그램의 차이점을 이해하고, 각 발달 단계에 맞는 교육 방법을 적용할 수 있다.
3. 유아교육 프로그램을 통해 현대 유아교육이 추구하는 방향성을 인식한다.

1. 프로젝트 접근법(Project Approach)

존 듀이(John Dewey)
미국, 1859–1952

프로젝트 접근법은 유아의 흥미와 호기심을 바탕으로 실생활과 연계된 주제를 심도 있게 탐구하도록 돕는 학습자 중심의 통합적 교육 방법으로 킬패트릭(W. H. Kilpatrick)의 구안법에서 영향을 받아 캣츠(L. Katz)와 차드(S. Chard)에 의해 체계적으로 발전되었다. 프로젝트 접근법은 유아가 직접 주제를 선택하고 이를 해결하는 과정에서 능동적으로 학습에 참여하며 사고력, 창의성, 문제 해결 능력을 키우는 데 중점을 둔다(김영민, 2021, 최경숙, 2019, 김경철, 2020). 프로젝트 접근법에서 "방법" 대신 "접근법"이라는 용어를 사용하는 이유도 학습 주제와 상황에 따라 다양한 방식으로 접근할 수 있는 유연성을 강조하기 위함이다(문연심, 2014).

프로젝트 접근법은 기존의 단원 중심 수업 방식이 갖는 한계를 극복하기 위해 등장했다. 단원 중심 수업이 분절된 지식을 주입식으로 전달하는 반면, 프로젝트 접근법은 유아에게 능동적이고 자발적인 학습 참여를 장려하며 학습 과정에서 각 활동 간에 유기적인 관련성을 부여하여 주제에 대한 깊이 있는 탐구를 가능하게 한다(문연심, 2014). 이를 통해 유아는 자신의 경험을 토대로 지식을 구성하며 실생활 문제를 해결할 수 있는 역량을 기르게 된다. 프로젝트 접근법은 존 듀이(John Dewey)의 실험적 교육 철학에 뿌리를 두고 있다. 듀이는 학습은 실제 경험과 연결되어야 하며 학습자가 주체적으로 참여하는 과정을 통해 진정한 지식을 얻는다고 보았다. 이러한 철학을 기반으로 프로젝트 접근법은 유아가 학습 주제와 관련된 다양한 활동에 참여하고, 그 과정을 통해 경험적 학습을 심화하도록 설계되었다.

1) 프로젝트 접근법의 주요 특징

(1) 유아 주도적 학습

프로젝트 접근법의 핵심은 유아가 학습의 주체가 된다는 점이다. 유아는 자신이 흥미를 느끼는 주제를 선택하고 그 주제를 탐구하기 위한 계획을 세운다(최경숙, 2019). 이러한 과정에서 유아는 스스로 질문을 던지고 정보를 수집하며 탐구한 내용을 정리하고 발표하는 과정을 통해 지식을 습득한다.

(2) 실생활과 연계된 학습

프로젝트는 실생활과 밀접한 주제를 다루며 유아가 실제로 경험할 수 있는 문제를 중심으로 학습이 이루어진다(김경철, 2020). 유아는 주제를 탐구하는 과정에서 교실 안팎의 다양한 자료와 경험을 활용하고 이를 통해 학습의 의미를 깊이 이해하게 된다. 실생활과 연계된 학습은 유아가 학습 내용을 실제 생활에서 적용할 수 있도록 돕는다.

(3) 장기적인 탐구 과정

프로젝트 접근법은 장기적인 탐구 과정을 강조한다. 유아는 단기간의 활동이 아닌 특정 주제에 대해 심층적으로 탐구하며 프로젝트는 몇 주에서 몇 달 동안 지속될 수 있다(최경숙, 2019). 이 과정에서 유아는 자신의 학습을 단계적으로 발전시키며, 문제를 다양한 관점에서 해결할 기회를 가진다.

(4) 협력적 학습

프로젝트 접근법에서는 협력적 학습이 중요한 요소이다. 유아들은 그룹으로 활동하며 서로의 의견을 공유하고 함께 문제를 해결한다. 협동 작업을 통해 유아는 사회적 기술을 습득하고 자신의 의견을 표현하고 조정하는 법을 배운다(최경숙, 2019). 그룹활동을 통해 유아는 협력과 타협의 가치를 배워 나간다.

2) 교육 방법과 교사의 역할

프로젝트 접근법에서 교사는 유아의 학습을 안내하고 지원하는 조력자 역할을 한다. 교사는 직접적인 지시나 설명을 하지 않고 유아가 스스로 문제를 탐구할 수 있도록 질문을 던지고 자료를 제공하는 등 학습 환경을 조성한다. 또한 유아가 탐구 과정에서 겪는 어려움을 해결할 수 있도록 돕고 필요한 자원을 제공하며 학습을 촉진하는 역할을 한다. 교사는 유아의 관심사를 관찰하여 프로젝트 주제를 설정할 수 있도록 돕고 유아가 주제에 대해 깊이 탐구할 수 있도록 다양한 활동을 제안해 간다. 프로젝트의 시작부터 끝까지 교사는 유아와 함께 학습 과정을 공유하며 유아의 사고력과 창의적 탐구를 적극적으로 돕는다.

세계 여러 나라　　우리나라　　옛날과 오늘날

[그림 10-1] 생각 모으기 작업을 거치는 프로젝트 접근법

2. 발도르프 교육

루돌프 슈타이너
(Rudolf Steiner)
독일, 1861–1925

발도르프 교육은 1919년 루돌프 슈타이너(Rudolf Steiner)에 의해 창시된 유아교육 프로그램으로 영유아의 전인적 발달을 목표로 한다. 슈타이너의 철학적 사상인 인지학(Anthroposophy)에 기초한 이 교육은 인간을 신체, 정신, 영혼이 조화를 이루는 통합적 존재로 보고 이 세 가지가 균형 있게 발달하도록 돕는

것을 지향한다.

발도르프 교육은 특히 예술, 상상력, 창의성을 중심으로 한 학습 환경을 제공하며 영유아가 자율적이고 창의적인 학습을 통해 자신의 가능성을 온전히 발휘할 수 있도록 설계되었다. 슈타이너는 괴테의 자연관과 인간관에 영향을 받아 자연과학과 정신과학을 융합하며 신체적 발달, 정신적 성장, 영적 탐구가 통합적으로 이루어지는 교육 철학을 발전시켰다(김미숙, 2020). 그는 각 발달 단계에 적합한 경험을 통해 아이들이 단순히 지식을 습득하는 것을 넘어 전인적 성장을 이루어야 한다고 보았다.

발도르프 교육은 1차 세계대전 이후 산업화와 전쟁으로 인해 아동이 방치되던 사회적 문제를 해결하기 위해 시작되었다. 당시 독일에서는 산업혁명으로 노동 계층이 증가하고 전쟁의 여파로 교육이 획일적이고 비인간적으로 운영되었다. 이러한 상황에서 독일 슈투트가르트의 담배공장 사장 에밀 몰트만은 노동자 자녀들에게 더 나은 교육 환경을 제공하고자 했고 슈타이너의 교육 철학에 공감하여 1919년 최초의 발도르프학교를 설립했다. 이 학교는 기존의 획일적인 국가 주도 교육을 넘어 아동의 개별 특성과 발달 속도를 존중하는 대안적 교육으로 출발했다(박찬옥, 김낙흥, 구수현, 이옥임, 노희연, 이선영, 2014). 슈타이너는 인간이 자유롭고 창의적인 존재로 성장하려면 단순히 지식을 주입받는 것을 넘어 신체적, 정신적, 영적 성장이 조화롭게 이루어져야 한다고 보았다.

1) 발도르프 교육의 주요 특징

(1) 발달 단계 중심 교육

발도르프 교육은 영유아의 발달 단계를 세 단계로 구분하여 각 단계에 맞는 교육을 제공한다. 첫 번째 단계(유아기, 0-7세)에서는 신체적 발달과 모방을 통한 학습을 강조하며, 두 번째 단계(아동기, 7-14세)에서는 상상력과 감정 발달을 중심으로 한 예술적 학습이 이루어진다. 세 번째 단계(청소년기, 14세 이후)에서는 논리적 사고와 비판적 사고가 발달하며 이 단계에서는 더욱 심화된 학습이 이루어진다(김미숙, 2020).

(2) 예술과 놀이 중심 교육

발도르프 교육에서 예술 활동과 놀이가 교육의 중심을 차지한다. 특히 유아기에는 그림 그리기, 노래 부르기, 손작업 등 예술적 활동을 통해 유아의 상상력과 창의성을 자극하며 이를 통해 감각과 정서적 발달을 돕는다. 유아는 다양한 재료를 사용한 창작 활동을 통해 자신을 표현하고 놀이를 통해 사회적 기술을 익히게 된다.

(3) 리듬과 반복성 중시

발도르프 교육에서는 영유아가 안정감을 느끼고 예측 가능한 환경에서 학습할 수 있도록 일상생활에서 리듬과 반복성을 강조한다. 하루의 일과뿐만 아니라 계절의 변화, 연중행사 등도 교육과정에 반영되어 영유아가 자연스럽게 환경과의 연속성을 경험할 수 있다.

(4) 자연과의 연계

발도르프 교육에서는 자연과의 상호작용을 중요시하며 자연 속에서의 경험을 통해 영유아가 감각을 발달시키고 세상을 이해하도록 돕는다. 특히 자연 소재를 이용한 놀이와 학습을 통해 영유아가 자연의 변화와 주기를 배우고 환경에 대한 감수성을 기르게 한다. 발도르프 교실에서는 플라스틱이나 인공적인 재료보다는 자연 재료를 사용하며 영유아가 직접 자연을 경험할 수 있는 기회를 많이 제공한다.

2) 교육 방법과 교사의 역할

발도르프 교사는 영유아의 발달 단계에 맞는 교육을 계획하고 영유아가 스스로 학습할 수 있도록 지원하는 역할을 한다. 교사는 지시자가 아닌 안내자 역할을 하며 영유아가 학습 과정을 통해 자발적으로 성장할 수 있도록 돕는다. 특히 발도르프 교육에서는 교사와 영유아의 깊은 신뢰 관계를 형성하는 것을 중시하며 교사들은 영유아의 전인적 발달을 지원하는 책임감을 가지고 교육에 임한다. 교사는 수업에서 지적 학습보다 예술적, 신체적 활동을 중심으로 영유아의 상상력을 자극하며 학습 과정 자체가 예술적 경험이 되도록 이끌어간다(정수진, 2021). 발도르프 교실에서는 교사의 권위보다는 영유아의 자율성을 존중하는 분위기가 조성되며 영유아가 자신만의 방식으로 학습을 확장할 수 있도록 돕는다.

편안한 분위기 식당

따뜻한 분위기 교실

목공작업실

[그림 10-2] 발도르프 유치원 환경

출처: 솔숲 발도르프 킨더가르텐 https://solsoop.modoo.at/?link=co56t9sv.
검색일: 2025년 1월 14일

3. 몬테소리 프로그램

몬테소리 프로그램은 이탈리아의 의사이자 교육학자인 마리아 몬테소리(Maria Montessori)가 제안한 아동중심 교육 철학을 바탕으로 한다. 몬테소리는 유아를 독립적이고 능동적인 학습자로 보며 스스로 학습하고 성장할 잠재력을 가진 존재로 이해했다. 특히 영유아가 환경과의 상호작용을 통해 "흡수정신(absorbent mind)"을 발달시키며 학습 자료와 환경을 스스로 탐색하고 선택할 수 있도록 지원해야 한다고 강조했다.

마리아 몬테소리
(Maria Tecla Artemisia Montessori)
이탈리아, 1870-1952

몬테소리는 정신과 의사로 일하며 정신적 결함이 있는 아이들을 관찰하면서 적절한 교육 환경과 활동이 발달에 중요한 역할을 한다는 가능성을 발견했다. 그녀는 프랑스의 의사 이타르(Itard)와 세갱(Seguin)의 영향을 받아 정신적 결함은 의학적 문제라기보다는 교육 방법의 문제일 가능성을 실험적으로 증명하고자 했다. 2년간의 실험을 통해 그녀는 자극적인 환경과 목적 있는 활동이 정신지체 아동의 인지적 성장을 촉진할 수 있음을 확인하고 교육이 가진 가능성을 새롭게 인식하게 되었다. 이후 몬테소리는 이러한 연구를 바탕으로 일반 영유아교육으로 관심을 확장하며 모든 아이들이 스스로 배우고 성장할 수 있는 환경을 만들어야 한다고 보았다. 1907년, 그녀는 로마의 저소득층 지역에서 "어린이의 집(Casa dei Bambini)"을 설립하여 자신의 교육 이론을 실천하기 시작했다. 여기서 몬테소리는 영유아가 발달 과정에서 특정 능력을 집중적으로 흡수할 수 있는 민감기(sensitive periods)가 있음을 발견했다. 몬테소리는 이러한 민감기에 적절한 교구와 환경을 제공해야 영유아들의 잠재력을 최대한 발휘할 수 있다고 보았다(박찬옥 외, 2014).

몬테소리 프로그램은 초기에는 특수교육에서 출발했지만 연구와 실천을 통해 일반 교육으로 확장되었으며 영유아의 발달 단계와 개별적 요구를 존중하는 독창적인 교육 철학으로 자리 잡게 되었다.

1) 몬테소리 프로그램의 주요 특징

(1) 준비된 환경(Prepared Environment)

몬테소리 프로그램의 교실은 영유아가 스스로 교구를 고르고 활용할 수 있도록 공간이 체계적으로 구성된다. 교구와 가구의 크기가 영유아 발달수준에 맞게 맞춰져 있으며 탐색과 실험을 용이하게 하는 구조로 설계된다.

(2) 교사의 역할: 안내자(Guide)

교사는 지식을 직접 전달하기보다 영유아의 흥미를 파악하고 그들이 교구를 효율적으로 사용할 수 있도록 돕는 안내자 혹은 관찰자로서 역할을 수행한다. 이는 비고츠키(Vygotsky)의 '근접발달영역(Zone of Proximal Development)' 개념과도 연관되며 영유아가 혼자 도달할 수 없는 학습을 필요한 도움만큼만 제공해 자율 학습을 촉진한다.

(3) 교구의 체계성 및 구조화된 활동

몬테소리 프로그램에 쓰이는 교구는 실생활 교육, 감각 교육, 수 교육, 언어 교육, 문화 교육 등 발달 영역별로 조직화되어 있다. 각 교구에는 명확한 학습 목표와 사용 방법이 있으며 독립적으로 반복 활동을 하면서 스스로 오류를 발견하고 수정할 수 있도록 고안되었다.

(4) 개별화 교육(Individualized Instruction)

영유아는 자신의 발달수준에 적합한 교구를 선택하여 자기 주도적으로 학습한다. 교사는 일률적인 수업을 진행보다 각 영유아의 특성과 학습 속도를 고려해 개별화된 지도를 한다.

(5) 내적 동기와 자기 통제

몬테소리 프로그램은 외적 보상이나 처벌 대신 영유아가 스스로 몰입하여 성취감을 느끼도록 함으로써 자기 통제와 자발적인 학습 동기를 강화한다.

2) 몬테소리 프로그램의 사례와 실제 활동

(1) 실생활 영역 활동

'물 붓기', '머리 땋기', '단추 끼우기' 등과 같은 일상적 동작을 통해 소근육 발달과 자립심을 기른다. 교실 안에 작은 주방 공간을 만들어 영유아가 직접

식기를 정리하거나 간단한 요리를 하도록 하여 실생활 기술을 익히게 하는 경우도 많다.

따르기　　머리 땋기　　단추 끼우기

[그림 10-3] 몬테소리 프로그램 실생활 교구

(2) 감각 교육 영역 활동

감각 교구로 대표적인 것은 '분홍탑', '갈색계단', '원기둥 꽂기' 등이다. 분홍탑은 크기가 다른 입방체 열 개를 순서대로 쌓으면서 크기 개념과 시각적 감각을 기르고 갈색계단은 두께가 다른 직육면체로 구성되어 무게와 부피 개념을 자연스럽게 터득하게 한다.

분홍탑　　갈색계단　　원기둥 꽂기

[그림 10-4] 몬테소리 프로그램 감각 교육 영역 교구

(3) 수 교육 활동

구슬이나 막대 교구 등을 통해 수량 개념을 체험적으로 익히고, 더 나아가 덧셈과 뺄셈, 곱셈과 나눗셈을 구체물로 시각화하며 학습한다. 몬테소리의 수 교구는 수량과 숫자를 대응시키는 원리를 강조하므로 추상적 개념을 구체적으로 체득하는 데 유용하다.

테이블 수막대

수카드

수 막대

[그림 10-5] 몬테소리 프로그램 수 교육 영역 교구

(4) 언어 교육 활동

모래판에 글자를 써 보고 손가락으로 따라 그리며 소리와 문자를 연결 짓는다. 이 과정에서 영유아는 음성언어와 문자를 자연스럽게 연계하며 어휘력을 확장한다. '이동 알파벳(Movable Alphabet)' 교구를 활용해 원하는 단어를 만들고 문장을 구성해 보는 활동도 대표적이다.

모래글자판

쓰기연습판

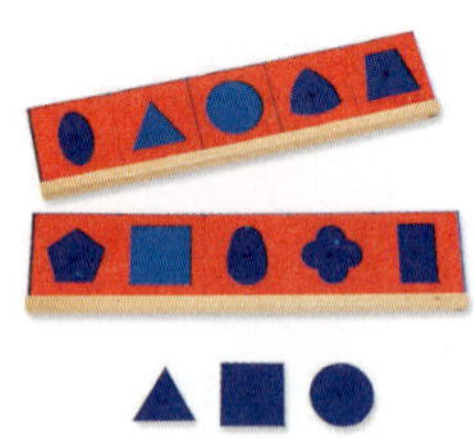

철판도형

[그림 10-6] 몬테소리 프로그램 언어 교육 영역 교구

(5) 문화 교육 활동

지도나 지구본 등 다양한 문화 교구를 통해 지리, 역사, 과학 등 폭넓은 학문을 접하도록 유도한다. 유아들은 자연스럽게 세계에 대한 이해를 넓히고 문화적 다양성을 존중하는 태도를 기른다.

모래 지구본 태양계 명칭 카드 동물퍼즐

[그림 10-7] 몬테소리 프로그램 문화 교육 영역 교구

4. 레지오 에밀리아 접근법

레지오 에밀리아 접근법은 이탈리아의 레지오 에밀리아 지역에서 시작된 영유아교육 프로그램으로 영유아를 능동적이고 유능한 학습자로 바라보는 교육 철학을 기반으로 한다. 2차 세계대전 이후 로리스 말라구찌(Loris Malaguzzi)에 의해 발전된 레지오 에밀리아 접근법은 영유아의 탐구 능력과 창의성을 존중하며 학습이 영유아의 흥미와 호기심에서 출발해야 한다고 본다. 레지오 에밀리아 접근법의 목적은 영유아가 표현적, 의사소통적, 인지적 언어를 통합하여 스스로 사고하고 문제를 해결하는 능력을 기르는 것과 사회적 관계와 환경 속에서 창의성과 잠재력을 최대한 발휘할 수 있도록 돕는 것이다.

레지오 에밀리아 접근법의 철학적 핵심은 영유아가 여러 가지 방식으로 자신을 표현하고 학습할 수 있다는 것이다. 이는 '100가지 언어(100 Languages of Children)'라는 개념으로 대표되며 영유아가 언어, 그림, 음악, 놀이 등 다양한

로리스 말라구찌
(Loris Malaguzzi)
이탈리아. 1920–1994

방법을 통해 자신의 생각과 감정을 표현할 수 있다는 점을 강조한다.

레지오 에밀리아 접근법은 영유아가 주변 세계와 상호작용하며 학습할 수 있는 환경을 중요시하며 교사는 학습을 주도하는 역할이 아닌 조력자이자 안내자로서 아동의 자율적인 학습을 돕는다(박정민, 2019). 또한 협력적 학습을 중시하여 또래, 교사, 부모와의 관계 속에서 학습이 이루어지는 것을 강조한다(김명희, 2018).

백 가지 언어

로리스 말라구찌

아이는
백 가지 언어와
백 가지 손과
백 가지 생각과
백 가지 방식으로
놀고, 이야기한다.

아이는
백 가지 언어를 가지고 있지만
(그리고 수백, 수천 가지 더)
99가지를 도둑맞는다.
학교와 문화라는 것이
몸에서 머리를 분리하고는,
아이에게 이렇게 말한다.
손 없이 생각하고
머리 없이 행하며
듣되 말하지 말고
기쁨 없이 이해하라고.
사랑하고 경탄하는 것은
오직 부활절과 크리스마스에만 하라고.

출처: Carolyn Edwards, Lella Gandini, George Forman 편집 ; 오문자, 김희진 옮김(2020). 어린이들의 수많은 언어: 변환 중인 레지오 에밀리아 경험. 서울: 파란마음.

1) 레지오 에밀리아 접근법의 주요 특징

(1) 영유아 중심 학습

레지오 에밀리아 접근법은 영유아의 자발적인 학습을 중시한다. 교사는 영유아가 스스로 탐구할 수 있는 주제를 설정하고 영유아의 호기심과 질문을 기반으로 학습 활동을 계획한다. 이 과정에서 영유아는 문제를 해결하고, 새로운 개념을 탐구하며 창의적으로 사고할 수 있다.

(2) 환경을 '제3의 교사'로 사용

레지오 에밀리아 접근법에서는 환경을 매우 중요한 학습 도구로 간주한다(최영숙, 2017). 물리적 환경은 영유아의 탐구를 지원하는 '제3의 교사'로서 작용하며 교실은 영유아의 호기심을 자극하고 자율적 활동을 할 수 있도록 설계된다. 환경은 영유아가 직접적인 경험을 통해 학습을 확장할 수 있도록 돕는다.

(3) 협력적 학습

레지오 에밀리아 접근법에서는 협력적 학습이 중요한 위치를 차지한다. 영유아는 또래와의 상호작용을 통해 사고를 확장하고 교사와의 협력을 통해 학습 과정을 더욱 깊이 있게 발전시킨다. 또한 부모 역시 중요한 학습의 동반자로서 참여하게 된다.

(4) 문서화 과정

레지오 에밀리아 접근법의 또 다른 중요한 특징은 문서화이다. 교사는 영유아의 학습 과정을 기록하고 이를 바탕으로 영유아의 발달을 반영하며 학습 계획을 세운다. 문서화는 학습 과정을 시각적으로 표현함으로써 영유아, 교사, 부모가 함께 학습을 반성하고 공유하는 데 중요한 역할을 한다.

2) 연령별 활동

(1) 영아반(Infants and Toddlers, 0~3세)

영아반에서는 주로 감각적 경험과 놀이를 통해 아동의 신체적, 정서적, 인지적 발달을 지원하는 활동이 이루어진다. 영아의 발달 속도와 특성에 맞추어 환경을 조성하며 영아의 자발적 탐구와 상호작용을 돕는 활동을 중심으로 진행된다.

① 감각 탐구 활동

영아들은 감각적 경험을 통해 세상을 탐구하고 이해하는 것이 중요하다. 영아반에서는 다양한 촉각, 시각, 청각 자극을 제공하는 활동이 이루어진다. 예를 들어 교실에 천이나 다양한 질감의 재료를 제공하여 영아가 다양한 재료를 만지고, 느끼고, 탐구할 수 있도록 한다. 또한 물과 모래, 물감 등의 재료를 이용하여 영아가 감각을 통해 세상을 경험할 수 있게 한다.

② 자유로운 신체 움직임

영아반에서는 영아의 자유로운 움직임을 매우 중시한다. 영아들이 기어다니거나 걸음을 연습할 수 있는 넓은 공간을 제공하여 영아의 신체 발달을 돕는다. 영아가 스스로 움직임을 통해 세상을 탐색할 수 있도록 환경을 조성하고 교사는 불필요한 개입을 하지 않으며 영아의 자율적 발달을 지지한다.

③ 빛과 그림자 놀이

빛과 그림자 놀이는 영아의 시각적 탐구를 자극하는 활동 중 하나이다. 교사는 영아들에게 투명한 물체나 빛을 활용하여 다양한 그림자를 보여주고 영아가 그 그림자를 탐구하고 관찰할 수 있도록 지원한다. 이 활동을 통해 영아는 시각적 자극을 경험하며 빛과 물체의 관계를 이해하는 감각적 인식을 발달의 기회를 갖는다.

④ 사회적 상호작용과 애착 형성

영아반에서는 교사와 영아, 그리고 또래 간의 사회적 상호작용을 매우 중요하게 여긴다. 영아들이 또래와 교사와의 상호작용을 통해 사회적 기술을 발달시킬 수 있도록 돕고 특히 교사와의 안정적인 애착 관계 형성을 지원한다. 돌봄 과정에서 교사는 영아에게 따뜻하고 민감한 반응을 보이며 이를 통해 영아는 신뢰감을 형성하고 정서적 안정을 느낄 수 있다.

⑤ 자연 탐구 활동

영아들도 자연을 탐구하는 활동을 즐긴다. 교사는 영아가 자연 속에서 다양한 물체를 탐구하고 느낄 수 있도록 돕는다. 예를 들어 영아들은 잎사귀를 만져보고 나무껍질의 질감을 느끼며 바람과 햇빛의 변화를 경험한다. 이러한 자연 탐구 활동은 영아의 감각 발달과 자연에 대한 긍정적인 인식을 키운다.

(2) 유아반(Preschoolers, 3~6세)

유아반에서는 아동의 자율성, 창의성, 협력적 학습을 중점적으로 다루며 다양한 탐구와 프로젝트 중심의 활동이 이루어진다. 유아들은 자신이 관심을 가지는 주제를 중심으로 활동을 주도하며 교사는 그 과정에서 지지하고 조력하는 역할을 한다.

① 프로젝트 학습

유아들이 흥미를 느끼는 특정 주제를 중심으로 프로젝트 학습이 진행된다. 예를 들어 유아들이 나비에 관심을 가지면 교사는 나비 프로젝트를 제안할 수 있다. 아이들은 나비의 서식지, 생태, 먹이 등을 탐구하고, 이를 바탕으로 그림을 그리거나 모형을 만들며 프로젝트를 통해 심층적인 학습이 이루어진다.

② 미술 및 조형 활동

레지오 에밀리아 유아반에서는 예술적 표현이 매우 중요하다. 유아들은 다양한 재료를 사용하여 자신의 감정과 생각을 표현하는 미술 및 조형 활동에 참여한다. 물감, 점토, 자연물을 사용한 작업을 통해 유아들은 감각적 경험과 함께 창의적 사고를 확장시킬 수 있다.

작업실 / 작업교구장 / 작업도구

가을 동산 / 기어가는 도마뱀 / 가위의 변신

[그림 10-8] 이탈리아, 레지오 에밀리아 센터

③ 자연 탐구

교실 내외에서 자연 탐구 활동이 활발하게 이루어진다. 예를 들어 유아들은 나무, 꽃, 돌 등 자연물을 관찰하며 계절의 변화를 배우고 다양한 동식물의 특징을 탐구한다. 이 과정에서 유아들은 자연에 대한 경이로움과 호기심을 키우고 자연을 소중히 여기는 태도를 기른다.

④ 협력적 놀이와 상호작용

유아반에서는 또래와의 상호작용을 통해 사회적 기술과 협력 능력을 기른다. 유아들은 작은 그룹을 이루어 협력적 놀이를 진행하며 서로 의견을 나누고 문제를 해결하는 법을 배운다. 예를 들어 유아들이 함께 큰 블록을 사용하여 마을을 만드는 활동을 할 수 있다. 협력 놀이를 통해 유아들은 협동심, 문제 해결 능력, 의사소통 기술을 발달시킨다.

⑤ 문서화 활동

유아반에서는 유아들이 직접 학습한 내용을 기록하고 반성할 수 있도록 문서화가 이루어진다. 교사는 유아들의 작업 과정을 사진으로 찍거나 유아들이 그린 그림을 설명하는 것을 기록하여 학습의 흔적을 남긴다. 문서화 활동을 통해 유아들은 자신의 학습 과정을 시각적으로 확인하고 반성하며 성취감을 느낄 수 있다.

5. 숲 프로그램(Forest School)

숲 프로그램은 영유아가 자연 속에서 자율적으로 탐구하고 놀이를 통해 학습할 수 있는 기회를 제공하는 교육 프로그램으로 1950년대 스웨덴과 덴마크에서 시작되었다. 숲 프로그램은 자연환경과의 상호작용을 통해 영유아의 신체적, 정서적, 사회적, 인지적 발달을 목표로 하며 자연을 완벽한 학습 환경으로 간주한다. 숲 프로그램에서 영유아는 자연 속에서 놀이와 탐구를 통해 문제 해결, 비판적 사고, 팀워크와 같은 중요한 기술을 자연스럽게 배우며 자율성과 창의성을 기르는 데 중점을 둔다. 이러한 과정을 통해 영유아는 자신이 자연의 일부임을 깨닫고 자연을 보호하고 사랑하는 태도를 형성하게 된다(박성희, 2020). 숲 프로그램은 영유아의 자율적 탐구와 창의적 학습을 촉진하며 자연환경에서의 경험을 통해 전인적 발달을 지원한다. 영유아는 자연 속에서 스스로 탐구하고 몰입하며 학습하는 과정에서 신체적 건강과 정서적 안정, 사회적 상호작용 능력을 향상시킨다. 특히 자연과의 상호작용을 통해 지속 가능한 자연환경에 대한 존중과 생태적 감수성을 기르며 자연을 보호하고 존중하는 태도를 배운다(김수진, 2021).

오늘날 숲 프로그램은 세계 여러 나라에서 인기 있는 유아교육 프로그램으로 자리 잡고 있으며 한국에서도 숲 유치원이나 숲 놀이 학교 형태로 도입되어 영유아의 정서적 안정과 신체적 발달을 돕는 효과적인 교육 방법으로 각광받고 있다(김수진, 2021). 숲 프로그램은 도시화된 현대 사회에서 자연과 떨어져 지내는 영유아들에게 자연과의 연결을 회복시켜 주는 동시에 자연을 보호하고 존중하는 태도를 형성하게 하여 지속 가능한 교육의 중요한 모델로 자리 잡고 있다(박성희, 2020).

1) 숲 프로그램의 주요 특징

(1) 자연환경에서의 학습

숲 프로그램의 가장 큰 특징은 자연 속에서 학습이 이루어진다는 점이다. 숲, 공원, 강가, 산 등의 자연 공간이 교실이 되며 영유아는 이곳에서 나뭇가지, 돌, 흙, 잎사귀 등 자연물을 활용하여 다양한 놀이와 학습 활동을 한다. 이러한 자연환경은 영유아의 호기심을 자극하고 탐구적 사고를 키우며 자연에 대한 긍정적인 태도를 형성하는 데 도움을 준다(김수진, 2021).

(2) 놀이 중심의 학습

숲 프로그램은 영유아가 자발적으로 놀이를 통해 학습하도록 장려한다. 놀이를 통해 영유아는 창의성을 발휘하고 문제 해결 능력을 기르며 동료들과 협력하는 법을 배우게 된다. 자연 속에서의 놀이 활동은 영유아에게 신체 활동을 증가시키고 스트레스를 줄이며 정서적 안정을 도모하는 긍정적인 효과를 가져온다(박성희, 2020).

돌멩이 그림

숲속 식물들

나무로 만든 놀이 공간

숲 유치원 전경

개인 손수건

곤충집

[그림 10-9] 독일, 숲 유치원

(3) 자율성과 책임감 강화

숲 프로그램은 영유아가 스스로 활동을 계획하고 실행할 수 있는 기회를 제공한다. 교사는 영유아의 자율적 활동을 지원하며 영유아가 스스로 선택하고 결정하는 과정을 통해 책임감을 배우게 한다. 이러한 자율성은 영유아의 자신감을 키우고 자신이 학습 과정의 주체임을 깨닫게 하는 데 중요한 역할을 한다.

(4) 장기적이고 지속적인 참여

숲 프로그램은 일반적으로 장기적으로 운영되며 자연에서 활동하는 시간이 포함된다. 영유아가 정기적으로 숲을 방문하고 계절의 변화를 경험하며 시간이 지남에 따라 자연과 더 깊은 연결을 형성하게 된다. 지속적인 참여는 영유아의 생태적 감수성을 높이고 자연에 대한 긍정적이고 존중하는 태도를 기르는 데 효과적이다(김수진, 2021).

(5) 위험을 통한 학습

숲 프로그램에서는 영유아가 적절한 위험을 감수하며 학습할 수 있도록 지원한다. 자연 속에서 발생할 수 있는 위험을 영유아 스스로 인식하고 문제를 해결하는 과정에서 영유아는 안전 의식과 문제 해결 능력을 기르게 된다. 교사는 이러한 과정에서 영유아를 관찰하며 필요한 경우에만 개입하여 영유아가 스스로 상황을 판단하고 대처할 수 있도록 돕는다.

2) 교육 방법과 교사의 역할

숲 프로그램에서 교사의 역할은 전통적인 교육과는 다르다. 교사는 영유아의 자율적 활동을 지원하는 '안내자' 역할을 하며 영유아가 자연 속에서 놀이와 탐구를 통해 배울 수 있는 기회를 제공한다. 교사는 영유아가 주도적으로 활동할 수 있도록 환경을 마련하고 영유아의 안전을 책임지며 영유아가 학습 활동에서 필요한 자료나 도구를 제공하는 역할을 한다. 또한 교사는 영유아의 탐구와 놀이 과정에서 적절한 질문을 던짐으로써 영유아의 사고를 확장시키고 새로운 관점을 제시하는 등 학습을 촉진하는 조력자 역할을 한다. 하지만 교사는 영유아의 놀이에 지나치게 개입하지 않고 영유아가 스스로 문제를 해결하고 학습할 수 있도록 자율성을 존중하는 것이 중요하다(김수진, 2021; 박성희, 2020).

6. 생태친화보육(Ecological Care)

생태친화보육은 영유아가 자연과의 상호작용을 통해 생태적 감수성을 키우고 환경에 대한 책임감을 배우도록 돕는 교육 방식이다. 생태친화보육은 자연 환경 속에서 영유아가 자발적인 경험을 통해 학습하며 자연의 일부로 자신을 인식하고 생태계의 균형을 유지하는 데 필요한 지식과 태도를 형성하는 데 중점을 둔다(김혜경, 2020). 생태친화보육은 인간과 자연의 상호의존성을 강조하며 영유아가 환경을 존중하고 보호하는 태도를 기를 수 있도록 이끈다. 이러한 철학은 지속가능한 발전(Sustainable Development)과도 밀접하게 연결되어 있으며 어릴 때부터 환경보호와 지속 가능한 삶의 중요성을 인식하도록 교육한다.

현대 사회에서 생태친화보육 방식은 환경보호와 지속가능성에 대한 관심이 높아짐에 따라 많은 유아교육기관에서 채택되고 있다. 기후 변화와 환경 오염이 심화되는 상황에서 생태친화보육은 영유아들에게 환경 문제를 인식시키고 미래 세대가 환경 보호를 실천할 수 있는 기초를 마련하는 데 기여하고 있다(박성희, 2020). 이러한 교육 과정을 통해 영유아는 환경에 대한 존중과 책임감을 갖추고 지속 가능한 삶을 위한 실천적 태도를 배울 수 있다.

생태친화보육 방식은 현대 유아교육에서 점차 중요한 교육적 접근으로 자리 잡고 있으며 영유아가 자연 속에서 자율적으로 탐구하고 자연과의 조화로운 관계를 형성하며 생태적 감수성을 기르는 효과적인 방법으로 주목받고 있다.

1) 생태친화보육 프로그램의 주요 특징

(1) 자연과의 상호작용

생태친화보육 프로그램에서는 자연 속에서의 경험이 교육의 핵심이다(박성희, 2020). 영유아는 자연 속에서 다양한 생태적 요소를 관찰하고 탐구하며 직접적인 상호작용을 통해 자연의 소중함을 배우게 된다. 이러한 경험은 영유아에게 생태적 감수성을 키우며 자연과 인간의 상호 관계를 이해하는 데 도움을 준다.

여름: 비 오는 날 숲 산책　　가을: 은행잎 놀이　　겨울: 숲 동물 먹이 달아주기

[그림 10-10] 사계절 변화에 따라 자연과 상호작용하는 영유아들

(2) 생태적 감수성 발달

이 프로그램은 영유아가 자연을 단순히 관찰하는 데 그치지 않고 생태계를 보호하고 지속 가능한 생활을 실천하는 데 필요한 감수성과 책임감을 기르는 데 주력한다. 예를 들어 영유아가 나무를 심거나 동물의 서식지를 관찰하고 보호하는 활동을 통해 자연 보호의 중요성을 체감하고 실천할 수 있다.

달팽이야 이거 먹어~　　자벌레가 기어가요　　배추흰나비 애벌레 안녕!

[그림 10-11] 교실과 숲, 텃밭에서 만나 작은 생명을 관찰하는 영유아들

(3) 환경친화적인 학습 환경

생태친화보육에서는 자연을 학습의 중요한 자원으로 활용하며 교실 환경도 자연친화적인 환경을 반영한다. 교실에서는 플라스틱과 같은 인공적인 자재 대신 자연 재료를 사용하는 것이 권장되며 실내와 실외의 경계를 허물어 자연 속에서 놀이와 학습이 이루어질 수 있도록 한다. 텃밭 가꾸기, 생태 관찰 구역 조성 등 자연친화적인 학습 공간을 만들어 영유아가 자연과 지속적으로 연결되도록 돕는다.

놀잇감으로 제공한 나무, 천, 실 / 자연물 관찰공간 / 차를 마시는 유아들

[그림 10-12] 자연친화적인 유아교육기관 실내와 실외 환경

(4) 지역사회와의 연계

생태친화보육 프로그램은 지역사회의 생태적 자원을 활용하여 영유아의 학습 경험을 확장한다. 지역의 숲, 공원, 강 등 자연환경을 교육 자원으로 삼아 영유아들이 지역 생태계의 다양성을 이해하도록 경험을 제공한다(이현주, 2021). 영유아는 다양한 경험을 통해 자신이 속한 지역사회와 자연환경이 밀접하게 연결되어 있음을 깨닫고 지역사회 내에서 환경보호의 중요성을 인식하게 된다.

(5) 일상생활 속 지속 가능성 실천

생태친화보육은 영유아가 일상생활에서 지속 가능한 행동을 실천하도록 지도한다. 예를 들어 쓰레기 분리수거, 재활용, 물 절약, 에너지 절약 등의 활동을 통해 영유아가 자원 순환과 에너지 보존에 대한 인식을 높이고, 일상생활 속에서 환경을 보호하는 실천을 하도록 교육한다.

[그림 10-13] 환경 음악회 포스터

재활용
: 우유팩과 폐칫솔을 모아요

장난감 병원
: 장난감 병원에 가요

전기에너지 절약
: 낮 한 시간 소등해요

[그림 10-14] 일상 속에서 자원 순환과 에너지 보존을 실천해 가는 영유아들

2) 교육 방법과 교사의 역할

생태친화보육에서 교사는 영유아가 자연과 긍정적인 상호작용을 할 수 있도록 돕는 안내자 역할을 한다. 교사는 자연에서의 학습 경험을 계획하고 제공하며 영유아가 스스로 자연의 원리와 생태적 중요성을 발견할 수 있도록 지원한다. 교사는 영유아의 호기심을 자극하여 자연 현상을 탐구하게 하고 영유아가 자율적으로 학습할 수 있도록 기회를 제공한다. 또한 교사는 영유아가 생태적 책임감을 기를 수 있도록 지속 가능한 행동에 대한 모범을 보이며 영유아가 자연 환경에서 스스로 선택하고 실천할 수 있도록 격려한다. 생태적 보육의 성공적인 운영을 위해 교사는 끊임없이 자연과 환경에 대한 지식을 업데이트하며 영유아와 함께 자연 보호 활동에 참여하는 것도 중요한 부분이다.

생각해 봅시다

1. 다양한 유아교육 프로그램(프로젝트 접근법, 발도르프 교육, 몬테소리 프로그램, 레지오 에밀리아 접근법, 숲 프로그램, 생태친화보육 등) 중 가장 관심 있는 프로그램이 무엇인지 선택하고, 그 이유를 이야기해 봅시다.

2. 숲 프로그램, 생태친화보육 등 자연환경을 중심으로 한 프로그램과 레지오 에밀리아 접근법, 몬테소리 프로그램처럼 교실 환경을 중시하는 프로그램이 있다. 이 프로그램들을 고려하여 교육 환경이 영유아 발달에 미치는 영향에 대해 토의해 봅시다.

참고문헌

김경철(2020). 유아교육개론. 경기: 공동체.

김명희(2018). 유아교육에서의 레지오 에밀리아 접근: 협력적 학습의 가치. 서울: 창지사.

김미숙(2020). 발도르프 프로그램의 발달 단계별 교육 효과 연구. 서울: 양서원.

김수진(2021). 유아 숲 프로그램의 이론과 실제. 서울: 교육사랑.

김영민(2021). 유아교육에서의 실생활과 연계된 프로젝트 학습의 효과성. 서울: 교육문화사.

김혜경(2020). 생태친화보육의 실제적 적용과 교육적 효과. 서울: 교육사랑.

문연심(2014). 영유아 프로그램 개발 및 평가. 경기: 공동체.

박성희(2020). 숲을 통한 생태교육과 유아 발달의 관계. 서울: 학문사.

박정민(2019). 레지오 에밀리아의 교사 역할 연구. 서울: 교육사랑.

박찬옥, 김낙흥, 구수현, 이옥임, 노희연, 이선영(2014). 영유아 프로그램 개발과 평가. 경기: 정민사.

솔숲 발도르프 킨더가르텐 https://solsoop.modoo.at/?link=co56t9sv 검색일: 2025년 1월 14일.

이기숙, 강수현(2014). 영유아 프로그램 개발과 평가. 경기: 정민사.

이현주(2021). 지역사회와 연계한 생태친화적 유아교육 프로그램 연구. 서울: 학문사.

정수진(2021). 유아교육에서의 발도르프 예술교육 접근법 연구. 서울: 학문사.

최경숙(2019). 프로젝트 접근법을 활용한 유아교육의 실제. 서울: 학문사.

최영숙(2017). 환경을 통한 유아교육: 레지오 에밀리아의 제3의 교사 개념. 서울: 학문사.

Carolyn, E., Gandini, L., & Forman, G. (Eds.). (2020). 어린이들의 수많은 언어: 변환 중인 레지오 에밀리아 경험 (오문자 & 김희진 공역). 서울: 파란마음.

Chapter

11

유아교육 평가

유아교육에서는 영유아의 발달 수준을 파악하고, 교육·보육 활동의 질과 효과를 판단하기 위해 놀이 관찰 및 평가, 영유아 발달 평가, 교사 평가, 교육기관 평가 등 다양한 평가가 이루어진다. 이러한 평가는 단순히 학습 결과를 판정하거나 분류하는 것을 넘어 교육 전반의 과정과 결과를 종합적으로 검토하고 개선하기 위한 포괄적인 활동을 포함한다. 평가는 교육목표의 달성 여부를 확인하고 활동의 효율성을 판단하며 의사결정을 위한 기초 자료를 제공하는 중요한 역할을 한다. 이를 통해 유아교육의 질적 향상에 돕는다. 또한 과학적이고 실증적인 평가 결과를 바탕으로 교육과정과 교육기관 운영을 개선하여 영유아의 전인적 성장과 발달을 효과적으로 지원한다(김미정, 박애자, 신성숙, 신은정, 석은조, 오정휘, 이춘옥, 2024; 김형철, 2020).

학습목표

1. 유아교육기관에서 이루어지는 평가의 의의와 필요성을 이해한다.
2. 영유아의 발달 및 교육과정에서 평가의 역할과 중요성을 인식한다.

유아교육에서는 영유아의 발달 수준을 파악하고 교육·보육 활동의 질과 효과를 판단하기 위해 놀이 관찰 및 평가, 영유아 발달 평가, 교사 평가, 교육기관 평가 등 다양한 평가가 이루어진다. 이러한 평가는 단순히 학습 결과를 판정하거나 분류하는 것을 넘어 교육 전반의 과정과 결과를 종합적으로 검토하고 개선하기 위한 포괄적인 활동을 포함한다. 평가는 교육목표의 달성 여부를 확인하고 활동의 효율성을 판단하며 의사결정을 위한 기초 자료를 제공하는 중요한 역할을 한다. 이를 통해 유아교육의 질적 향상에 돕는다. 또한 과학적이고 실증적인 평가 결과를 바탕으로 교육과정과 교육기관 운영을 개선하여 영유아의 전인적 성장과 발달을 효과적으로 지원한다(김미정, 박애자, 신성숙, 신은정, 석은조, 오정휘, 이춘옥, 2024; 김형철, 2020).

1. 교육과정 평가(놀이 관찰 및 평가)

영유아 놀이중심 교육과정의 핵심은 영유아의 놀이를 관찰하고 그 속에서 배움의 의미와 가치를 파악하는 것이다. 이를 통해 영유아의 인지적, 사회적, 정서적 발달을 지원하고 교육과정을 영유아의 경험과 연계할 수 있다. 2019 개정 누리과정에서는 영유아의 놀이가 배움의 중요한 요소로 인식되며 영유아의 놀이를 관찰하는 과정에서 그들이 무엇을 배우고 있는지, 어떤 경험을 하고 있는지를 파악하는 것이 중요하다(교육부·보건복지부, 2019). 교사는 영유아가 놀이에서 보여주는 행동과 상호작용을 관찰하고 놀이에 내재된 의미와 가치를 이해하여 교육적 지원을 제공해야 한다. 교사는 영유아의 놀이를 통해 영유아가 어떻게 배우는지 어떤 발달적 성취를 이루고 있는지를 확인할 수 있다.

놀이 평가의 목적은 영유아가 놀이를 통해 어떤 배움을 얻고 있는지 영유아의 발달을 어떻게 지원할 수 있을지 평가하는 것이다. 영유아의 놀이를 평가할 때에는 단순히 결과를 판단하기보다는 그 과정에서 나타나는 영유아의 감정, 상호작용, 창의성 등을 종합적으로 고려해야 한다(김향숙, 이경하, 한남주, 2024). 영유아의 놀이에서 관찰할 주요 사항은 영유아의 창의성, 사회적 상호작용, 감정 표현, 문제 해결 능력 등이다. 이러한 요소들은 영유아가 어떻게 성장하고 있는지 무엇을 배우고 있는지에 대한 중요한 단서를 제공한다. 교사는 이러한 놀이 관찰 결과를 바탕으로 영유아의 필요와 발달 단계에 맞는 적절한 지원을 제공하고 교육과정을 영유아의 경험과 연계하여 보다 효과적으로 실현할 수 있다.

(1) 일일 교육평가

일일 교육평가는 영유아의 놀이 관찰 및 이해를 바탕으로 환경, 자료, 상호작용 등의 놀이지원의 적절성과 활동 계획의 실행 여부를 평가하며 영유아 놀이의 확장 정도와 표준보육과정 및 누리과정 달성 정도를 점검한다. 또한 놀이 및 활동 평가와 총평을 통해 개선점과 놀이 지원 방향을 도출하여 다음 수업에 반영한다(서울특별시 교육청 유아교육진흥원, 2022).

(2) 주간·월간·연간 교육계획 및 놀이 평가

유아교육과정의 평가는 주간, 월간, 연간 단위로 이루어지며 각 평가 결과는 이후 교육계획에 반영된다. 주간 교육계획 평가는 매주 금요일 오후에 이루어지며 한 주간의 교육내용 진행 여부, 계획 외 추가 활동 일일 교육의 연계성을 검토하고 영유아의 반응, 흥미, 활동의 균형 등을 분석하여 다음 주 계획에 반영한다. 월간 교육계획 평가는 매월 마지막 주 금요일 또는 토요일에 실시하며 한 달간의 교육내용이 누리과정 5개 영역을 균형 있게 포함했는지, 영유아가 지식, 기술, 태도, 가치를 습득했는지, 그리고 주간 교육내용 간의 통합이 이루어졌는지를 검토하여 다음 달 및 다음 해의 연간 계획에 반영한다. 연간 교육계획 평가는 매년 2월에 진행하며 지난 1년간의 주제가 영유아의 발달과 흥미에 적합했는지, 시기적으로 적절했는지 검토하여 다음 해의 연간 교육계획에 반영한다.

일일교육계획안							
날 짜	23.03.03.	수업일수	1	연 령	만5세	반 명	하늘반
예상주제		친구		관련 생활주제		친구	

등원·간식	자유놀이	이야기 나누기	점심식사 및 양치	바깥놀이	새노래	평가·귀가

9시 10시 11시 12시 13시 14시

활동유형	내 용
이야기 나누기 새노래	친구 인터뷰하기 멋진 친구가 되는 방법

놀이실행안

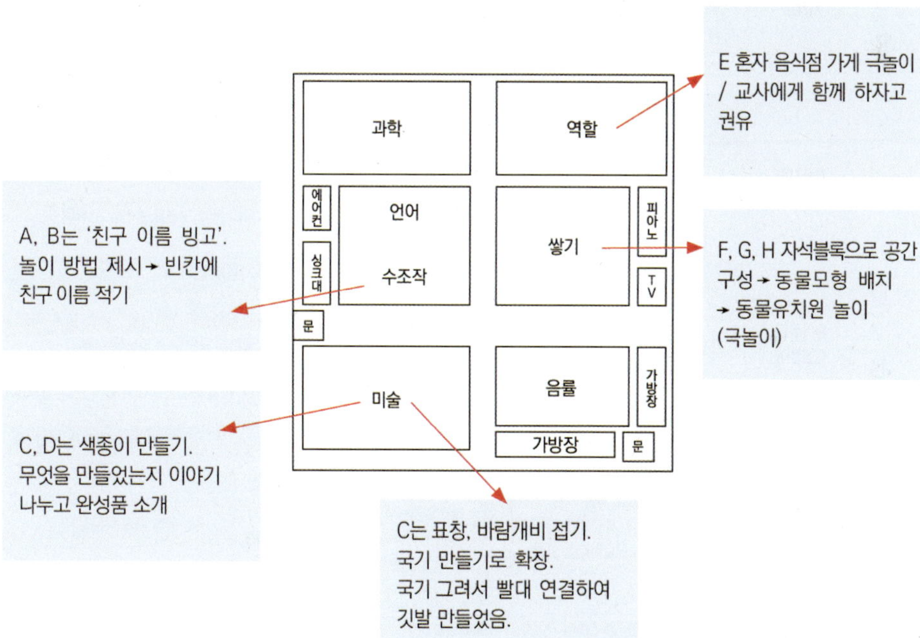

평가	친구 인터뷰를 통해 서로 묻고 답하며 신학기 새로운 학급의 친구들을 알아가는 시간 가졌음. 자유놀이 시간에도 친구 이름 빙고 등을 통해 연계 활동 실시 언어 발달과 더불어 사회성 발달 및 새로운 친구 관계 형성
교사지원	- 질문지 작성법 알려줌 - 인터뷰 장소 지원

일일교육계획안

2024.　　.　　.(　　)　　　　　　　　　　수업일수 :　　　　　/ 180

교육과정 관련요소	신체운동건강	안전하게 생활하기 : 일상에서 안전하게 놀이하고 생활한다.
	의사소통	듣기와 말하기 : 자신의 경험, 생각, 느낌을 말한다.
	사회관계	더불어 생활하기 : 서로 다른 감정, 생각, 행동을 존중한다.
	예술경험	창의적으로 표현하기 : 다양한 미술 재료와 도구로 자신의 생각과 느낌을 표현한다. 극놀이로 경험이나 이야기를 표현한다.
	자연탐구	생활 속에서 탐구하기 : 물체를 세어 수량을 알아본다.

일과 시간표	시간	활동명	내용
	~ 9:00	등원 및 유아맞이	
	9:00 ~ 10:30	자유놀이	가게놀이, 가게놀이를 위한 준비물 만들기, 점토놀이 등
	10:30 ~ 10:50	이야기 나누기	우리 동네에 있는 가게에 가 본 경험 이야기 나누기
	10:50 ~ 11:50	바깥놀이	모래놀이 (놀이 약속 이야기 나누기, 모래로 케이크 만들기)
	11:50 ~ 13:00	점심 및 양치질	
	13:00 ~ 13:20	음악	노래 - 우리 동네
	13:20 ~ 13:30	평가 및 귀가	

교사지원 실행활동	활동내용	평가
	가게놀이 간판 만들기	가게놀이 활성화를 위해 가게 간판 만들기를 교사가 제안하여 가게 이름, 꾸미기 방법 등에 대해 이야기 나눈 후 관련 자료 제공
	놀이와 연계된 노래	우리 동네에 있는 다양한 가게를 넣어 '우리 동네' 노래를 불러보고, 유아 스스로 노래를 개사하여 불러볼 수 있었음

유아주도 실행놀이	내용	교사 지원 및 평가
	가게놀이 중 아이스크림 가게 놀이에 흥미를 느껴 놀이 진행	- 아이스크림을 무엇으로 만들면 좋을지 유아들과 상호작용 : 점토, 블록, 역할놀이 도구 등을 이용하여 아이스크림을 다양하게 표현할 수 있도록 지원 - 가게 놀이를 위한 역할 정하기 : 유아들의 놀이 상황을 관찰한 후 각 역할의 특성이나 언어적 상호작용에 대해 교사의 시범 등을 통하여 놀이가 활성화되도록 지원

내일의 놀이 지원	유아요청	교사지원	기타지원(가정, 전문가, 견학 등)
	손님은 지갑도 있고 가방이 있어서 좋은데 아이스크림 가게 주인은 무언가로 표시를 하는 것이 필요하다는 요청	- 가게에 갔을 때 가게주인이 어떤 모습을 하고 있었는지에 대해 이야기 나누기 - 모자, 목걸이 등으로 표시하자는 의견에 따라 관련 소품 및 재료 지원	- 우리 동네 가게 방문하기

반성적 성찰
연령이 어린 유아들이다 보니 가게놀이 역할에 맞는 언어적 상호작용을 지도해야 했다. 그 때 교사가 직접 손님 또는 주인이 되어 언어적 지원을 해주다보니 교사가 먼저 적절한 언어적 표현 모델링을 통해 유아의 놀이를 지원해야겠다는 생각이 많이 들었다.

번	이름	관찰내용	기타사항
1	김00	가게놀이를 할 때 계속 주인을 하고 싶다고 하면서 친구들은 손님을 하도록 권유함	투약 13:00
2	박00	가게놀이에 관심을 보이지 않고 몇몇 남자친구들과 팽이놀이를 즐김	
3	이00	모래놀이 시 눈에 모래가 들어가서 응급처치 함	전화상담
4	한00	가게놀이 간판 만들기에 관심을 보이며 여러 가지 재료를 다양하게 활용하고, "선생님, 이걸로 꾸며도 돼요?"라고 물으며 적극적으로 활동에 참여함	

[그림 11-1] 일일보육계획안(일일교육평가)

출처: 서울특별시교육청 유아교육과(2023). 2024년도 유치원 신학기 도움자료 아는 만큼 보이고 보이는 만큼 실행하는 관찰 및 평가.

연간 교육계획 및 놀이 평가

학기	월	주	놀이 주제	놀이	평가
1	3	1	행복한 우리 반 건강과 안전	교실 탐험놀이 우리 반 친구들	- 처음 만난 친구들, 우리 반에 대해 궁금한 것에 대해 알아보고 학기 초 안전 및 건강에 관한 내용을 통해 1년 동안 학급을 운영하는 데 어려움이 없도록 실행 - 다른 놀이 주제가 진행될 때 시기에도 지속적으로 지도하면서 안전하고 건강한 학급이 될 수 있도록 운영할 예정
		2		우리 반이 궁금해요	
		3		나의 안전 우리의 안전	
		4		우리의 권리를 찾아라!	
		5		건강한 습관 만들기	
	4	1	봄	봄이라서 특별해요!	- 봄이 되면서 유아들이 가장 관심이 있는 달팽이와 꽃, 식물에 대한 놀이 진행 - 텃밭 작물을 심어보면서 여러 식물에 관심이 많아지고 식물을 사랑하는 마음을 내면화할 수 있었음
		2		달팽이놀이 우리 반 텃밭이 놀이	
		3		식물을 잘 가꾸려면	
		4		식물을 사랑해요	
	5	1	가족	가족을 사랑해요	- 가족의 달을 맞이하여 우리 가족을 소개하고 가족을 사랑하는 방법에 대해 함께 이야기 나누고 놀이로 풀어가면서 다양한 가족에 대한 편견을 갖지 않도록 진행할 수 있었음
		2		다양한 가족이 있어요	
		3		우리가족 소개하기	
		4		스스로 할 수 있어요	
	6	1	우리 동네	다양한 직업	- 직업의 다양함에 대해 알고 나의 꿈에 대해 표현해보면서 우리 동네에 다양한 사람들을 직접 만나봄 - 유치원에서 직업과 관련된 놀이를 진행하면서 직업의 특성, 역할 등에 대해 알고 친구들과 함께 역할을 나누는 과정도 경험함
		2		나의 꿈	
		3		우리 동네 사람들	
		4		우리 반 플리마켓	
		5		우리 동네 한바퀴	
	7	1	여름	여름철 날씨 여름 캠핑	- 여름이 되어 캠핑을 가는 유아들이 많아지면서 자연스럽게 캠핑놀이 시작 - 캠핑놀이 외 아이스크림가게놀이도 함께 병행되어 우리 동네 주제와 연계되어 놀이가 진행됨
		2		아이스크림 가게	
		3		여름방학 계획을 세워요	

학기	월	주	놀이 주제	놀이	평가
2	8	5	여름	즐거웠던 여름방학	- 개학 후 방학 지낸 이야기 실시
	9	1	우리나라	옛날옛날에 전래동화 속으로	- 추석이 맞이하여 우리나라 전래동화, 민속놀이를 직접 접해보고 유아 스스로 놀이를 창안해내고 추석 음식을 만들어보는 등 다양한 놀이가 이루어짐
		2		우리나라 민속놀이 1	
		3		우리나라 민속놀이 2	
		4		추석 상 차리기	
	10	1		한글날, 세종대왕	- 한글날 활동을 통해 한글의 소중함을 느낌
		2	세계 여러 나라	세계 여러 나라 인사, 국기	- 우리나라에 이어 다른 나라에 관심을 가지며 공통점과 차이점도 느끼고 특히 건축물에 큰 관심을 가지고 놀이함
		3		세계의 랜드마크	
		4		다른 나라의 놀이	
		5	가을	가을의 변화 (보물찾기 놀이)	- 다른 나라의 놀이를 하면서 자연스럽게 보물찾기 놀이를 통해 가을의 변화를 느낌
	11	1		자연물 놀이 (나는야, 다람쥐)	
		2		숲에서 놀아요	- 숲 놀이를 통해 다양한 자연물을 이용한 놀이를 즐김
		3		풍성한 가을	
		4	환경	재활용품의 변신	- 우리가 사용하는 다양한 물건 용기에 관심을 가지고 재활용하는 방법에 대해 알아보면서 더 나아가 지구 지키기 실천 활동으로 이어짐
	12	1		재활용VS새활용	
		2		지구를 지켜요	
		3	겨울 졸업	겨울의 변화	- 겨울의 변화에 따라 할 수 있는 겨울 놀이를 즐김 - 졸업을 앞두고 미리 초등학교에 대한 기대감을 갖도록 하고 파티를 하며 마무리함
		4		겨울철 놀이	
		5		초등학교가 궁금해요 졸업파티	

[그림 11-2] 연간교육계획 및 놀이 평가

출처: 서울특별시교육청 유아교육과(2023), 2024년도 유치원 신학기 도움자료 아는 만큼 보이고 보이는 만큼 실행하는 관찰 및 평가.

2. 영유아평가

1) 영유아평가의 목적

영유아평가는 영유아의 발달 상태와 학습 과정을 이해하고 이를 바탕으로 교육 활동을 효과적으로 계획하고 실행하기 위한 중요한 과정이다. 이는 단순히 학습 성취도를 확인하는 데 그치지 않고 영유아의 전인적 발달을 지원하며 개별적인 요구와 특성을 반영한 맞춤형 교육을 제공하는 데 목적이 있다. 구체적인 목적은 다음과 같다(최일선, 조윤주, 2024).

(1) 전인적 발달의 종합적 이해

영유아의 신체적, 인지적, 정서적, 사회적 발달을 종합적으로 파악함으로써 각 영유아가 가진 고유한 특성과 요구를 이해한다. 이를 통해 개별 영유아의 현재 발달 상태를 명확히 파악하고 성장과 학습을 위한 방향을 제시할 수 있다.

(2) 맞춤형 교육 제공

평가 결과를 바탕으로 영유아의 발달 단계와 수준에 적합한 교육적 접근을 설계하여 제공한다. 이는 영유아의 개별적인 요구를 충족시키고 전인적 발달을 촉진하며 학습 효과를 극대화하는 데 기여한다.

(3) 교육과정의 점검 및 개선

영유아교육의 목표와 관련하여 학습 성취도와 발달 상태를 평가함으로써 교육 과정이 설정된 목표에 부합하는지 점검한다. 또한 평가 결과를 통해 필요한 경우 교육 방향과 방법을 개선하여 영유아의 발달을 효과적으로 지원할 수 있는 기회를 제공한다.

(4) 부모와의 소통 및 협력 강화

평가 결과를 부모와 공유함으로써 영유아의 발달과 학습에 대한 부모의 이해를 돕고 가정과 교육기관 간의 협력을 강화한다. 이는 가정과 교육기관이 공동으로 영유아의 성장과 학습을 지원하는 데 중요한 기반을 마련한다.

(5) 영유아의 행복과 전인적 발달 지원

영유아평가는 영유아의 행복과 전인적 발달을 지원하는 데 목적이 있다. 평가 방법은 영유아의 발달과 경험에 적합해야 하며 그 본질과 목적이 영유아에게 유익함을 주는 방향으로 이루어져야 한다.

2) 영유아평가의 내용

영유아평가는 교육과정, 영유아의 발달, 개인적 성향, 그리고 프로그램에서 기대하는 교육성과 등을 포함하여 영유아의 전반적인 발달과 학습을 종합적으로 평가한다(황해익 외, 2014).

첫째, 교육과정을 기반으로 영유아의 특성과 변화 정도를 평가하며 이는 국가 수준 교육과정의 5개 영역인 신체운동·건강, 의사소통, 사회관계, 예술경험 및 자연탐구의 성취 여부를 중심으로 이루어진다.

둘째, 영유아의 발달 상태를 파악하기 위해 인지·언어, 정서, 신체, 사회성 및 도덕성 등 주요 성장·발달 영역을 포함하여 개개인의 발달 수준을 평가한다.

셋째, 영유아 개인의 성향은 개별적으로 나타나는 독특한 발달 패턴, 지식, 태도 및 흥미 등을 반영하며 호기심, 주도성, 지구력, 주의력, 반성적 사고와 해석 능력 및 인지 양식과 같은 요소들이 평가 내용에 포함된다.

넷째, 각 프로그램에서 설정한 목적과 목표, 학습 내용, 영유아가 발달해야 할 태도와 성향 등을 기반으로 프로그램에서 기대하는 교육성과를 평가한다.

이를 통해 영유아의 개별적인 요구와 발달 상태를 이해하고 교육 프로그램과 과정의 적합성을 검토하여 전인적 발달을 지원할 수 있다.

3) 영유아평가의 방법

(1) 표준화 검사

표준화 검사는 영유아의 인지적 능력, 정서 상태, 성격 특성을 객관적으로 평가하고 행동, 학습, 언어 등의 문제 영역을 발견하며 잠재력과 강점·약점을 파악하여 적합한 지원 방법을 설계하는 데 유용하다(최선일, 조윤주, 2024). 표준화된 검사는 실시와 채점 방법이 동일하며 규준 집단과의 비교를 통해 결과를 해석할 수 있다. 이러한 검사는 객관성과 신뢰도가 높지만 검사 요강의 지침을 엄격히 준수해야 하며 일부 성격 검사에는 심리학적 훈련이 요구될 수 있다. 도구 선정 시에는 표준화 과정의 적절성, 최근 제작 여부, 타당도와 신뢰도를 반드시 확인해야 한다.

표준화된 검사

- 학습준비도 검사: 한국교원개발원 유아학습 준비도 검사, 계몽학습준비도 검사, Phelps 유아학습 준비도 검사(PKRS)
- 언어능력검사: 그림어휘력 검사, 언어이해·인지력 검사, 취학전 학생의 수용
- 표현 언어 검사(PRES)
- 발달검사: 한국판 DIAL-3, 한국형 Denver Ⅱ, 영유아언어, 인지, 사회정서 발달평가도구(KEBA 2 to 5)
- 지능검사: 한국Wechsler 유아지능검사, KISC검사, K-ABC 검사, KEDI-WISC검사, 스탠포드-비네 지능검사, 한국판그림지능검사(K-PTI)
- 성격검사: 아동 주제통각검사(CAT), 인물화 검사, 아동용 그림좌절검사, 유아 성격검사
- 사회 성숙도 검사
- 사회성 측정법

출처: 최선일, 조윤주(2024). 유아교육 평가의 이론과 실제. 서울: 창지사.

(2) 관찰법

관찰법은 영유아교육 현장에서 가장 자연스럽게 활용되는 평가 방법으로 교사가 영유아의 발달 수준을 이해하고 개성과 문제점을 발견하는 데 도움을 준다. 교사의 관찰 능력은 경험과 훈련으로 발전할 수 있으나 영유아의 독특

성과 개인차를 인정하는 태도가 더 중요하다. 이러한 태도를 바탕으로 관찰 기술이 향상되면 영유아 행동의 원인을 정확히 이해하고 판단할 수 있다.

① 관찰법의 종류

- 일화기록 : 일화기록은 영유아의 특정 행동이나 사건을 간략히 기록하는 방법으로 특정 상황에서 관찰된 행동의 특징을 시간 순서에 따라 서술한다. 이 방법은 영유아의 발달이나 행동의 세부적인 내용을 이해하고 문제 상황을 파악하는 데 유용하다.

유 아 관 찰 기 록

이름: 김○○
성별: 남
생년월일: 2017.01.24

<table>
<tr><th colspan="2">자연탐구</th></tr>
<tr><td colspan="2">[1학기] 날짜: 2023.05.31. 장소: 교육(쌓기놀이)</td></tr>
<tr><th colspan="2">놀이상황기록</th></tr>
<tr><td>활동사진</td><td>OO이는 넓적하고 얇은 유니트 블록을 놓고 그 주위에 직사각형 형태의 유니트 블록을 세워 놓음. 그리고 세모 모양의 윈도우 블록을 오르막과 내리막 형태로 만들어 놓았음. 그리고 한쪽 편에 블록을 양옆으로 세운 후 윗부분을 막아 구멍을 만들었음. OO이는 구멍으로 자동차를 이리저리 옮기며 “여기가 자동차가 지나가는 길이야”라고 말함. 그다음, 구성한 내리막길로 다른 자동차를 굴리며 “여기로도 들어올 수 있어”라고 말함.</td></tr>
<tr><th colspan="2">평가 및 의견</th></tr>
<tr><td colspan="2">블록을 세우고 올리며 네모형태의 공간과 문을 구성할 수 있으며 블록의 방향과 위치를 이동시키며 탐구하였음.
또한 블록의 모양과 방향을 바꿔 오르막과 내리막의 형태를 구성하며 놀이하는 모습을 볼 수 있었음.</td></tr>
</table>

[그림 11-3] 유아관찰기록

출처: 서울특별시교육청 유아교육과(2023). 2024년도 유치원 신학기 도움자료 아는 만큼 보이고 보이는 만큼 실행하는 관찰 및 평가.

- 표본기술 : 표본기술은 사전에 정한 특정 행동이나 상황을 일정한 시간 간격으로 관찰하여 기록하는 방법이다. 이 방법은 행동의 빈도나 패턴을 객관적으로 분석하는 데 효과적이며 영유아의 발달 상태나 행동 변화를 체계적으로 평가할 수 있다.

(3) 포트폴리오 평가

포트폴리오 평가는 영유아의 노력, 진보, 성취를 시기별로 모아 개개인의 변화와 발달 과정을 종합적이고 지속적으로 평가하는 방법으로 장기간에 걸친 성장과 학습 성과를 체계적으로 기록하고 분석하는 데 중점을 둔다. 포트폴리오 평가는 교수 활동과 평가를 통합하여 교사가 개별 영유아의 요구를 파악할 수 있도록 돕고 영유아, 교사, 부모 등 이해관계자에게 영유아의 진보와 학습 정보를 제공한다. 또한 영유아가 자신의 작업을 평가하고 반성할 기회를 제공하여 스스로 학습을 정리하고 성취를 평가할 수 있게 하며 발달과 변화를 장기적으로 추적하고 기록할 수 있도록 한다. 포트폴리오는 영유아의 성장과 학습 변화에 대한 다양한 자료를 포함하며 자료를 통해 전체적인 발달의 질을 평가하는 데 유용한 기초 자료를 제공한다.

포트폴리오를 위한 수집자료의 종류

- 작업표본 : 영유아의 작품(미술작품, 언어활동, 과학활동)
- 면접 : 유아 면담
- 사진 : 활동사진, 견학사진, 작품 결과물 사진, 일상생활 사진
- 관찰 기록 : 일화기록, 표본식 기술, 서술식 보고서
- 표준화된 검사 : 준비도 검사, 발달검사, 창의성 검사, 신체 검사
- 녹화 및 녹음 : 오디오, 이야기 읽기, 인상적인 놀이 에피소드 등
- 부모관련 자료 : 부모 면담 기록지, 가정환경조사서

출처: 최선일, 조윤주(2024). 유아교육 평가의 이론과 실제. 서울: 창지사.

3. 교사평가

교사평가란 교사의 교육활동과 전문성을 체계적으로 점검하고 분석하여 교육의 질을 향상시키기 위한 과정이다. 교사평가는 교사가 자신의 강점과 약점을 명확히 인식하고 이를 바탕으로 전문성을 개발하며 보다 효과적인 교육을 제공할 수 있도록 돕는다. 교사평가의 주요 목적은 교사의 역량 강화를 통해 유아들에게 풍부하고 의미 있는 교육적 경험을 제공하고 궁극적으로 유아교육의 전반적인 질을 개선하는 데 있다. 이를 통해 학부모와 사회의 신뢰를 얻고 교육기관의 책무성을 강화하는 데 기여한다. 교사평가는 유아교육의 질적 성장을 위해 필수적인 과정이다. 따라서 객관적이고 투명한 평가를 통해 교사의 성장을 지속적으로 지원하는 것은 유아교육의 지속 가능한 발전을 위한 핵심 요소라고 할 수 있다.

1) 유치원 교원 능력개발 평가

유치원 교원능력개발평가는 여러 법적 근거를 바탕으로 추진된다. 2023년 유치원 교원능력개발평가는 「유아교육법」 제22조와 「교원 등의 연수에 관한

규정」 제18조가 이를 뒷받침한다. 또한, 「교원능력개발평가 실시에 관한 훈령(제320호)」과 제21조 「교원 등의 연수에 관한 규정」은 교원능력개발평가의 시행을 위한 법적 근거를 마련하였다. 이러한 근거들은 교원능력개발평가가 합법적으로 시행되고 안정적으로 운영될 수 있도록 체계적 기반을 제공하고 있다. 유치원 교원능력개발평가의 목적은 다음과 같다(경기도교육청, 2023).

- 유치원 교육의 질을 향상시키고 학부모의 만족도를 재고한다.
- 지속적인 평가모형 개선을 통해 발전적 방향을 모색한다.
- 교육공동체 간 참여와 소통을 통해 교육에 대한 신뢰를 증진한다.

(1) 교원평가의 주요 평가 요소

평가영역은 교원의 교육활동 전반(학습지도, 생활지도, 교수·연구 활동지원, 유치원 경영 등)이며 단위유치원에서는 각 요소를 측정하기 위한 평가 지표 및 문항을 유치원 교원능력개발평가 운영계획으로 정한다.

- 원장 · 원감

평가 영역	평가 요소	평가(조사) 지표 내용	
		원 장	원 감
		4요소, 8개 지표	3요소, 6개 지표
유치원 경영	유치원 교육계획	○ 유치원 경영 목표 관리 ○ 교육과정 편성·운영 ○ 창의·인성 원아 관리	○ 유치원 경영목표관리 지원 ○ 교육과정 편성·운영 지원 ○ 학사업무 관리
	원내 장학	○ 교실 수업 개선 ○ 자율 장학 운영	○ 교실 수업 개선 지원 ○ 자율 장학 지원
	교원인사	○ 교원 인사 관리	○ 인사업무 수행
	시설 및 예산 운용	○ 시설 관리 ○ 예산 편성·집행	

- 일반교사

평가영역	평가 요소	평가(조사) 지표 내용	
학습지도 (3요소, 8개 지표)	수업 준비	○ 교과 내용 분석	○ 수업계획 수립
	수업 실행	○ 학습 환경 조성 ○ 교사-유아 상호작용	○ 교사 발문 ○ 학습자료 및 매체 활용
	평가 및 활용	○ 평가내용 및 방법	○ 평가 결과의 활용
생활 지도 (3요소, 5개 지표)	상담 및 정보 제공	○ 개별유아 특성 파악	
	문제행동 예방 및 지도	○ 유치원 생활 적응 지도	○ 건강·안전 지도
	생활습관 및 인성 지도	○ 기본생활습관 지도	○ 인성 지도

[그림 11-4] 교원평가의 주요 평가 지표

출처: 경남교육청(2025). 2023 학부모만족도조사평가문항.
https://www.gne.go.kr/gne/index.do. 검색일: 2025년 1월 14일.

(2) 교원평가 절차 및 방법

교원능력개발평가를 공정하고 원활하게 운영하기 위해 교원능력개발평가 관리위원회를 설치하고 구성한다. 교원능력개발평가 관리위원회는 시행계획을 홍보하며 의견 수렴과 조율, 평가 결과에 대한 진단 및 분석의 역할을 수행한다. 교원능력개발평가는 학부모 만족도 조사를 통해 실시하며 이 조사는 원장·원감·교사의 교육활동과 자녀의 유치원 생활 전반에 대해 이루어진다. 원장과 원감은 당해 학부모 전체를 대상으로 담임교사는 자녀가 소속된 학급의 학부모 전체를 대상으로 설문지에 응답하도록 한다. 평가는 「에듀로 학부모 참여 통합서비스」(http://www.eduro.go.kr)와 모바일 기기를 활용하여 진행한다.

[그림 11-5] 에듀로 학부모 참여 통합서비스 홈페이지

출처: 에듀로 학부모 참여 통합서비스(2025). 학부모 참여 통합서비스. http://www.eduro.go.kr. 검색일: 2025년 1월 14일.

(3) 평가 결과 활용 및 지원

평가 결과는 개별 교원에게 통보되며 교원은 필요시 평가 원자료 열람을 신청할 수 있다. 열람은 평가 결과가 자신의 노력과 현저한 차이가 있다고 판단될 경우 통보받은 후 1주일 이내에 관련 자료를 첨부하여 평가관리위원회에 요청하는 절차를 거친다. 평가 결과에 따라 교원은 「능력개발계획서」를 작성하여 제출하며 교원의 발전을 위한 맞춤형 연수를 제공한다. 또한 유치원은 평가 결과를 분석하여 교원 컨설팅이나 맞춤형 연수를 시행하고 교원이 이를 자기성찰 및 교육활동 개선 자료로 활용할 수 있도록 지원한다.

(4) 교원능력개발평가의 개편 방향

교육부는 현행 결과 중심의 교원능력평가의 개선 필요성을 인지하고 이를 과정 중심의 역량 개발 지원 중심 평가로 개편하여 2024년 9월 (가칭)교원역량개발지원제도를 발표했다. 이 제도는 학교 현장의 부담을 완화하고 교원이 전문가로 존중받으며 체계적인 역량 진단과 역량 개발을 지원받을 수 있는 역량 개발 제도로, 2024년 개편안을 시작으로 2025년 시범사업을 실시하고 2027년까지 단계적으로 도입될 예정이다.

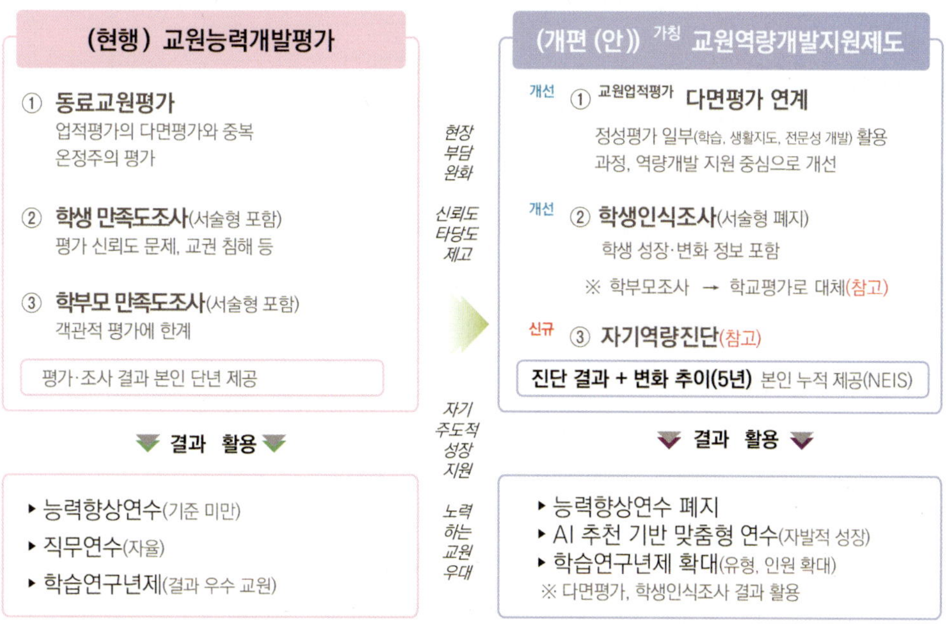

[그림 11-6] 교원능력평가개편안 → 교원역량개발평가

출처: 교육부 보도자료(2024). 교원능력개발평가 개편 의견 수렴을 위한 정책토론회 개최. 검색일: 2025년 1월 14일.

2) 어린이집 보육교사 평가

어린이집 보육교사 평가는 "영유아보육법 제29조"에 따라 보육교직원의 자질 향상을 위해 체계적으로 이루어져야 한다. 법령에 따르면 어린이집 운영자는 보육교직원의 전문성과 역량 강화를 위해 필요한 교육과 훈련을 제공해야 하며 이를 기반으로 평가와 관리 체계를 갖추어야 한다. 즉, 어린이집 보육교사 평가는 보육교사의 교육적 역량과 어린이집 운영의 질을 높이기 위해 필수적인 과정으로 보육교사의 계획력, 실행력, 상호작용 능력 등을 포함하여 다각적으로 이루어진다. 평가 결과는 보육교사의 강점과 개선점을 파악하여 전문성을 증진시키기 위한 연수 및 교육 기회를 제공하는 데 활용된다.

(1) 주요 평가요소 및 평가 방법

① 업무 능력

업무능력은 교사의 보육 철학과 전문성을 바탕으로 영유아와 부모, 그리고 환경을 효과적으로 관리하고 지원하는 역량을 종합적으로 평가한다. 보육프로그램 운영에서는 보육철학에 대한 이해를 바탕으로 영유아발달 특성과 연령에 적합한 프로그램을 설계하고 운영하는 능력을 평가하며 환경구성에서는 연령과 주제에 맞는 창의적이고 효과적인 환경을 구성하고 관리하는 능력을 평가한다.

영유아관리는 영유아의 안전사고를 예방하고 신속히 조치할 수 있는 능력을 중심으로 보육시간 중 영유아 방치나 위험한 도구의 방치, 영유아의 외부배회 등 안전 문제를 방지할 수 있는 관리 능력을 포함한다. 또한, 영유아의 가정환경, 가족관계, 개인 신상 및 특성을 파악하고 이를 바탕으로 적절히 개입하고 대처할 수 있는 능력도 평가한다.

부모관리는 부모와 적절한 거리를 유지하며 신뢰를 형성하고 다양한 방법으로 부모의 어린이집 참여를 유도하는 능력을 평가하며, 교사교육에서는 자기 계발에 힘쓰며 보육교사로서의 전문성을 키우기 위한 노력과 실행력을 평가한다. 이러한 요소들은 보육교사의 업무 수행 능력과 보육 현장에서의 실천적 역량을 종합적으로 보여준다.

② 인성 및 태도

인성 및 태도는 업무 수행 과정에서 나타나는 다양한 요소를 종합적으로 평가하며 이는 보육교사의 전문성과 조직 내 기여도를 반영한다. 긍정적 태도는 업무 수행 방식과 절차를 발전시키기 위해 지속적으로 노력하고 적극적인 자세를 유지하는 것을 의미하며 책임감은 자신에게 부여된 업무 목표를 성실히 완수하려는 태도와 의지로 나타난다. 또한 협조성은 조직의 일원으로서 팀워크를 발휘하고 자신의 업무를 넘어 팀 전체에 기여하려는 노력을 포함하며 자기관리는 철저한 자기관리를 통해 타인에게 모범이 되는 태도와 행동으로 평가된다. 마지막으로, 업적은 어린이집 내외의 다양한 활동에 참여하여 성과를 이루고 공적을 세운 정도로 측정된다. 이러한 구성 요소들은 보육교사의 긍정적인 태도와 업무 수행 역량을 통합적으로 드러낸다.

(2) 평가 방법

보육교사 평가 절차는 자기평가, 원장평가, 동료평가의 세 가지 과정으로 이루어진다. 보육교사 스스로의 역량과 개선점을 점검하는 자기평가를 시작으로 원장이 보육교사의 직무 수행과 전문성을 평가하는 원장평가, 그리고 동료 간 협력과 상호 작용을 기반으로 한 동료평가를 통해 종합적인 평가가 이루어진다.

(3) 평가결과 활용 및 지원

보육교사의 직무능력 평가는 보육교사의 강점과 개선이 필요한 영역을 파악하고 이를 토대로 지원과 발전을 도모하기 위해 활용된다. 평가 결과는 개인별 피드백을 제공하여 스스로 역량을 점검하고 개선 방향을 설정할 수 있도록 돕고 필요시 멘토링이나 코칭 프로그램을 통해 전문적인 지원을 받을 수 있게 한다. 또한, 평가를 기반으로 맞춤형 교육 프로그램과 연수 과정을 제공하여 직무 역량과 전문성을 강화하며 조직 내 문제점을 개선하기 위해 직무 환경 조정과 지원 체계를 마련한다. 평가 결과는 승진, 인사 이동 등 인사 관리의 중요한 사료로 활용할 수 있으며, 성과가 우수한 교직원에게는 인센티브와 기회를 제공하고 추가 지원이 필요한 보육교사에게는 개선을 위한 교육을 지원할 수 있다. 보육교사 평가를 통해 보육교사 개개인의 전문성을 높이고 조직 전체의 역량을 강화하여 궁극적으로 보육의 질을 향상시키는 데 기여한다.

구분		평가내용	점수배점				
			5	4	3	2	1
업무능력	보육과정관리	1. 표준보육과정을 이해하고 보육계획 수립과 운영 및 평가의 과정에 적용하고 있다.					
		2. 영·유아의 연령, 흥미, 발달수준, 태도 등을 고려하여 놀이를 이해하고 지원하며, 유아중심놀이중심 보육과정을 실천하고 있다.					
		3. 영·유아의 일상적인 삶과 연결되도록 도움을 주는 경험을 제공해주고 영·유아의 신체적 리듬을 반영하여 융통성 있게 일과를 운영한다.					
		4. 영 · 유아와의 상호작용 시 수용적이며, 긍정적인 태도로 즉각적으로 반응하고 자유로운 생각과 창의적인 생각을 이끌어 내고 있다.					
		5. 영·유아 놀이 관찰을 통해 놀이를 이해하고자 노력하고, 놀이를 지원할 수 있는 다양한 방법을 고민하고 시도해본다.					
		6. 영·유아의 놀이과정과 일상생활을 지속적으로 관찰 및 기록하고, 되돌아보며 이해한 내용을 보육과정에 반영하고 있다.					
		7. 놀이과정 동안 영유아의 사고과정 촉진, 정보제공, 격려, 적절한 피드백 제공, 개방적 질문과 대화, 언어모델링 등 적합하게 상호작용한다.					
		8. 보육계획, 운영, 평가에 해당하는 보육일지, 관찰일지 등의 문서 작성을 잘 하고 있다.					
	환경구성	1. 흥미롭고 창의적인 놀이를 촉진하는 기회와 공간을 구성하고, 영·유아의 연령과 개인차를 반영한 다양한 교재교구를 수준별로 배치하여 발달에 적합한 놀이 환경을 제공하고 있다.					
		2. 안전하고 위생적인 보육환경 조성을 위해 정기점검하고, 매회 관련문서를 기록 및 관리하여 안전하고 위생적인 보육환경을 유지하고 있다.					
		3. 보육실 비품 및 교구의 상태를 주기적으로 점검하고 기록하여 안전하게 관리하고 있다.					
	영유아보호 및 권리존중	1. 영·유아의 발달 및 개별적 특성을 이해하고, 행동에 대한 명확한 기대를 설정하여 일관성 있게 지도한다.					
		2. 영유아의 행동 예측 및 모니터링을 통해 문제행동과 안전사고 등을 예방하고 관리한다.					
		3. 영·유아들의 질병과 사고에 대한 기본지식과 응급처치 방법을 알고 안전사고 발생 시 신속하고 체계적으로 대처하고 있다.					
		4. 아동보호 주체로서 아동학대 예방을 위해 지속적으로 자신의 보육활동에 대한 자기분석(자가평가 체크리스트, 아동인권선임교사가 진행하는 자율장학 등)을 통해 영유아와의 상호작용 및 교사로서의 태도를 점검한다.					
		5. 아동학대 예방을 위한 행동요령을 숙지하고 그에 따라 대응한다.					

구분		평가내용	점수배점				
			5	4	3	2	1
업무능력	부모관계	1. 부모들의 의견을 존중하고 요구나 고충에 적극 반응하며 우호적인 마음으로 적절히 대처하고 있다.					
		2. 부모의 특성 및 가정의 환경을 존중하고 긍정적인 관계 형성을 위해 지속적으로 의사소통하고 있다.					
		3. 부모에게 보육운영 및 영·유아의 생활에 대해 안내하고 교육 및 면담, 행사참여 등 보육에 적극적으로 참여할 수 있도록 안내한다.					
	교가교육	1. 어린이집에서 권장하는 교육 또는 연수, 영·유아 보육에 관련된 교육이나 학술 세미나 및 행사에 적극적으로 참여하고 있다.					
		2. 교사교육 및 연수내용을 보육과정에 적용시키기 위해 노력하고 있다.					
		3. 어린이집 내 교사교육이나 장학, 학습공동체에 적극적으로 준비하고 참여한다.					
인성 및 태도	긍정적태도	1. 새로운 일을 적극적으로 시도하고 추진하며 변화에 민감하게 대처하고 있다.					
		2. 다양한 상황에 대한 긍정적인 사고와 수용적인 태도를 가지고 있다.					
		3. 보육교사의 업무에 자기 동기 부여를 하고 성취감을 느끼며 업무에 임한다.					
	책임감	1. 솔선수범의 자세로 근면, 성실하게 맡은 업무에 최선을 다한다.					
		2. 자신의 업무를 창의적으로 기획하고 기한 내에 효과적으로 추진한다.					
	협조성	1. 어린이집 운영에 적극적으로 의견을 제시하고 개선하기 위한 노력을 한다.					
		2. 어린이집의 공동업무에 적극적으로 참여하고 동료교사와 협력한다.					
		3. 동료교사를 존중하며 긍정적인 태도로 관계를 형성하고자 노력한다.					
		4. 문제 상황에 대해 원장 또는 원감·주임, 동료교사와 자신의 의견을 교환하며 문제해결방법을 찾는다.					
	자기관리	1. 출·퇴근 시간을 잘 지키며 지각으로 동료교사의 업무를 방해하지 않는다.					
		2. 개인생활로 인하여 업무나 개인의 건강에 지장을 초래하지는 않는다.					
		3. 개인적인 업무로 자리를 오랫동안 비우지 않고 자신의 업무에 책임을 다한다.					
	업적	1. 어린이집 내·외 활동에 적극적·자발적으로 참여하여 어린이집과 자신의 위상을 높이는 데 기여한 업적이 있다(우수교사표창, 해외연수공모, 우수 보육프로그램, 우수사례 공모전-외부기관 포함).					

[그림 11-7] 동작구 보육교사 업무능력 평가 문항

출처: 동작구 구립어린이집 걸음마 시스템(2025). 보육교사 업무능력 평가 문항. https://dccic.munssam.net. 검색일: 2025년 1월 11일.

4. 영유아교육기관에 대한 평가

1) 유치원 평가

(1) 유치원 평가 개요 및 목적

유치원 평가는 유아교육법 제19조에 근거하여 유치원 교육의 질을 진단하고 개선하기 위한 중요한 도구로 활용한다. 또한 유치원 교육공동체 참여·소통·협력을 통한 자율과 책임을 바탕으로 유치원 교육의 전반을 확인하고 진단하여 개선해가는 '계획 – 실천 – 평가 – 환류' 과정으로 제5주기(2020~2022년) 유치원 평가는 자율과 책임의 원칙 아래 유치원 운영 전반을 점검하고 교육과정의 질적 향상을 목표로 한다. 주요 목적은 다음과 같다(서울시교육청 유아교육진흥원, 2022).

- 자율적인 유치원 활동의 진단 및 개선을 통한 유아교육의 질 향상
- 교육공동체의 참여·소통·협력을 통한 자율과 책임의 유치원 자치문화 조성
- 건강·안전 관리 강화를 통한 안전한 유치원 환경 조성
- 단위 유치원의 공공성 및 책무성 제고로 자율운영체제 구축

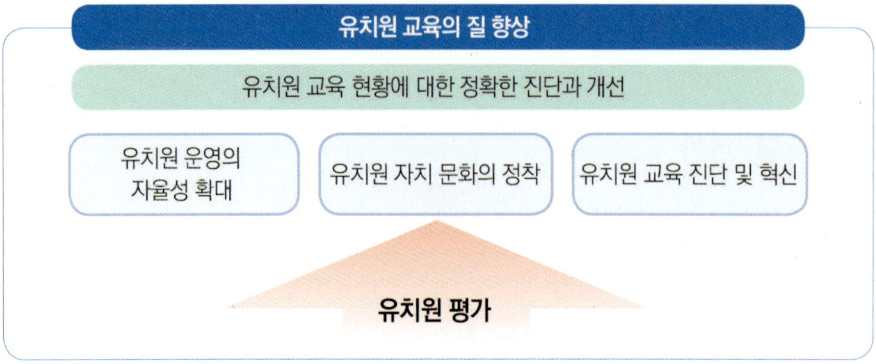

[그림 11-8] 유치원 평가의 목적

출처: 서울시교육청 유아교육진흥원(2022). 제5주기('20~22년) 2022년 유치원 평가 가이드북(교육원용). https://www.goegu.kr/subList/31000008382. 검색일: 2025년 1월 14일.

(2) 유치원 평가의 주요 영역

① 유아중심 교육과정 및 방과후 과정

유치원은 유아의 흥미와 요구를 중심으로 유아·놀이 중심 교육과정을 운영하며 유아의 놀 권리와 개별적 특성을 존중하는 문화를 조성한다. 교육과정은 유아의 발달 수준과 경험에 맞추어 편성되며 유아가 주도하는 놀이를 지원하기 위해 환경과 자료를 제공하고 특수교육 대상 유아를 위한 맞춤형 프로그램도 운영된다. 평가는 유아의 흥미와 놀이를 기반으로 발달 상황을 파악하며 자연스러운 놀이 상황과 연계된 다양한 방법으로 이루어진다. 민주적 협의를 통해 평가 계획을 수립하고 평가 결과는 교육과정 재구성과 질 관리에 활용된다. 교원의 전문성은 학습공동체, 연수, 연구 활동, 수업 나눔 등을 통해 지속적으로 강화되며 방과후과정은 유아의 놀이와 쉼을 기반으로 안정적이고 체계적으로 운영된다.

영역	평가지표
Ⅰ. 유아중심 교육과정 및 방과후 과정	유아·놀이중심 교육과정 평성·운영 및 교수·학습지원
	유아·교육과정 평가 및 환류
	교원의 전문성 신장 지원
	돌봄과 쉼이 있는 방과후과정
Ⅱ. 민주적 유치원 운영	우리 유치원의 비전 공유
	참여와 소통의 교육자치
	협력공동체 형성
Ⅲ. 안전하고 쾌적한 교육환경 및 유아를 위한 건강 안전	안전한 시설설비와 쾌적한 공간
	안심하고 믿을 수 있는 급·간식 환경
	유아와 교사를 위한 건강 및 안전 증진
	안전한 등·하원

[그림 11-9] 유치원 평가영역별 평가지표

출처: 서울시교육청 유아교육진흥원(2022). 제5주기('20~22년) 2022년 유치원 평가 가이드북(교육원용). https://www.goegu.kr/subList/31000008382. 검색일: 2025년 1월 14일.

② 민주적 유치원 운영

유치원은 교육공동체의 참여와 소통, 협력을 기반으로 비전과 목표를 수립하고 이를 교육에 적극 반영하며 구성원이 비전을 인식하고 실천에 참여하도록 한다. 교직원 간 원활한 의사소통과 민주적 의사결정을 통해 협력하며 회의 결과를 운영에 반영한다. 업무 효율화를 통해 교사가 유아 지도와 놀이지원에 집중할 수 있는 환경을 조성하고 교직원의 복지와 직무 공간을 개선하며 갈등 예방과 해결을 위한 지원 체계를 마련한다. 학부모 연수와 교육활동 참여 기회를 제공하며 학부모 의견을 반영하는 개방적 시스템을 운영한다. 또한 지역사회의 자원을 활용하고 협력 체계를 구축하여 다양한 교육 프로그램을 운영하며 상호 이해와 협력을 강화한다.

③ 안전하고 쾌적한 교육환경

유치원은 유아가 안전하고 쉽게 사용할 수 있는 실내·외 시설과 공간을 조성하며 놀이공간과 자료의 안전 관리 및 점검을 효율적으로 실시한다. 또한 쾌적한 환경과 안전시설을 유지하여 유아의 편안한 생활을 지원한다. 유아의 건강을 고려한 균형 잡힌 급·간식을 제공하며 위생적인 식자재 관리를 통해 안심할 수 있는 식사 환경을 제공한다. 유아와 교직원의 건강 및 안전 증진을 위해 예방 관리 지침을 마련하고 관련 교육을 시행하며 질병 및 상해 관리를 위해 가정과 긴밀히 소통한다. 유아의 안전한 등·하원을 위해 교육과정에 안전교육을 계획·반영하며 통학차량의 관리와 안전운행을 지속적으로 지원한다.

(3) 유치원평가 방식과 절차

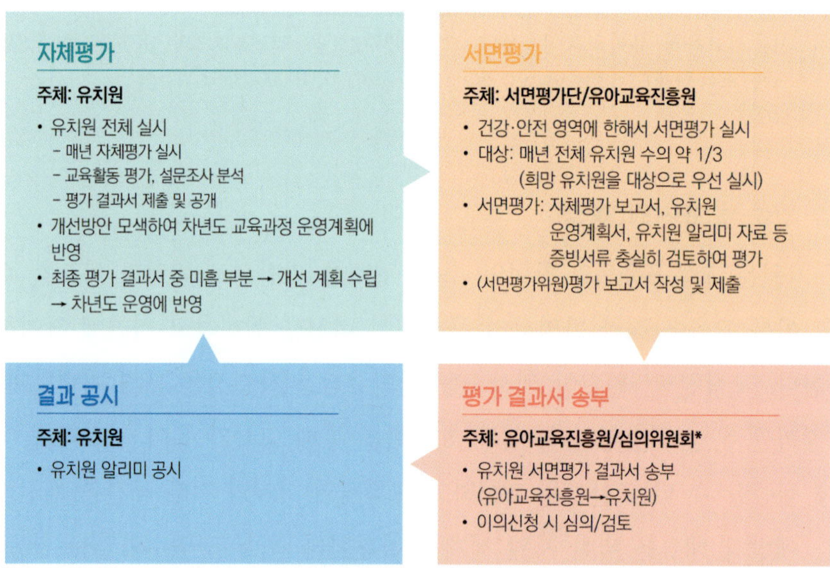

* 심의위원회 : 유아교육진흥원에서 구성·운영하는 유치원평가위원회 내 소위원회로 구성하여 운영

[그림 11-10] 제5주기('20~'22년) 유치원평가의 절차

출처: 서울시교육청 유아교육진흥원(2022). 제5주기('20~'22년) 2022년 유치원 평가 가이드북(교육원용). https://www.goegu.kr/subList/31000008382. 검색일: 2025년 1월 14일.

① 자체평가

유치원의 자체평가운영위원회는 교직원과 학부모를 포함하여 5명 이상 11명 이하로 자율적으로 구성하며 학부모 위원은 반드시 2명 이상 포함한다. 위원회 구성에 어려움이 있을 경우 유치원운영위원회 등 유사 위원회와 통합 운영할 수 있다. 자체평가운영위원회는 기본 계획 수립, 평가 자료의 수합·정리, 자체평가 보고서 작성 등의 역할을 수행하며 유치원 교육활동과의 통합적 운영을 목표로 한다. 유치원 교육계획 수립 시 유치원평가를 통합적으로 반영하여 계획 - 실천 - 평가 - 환류의 과정으로 실시하며 구성원 간 협의를 통해 모두가 공감할 수 있는 계획을 수립한다. 또한 유치원의 비전과 교육활동 목표는 홈페이지나 설명회 등을 통해 교육공동체와 공유하여 모든 구성원이 유치원의 목표를 이해하고 함께 실천할 수 있도록 한다.

② 서면평가

서면평가는 평가 대상 유치원을 직접 방문하지 않고 자체평가 결과, 운영계획서, 정보공시 및 안전·건강 관련 자료를 통해 유치원의 운영 상황을 확인하는 데 목적이 있다. 제5주기(2020~2022) 동안 매년 전체 유치원의 약 1/3을 평가대상으로 하며 평가연도별 대상 유치원 수가 균등하게 분포되도록 한다. 서면평가단은 3인의 평가위원으로 구성되며 행복안심유치원 관리자를 포함한 유아교육 전공 교수, 현장 교원, 유아 건강·안전 관련 전문가 등으로 구성하여 평가의 전문성과 신뢰성을 확보한다. 평가위원은 유아교육 및 관련 분야에서 10년 이상의 경력을 가진 전문가로 구성하며 평가단 내 유아교육 전문가와 공·사립 교원이 적절히 배치되도록 한다. 서면평가는 지표별 문항과 요소 충족 여부를 검토하여 우수, 적합, 개선 필요 중 하나의 등급을 부여하며 총평 및 영역 종합 의견을 작성한다.

유아교육법 제22조 5항에 의거 유치원평가 결과는 각 지역 교육지원청 혹은 유치원 홈페이지에 탑재하여 누구나 쉽게 열람할 수 있다.

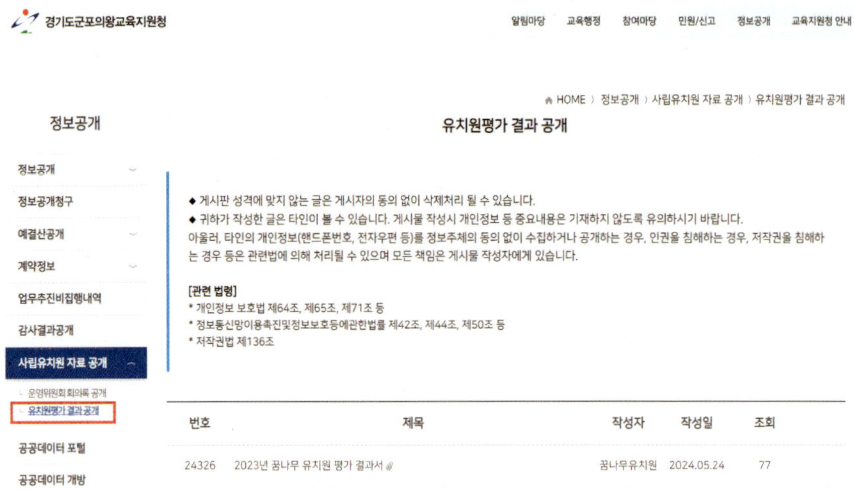

[그림 11-11] 유치원평가 결과 공개

출처: 경기도 군포의왕교육지원청(2025). 유치원평가 결과 공개. https://www.goegu.kr/subList/31000008382. 검색일: 2025년 1월 14일.

2) 어린이집 평가

(1) 어린이집 평가 개요 및 목적

어린이집 평가는 「영유아보육법」 제30조에 근거하여 어린이집의 보육 서비스 질을 높이고, 안전하고 건강한 보육 환경을 조성하기 위해 시행된다. 2024년 개정 어린이집 평가 매뉴얼은 평가의 전문성과 객관성을 강화하고 어린이집 운영의 공공성과 투명성을 제고하는 것을 목표로 한다. 주요 목적은 다음과 같다.

첫째, 보육서비스 질 관리를 위해 교사-영유아 상호작용 중심의 질 관리 표준을 제시하고 전체 어린이집의 평가 참여를 통하여 어린이집 질적 수준을 제고하도록 한다.

둘째, 평가 참여가 보육서비스 질 개선을 직접 유도할 수 있도록 어린이집을 지원하는 방식으로 평가과정을 진행하며 상시적인 자율 관리체계를 지원하여 보육서비스 수준을 지속적으로 관리하고자 한다.

셋째, 궁극적으로 평가제를 통해 보육서비스 질을 제고함으로써 영유아의 안전과 건강, 조화로운 성장과 발달을 도모하고자 한다. 이를 위해 영유아의 인권과 성장할 수 있는 안심 보육환경을 조성한다.

(2) 어린이집 평가의 주요 영역

평가영역	평가항목
1. 영유아 중심의 일과운영	1-1 일과 충실한 운영
	1-2 따뜻하고 평안한 일상생활 지원
2. 영유아가 주도하는 배움 지원	2-1 영유아의 놀이를 위한 공간 구성 및 운영
	2-2 배움을 위한 자료 제공
3. 영유아 존중 상호작용 지원	3-1 교사와 영유아의 반응적 상호작용
	3-2 영유아 또래 간 상호작용 격려
4. 보육과정 실행과 평가	4-1 관찰 및 실행계획
	4-2 보육과정 평가
5. 원장의 리더십과 보육교직원 역량 강화	5-1 보육의 질 향상
	5-2 상호 존중하는 소통과 협력
	5-3 보육교직원 역량 강화
6. 건강 및 안전	6-1 실내외 공간의 청결·쾌적성
	6-2 급·간식 운영의 적합성
	6-3 실내외 공간·시설·시설의 안전한 관리
	6-4 영유아의 안전한 보호

[그림 11-12] 어린이집 평가영역별 평가지표

출처: 한국보육진흥원(2024). 2024년 개정 어린이집 평가 매뉴얼.

① 영유아 중심의 일과 운영

어린이집의 일과는 놀이, 활동, 일상생활로 구성되며 영유아가 충분히 놀이할 수 있도록 편성되어야 한다. 교사는 일과를 일정한 흐름으로 운영하되 계획된 활동이나 순서에 얽매이지 않고 영유아의 비언어적·언어적 의사표현을 존중하며 융통성 있게 조정해야 한다. 또한 등하원, 식사, 간식, 배변, 낮잠

등 일상생활에서는 개별 영유아의 요구를 존중하며 따뜻하고 안정감 있는 환경을 제공함으로써 영유아가 편안하게 하루를 보낼 수 있도록 지원해야 한다. 이러한 운영은 영유아의 발달적 요구와 흥미를 중심으로 이루어지며 정서적 안정과 전인적 발달을 도모하는 것을 목표로 한다.

② 영유아 주도의 배움 지원

영유아의 놀이는 시작과 끝이 정해진 것이 아니라 끊임없이 이어지고 새롭게 생성되는 연속적인 과정으로 이는 배움의 과정과 같다. 교사는 영유아의 놀이를 배움의 과정으로 이해하고 영유아가 주도적으로 놀이에 참여할 수 있도록 지원한다. 이를 위해 교사는 영유아의 자유로운 놀이를 위한 공간을 구성하고 변화시키며 안전하게 뛰어놀고 자연 및 계절의 변화를 경험할 수 있는 환경을 제공한다. 또한 교사는 놀이와 활동 자료가 영유아의 배움을 지원하는 중요한 교육적 자원임을 이해하고 매력적이고 풍부한 자료를 제공함으로써 영유아의 놀이와 배움을 촉진한다.

③ 상호작용 중심 상호작용 지원

모든 영유아는 관계를 맺고 배우는 능동적이고 유능한 존재로 어린이집에서는 놀이, 활동, 일상생활을 통해 배움을 만들어 간다. 영유아 존중 상호작용은 영유아가 교사와 또래와 관계를 맺으며 능동적으로 배우려는 욕구를 인정하고 이 과정에서 다양한 의사표현 방식과 배움을 존중하는 것을 의미한다. 교사는 영유아의 능동적·적극적 상호작용 욕구를 인정하며 성별, 신체적 특성, 장애, 종교, 가족 및 문화적 배경을 존중한다. 또한 교사와의 자유로운 소통뿐만 아니라 또래 간 상호작용을 통해 배우는 영유아의 특성을 이해하고 이를 격려하며 적극적으로 지원해야 한다.

④ 보육과정 실행과 평가

어린이집은 표준보육과정을 기반으로 각 기관에 적합한 계획을 수립하여 운영하며, 영유아 중심·놀이 중심 보육과정을 목표로 영유아의 경험과 배움, 교사의 지원 방안을 포함한 실행 계획을 자율적으로 작성한다. 보육과정은 준비된 환경에서 영유아의 놀이를 지원하며 이를 정기적으로 평가하여 운영의 질을 진단하고 개선해야 한다. 또한 놀이와 활동, 일상생활을 통한 경험과 배움을 기록한 자료를 바탕으로 영유아의 특성과 변화를 평가하고 이를 보육과정 운영에 반영함으로써 계획 – 실행 – 평가의 순환 구조를 통해 표준보육과정의 목적과 목표를 달성한다.

⑤ 원장의 리더십과 보육교직원 역량 강화

어린이집은 소규모 조직으로 원장의 리더십이 보육교직원에게 큰 영향을 미친다. 원장은 어린이집 운영 철학과 신념을 바탕으로 표준보육과정에 따른 운영 계획을 수립하고 이를 통해 보육의 질을 높이는 데 노력해야 한다. 효율적인 보육과정 운영을 위해 보육교직원 간 상호 존중과 민주적·합리적인 의사결정 과정을 거쳐야 하며 가정과도 원활한 의사소통을 통해 양육의 동반자적 관계를 형성해야 한다. 또한 원장은 보육교직원의 역량 강화를 위해 필요한 교육 기회를 제공하고 교사들의 보육과정 운영과 교육·영유아 상호작용을 관찰하며 적절한 지원을 해야 한다.

⑥ 건강 및 안전

어린이집은 영유아가 건강하고 안전하게 생활할 수 있도록 지원하여 영유아의 기본적 권리와 삶의 질을 보장해야 한다. 건강과 안전은 질병과 상해로부터의 보호뿐 아니라 방임, 학대 등으로부터의 보호를 포함한다. 이를 위해 어린이집은 실내외 공간을 청결하고 쾌적하게 유지하며 안전하고 풍부한 식재료로 조리한 음식을 제공하여 영유아의 건강한 성장을 지원한다. 또한 사고나 위험으로부터 보호할 수 있는 안전한 보육환경을 제공하고 보육교직원은 안전사고 예방과 대응 능력을 갖추어 일과 중 위험과 사고를 지속적으로 관리해야 한다.

(3) 어린이집 평가의 방식과 절차

어린이집 평가 대상은 한국보육진흥원에서 각 기관별 평가주기에 따라 평가 대상을 선정하며 해당 어린이집 및 지방자치단체에 통보한다.

[그림 11-13] 어린이집 평가의 방식과 절차

출처: 한국보육진흥원(2024). 2024년 개정 어린이집 평가 매뉴얼. http://www.childinfo.go.kr. 검색일: 2025년 1월 14일.

(4) 어린이집 평가 결과 발표 및 공개

어린이집 평가결과는 통합정보공시 홈페이지(www.childinfo.go.kr)를 통해 학부모와 지역사회에 투명하게 공개된다. 평가결과 공개는 어린이집 운영의 신뢰성을 제고하고 학부모가 보다 나은 선택을 할 수 있도록 돕는 중요한 요소이다.

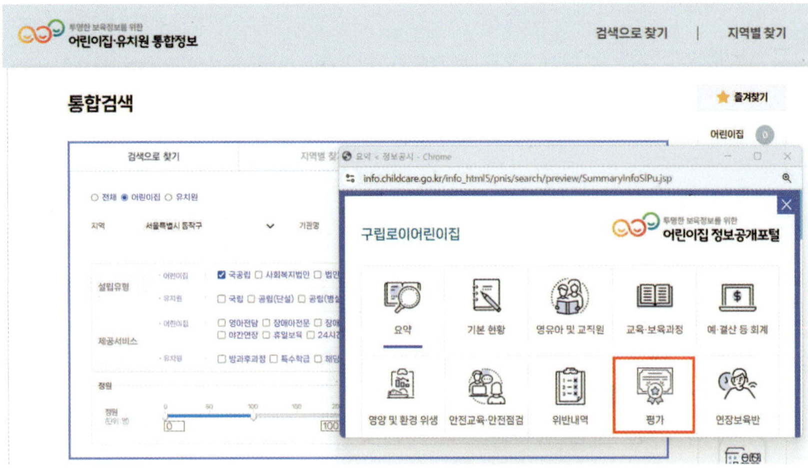

[그림 11-14] 어린이집 평가 결과 공개

출처: 통합정보공시 홈페이지(2025). 어린이집 평가 결과 공개.
http://www.childinfo.go.kr. 검색일: 2025년 1월 14일.

생각해 봅시다

1. 유아교육 평가에서 관찰법, 포트폴리오 평가, 표준화 검사 등 다양한 방법이 활용되고 있다. 각 평가 방법의 장단점을 비교하며 실제 현장에서 어떤 평가 방법이 가장 효과적이라고 생각하는지 토론해 봅시다.

2. 유아교육과정 평가에서는 단순히 성취도를 확인하는 것보다 놀이와 발달 과정을 중심으로 평가해야 하는 점이 강조되고 있다. 그러나 학부모나 사회적 요구는 종종 결과 중심의 평가를 요구하기도 한다. 이러한 관점의 차이를 어떻게 조율하고 평가의 목적과 방향성을 설정해야 하는 것에 대해 이야기해 봅시다.

참고 문헌

경기도 군포의왕교육지원청. (2025). 유치원 평가 결과 공개. https://www.goegu.kr/subList/31000008382. 검색일: 2025년 1월 14일.

경기도교육청(2023). 2023학년도 유치원 교원능력개발평가 매뉴얼. https://www.goe.go.kr/ 검색일: 2025년 1월 14일.

경남교육청(2025). 2023 학부모만족도조사평가문항. https://www.gne.go.kr/gne/index.do. 검색일: 2025년 1월 14일.

교육부 보도자료(2024). 교원능력개발평가 개편 의견 수렴을 위한 정책토론회 개최. 검색일: 2025년 1월 14일.

교육부, 보건복지부(2019). 2019 개정누리과정 해설서. 교육부·보건복지부.

김미정, 박애자, 신성숙, 신은정, 석은조, 오정희, 이춘옥(2024). **유아교육개론**. 경기: 공동체.

김수향, 이경하, 한남주(2024). **유아교육개론**. 경기: 공동체.

김형철(2020). **유아교육개론**. 경기: 공동체.

동작구 구립어린이집 걸음마 시스템(2025). 보육교사 업무능력 평가 문항. https://dccic.munssam.net. 검색일: 2025년 1월 11일.

서울시교육청 유아교육진흥원(2022). 제5주기('20~'22년) 2022년 유치원 평가 가이드북(교육원용). https://www.goegu.kr/subList/31000008382. 검색일: 2025년 1월 14일.

서울특별시 교육청 유아교육진흥원(2022). 제5주기('20~'22년) 2022년 유치원 평가 가이드북(교육원용). 서울: 서울시교육청 유아교육진흥원.

서울특별시교육청 유아교육과(2023). 2024년도 유치원 신학기 도움자료 아는 만큼 보이고 보이는 만큼 실행하는 관찰 및 평가. https://www.eduro.go.kr. 검색일: 2025년 1월 14일.

에듀로 학부모 참여 통합서비스(2025). 학부모 참여 통합서비스. http://www.eduro.go.kr. 검색일: 2025년 1월 14일.

최일선, 조윤주(2024). **유아교육 평가의 이론과 실제**. 서울: 창지사.

통합정보공시 홈페이지(2025). 어린이집 평가 결과 공개. http://www.childinfo.go.kr. 검색일: 2025년 1월 14일.

한국보육진흥원(2024). 2024년 개정 어린이집 평가 매뉴얼. http://www.childinfo.go.kr. 검색일: 2025년 1월 14일.

한국보육진흥원(2024). 2024년 개정 어린이집 평가 매뉴얼. 서울: 한국보육진흥원.

Chapter

12

유아교육기관 운영관리

운영관리란 '시설의 목적과 목표를 효과적으로 달성하기 위한 인적·물적·재정적·운영 방법적 조건을 정비하고 운용하는 일'을 말한다(김옥련, 1993). 유아교육기관의 목적과 유아에게 알맞은 교육환경을 제공하기 위해서는 운영관리가 적절하게 이루어져야 할 필요가 있다. 이에 본 장에서는 유아교육기관 운영관리에 대한 올바른 이해를 위해 유아교육기관의 운영관리의 개념과 필요성, 원리 및 요소에 대해 이해하는 것을 목표로 한다. 또한 운영관리의 영역별 내용과 과정을 살펴보며 유아교육기관의 운영관리에 대해 알아보고자 한다.

학습목표

1. 유아교육기관 운영관리의 개념과 필요성, 원리 및 요소에 대해 이해한다.
2. 유아교육기관 운영관리의 영역별 내용과 과정을 이해한다.

1. 유아교육기관 운영관리 이해

1) 운영관리의 개념 및 필요성

(1) 운영관리의 개념

운영관리는 어떤 조직이나 기구, 사업체를 운영하고 경영하는 것을 뜻하며 시설이나 물건의 유지·개량, 사람의 통제·지휘·감독 행위가 포함된다(국립국어원, 2018). 운영관리의 개념은 일반적으로 기관의 목적과 목표를 효과적으로 달성하기 위해 인적·물적·재정적 자원을 효율적으로 조정하여 운영하고 관리하는 것을 말한다. 따라서 유아교육기관의 운영관리는 유아교육기관의 목적과 목표를 효과적으로 달성하기 위해 유아교육기관의 인적·물적·재정적 자원을 효율적으로 조정하여 운영하고 관리하는 것을 의미한다.

유아교육기관 운영관리 개념에 대해 김옥련(1996)은 인적·물적·재정적 조건을 갖추고 교육의 목적, 목표를 달성하도록 교육과정, 시설, 인사, 학급 미디어, 재정, 기타 필요한 직무를 계획하고 실시하고 평가하는 일련의 과정으로 정의하였다. 임재택(2000)은 유아교육기관의 교육목적과 계획을 수립하고 그의 달성에 필요한 수단으로서의 인적·물적 조건을 정비, 확립하고 아울러 효율적으로 목적 달성을 구현하기 위한 지도와 지원을 포함하는 일련의 운영과정이라고 하였다. 유아교육기관의 운영관리는 '경영관리', '행정관리'라는 용어와 동일한 개념으로 사용되고 있는데, 기관의 목적을 달성하기 위해 주어진 인적·물적 자원을 최대한 효율적으로 동원하여 계획(planing), 조직(organizing), 실행(implementation), 평가(evaluation)하고 재검토(review)하는 일련의 과정을 일컫는다(Decker & Decker, 2001). 이를 종합하면 유아교육기관 운영관리란 유아교육의 목적을 달성하기 위해 교육과정과 프로그램을 개발하고 이를 실행하기 위한 수단으로서 인적·물적·재정적 자원을 동원하고 지원하며, 계획 - 조직 - 실행 - 평가하고 재검토하는 것을 효과적인 운영관리라고 정의할 수 있다.

(2) 운영관리의 필요성

유아교육기관은 다른 학교기관과는 구별되는 유아교육기관만의 독특한 특성이 있으며 이를 요약하면 다음과 같다(김수향, 2009). 첫째, 유아교육기관은 초·중등학교에 비해 학급 수와 원아 수, 교사 수가 적으므로 조직 구성이 단순하다. 둘째, 유아교육기관은 구성원의 수가 적으므로 행정 관리의 역할분담이 명확하지 않고 체계성이 부족한 측면이 있다. 셋째, 초·중등학교의 경우에는 국가에서 제시하는 교육내용이나 원칙에서 크게 벗어나지 않는 범위에서 학교장이 자율성을 가지고 영향을 미치지만 유아교육기관은 원장의 교육철학과 방침에 따라 기관마다 교육 목표나 교육내용, 성격 등이 매우 차이가 난다. 넷째, 유아교육기관은 초·중등학교와 달리 자유경쟁에 의해 원아모집을 하므로 신념을 가지고 일관성 있게 교육정책을 실행하고 기관을 운영하기가 쉽지 않다. 따라서 유아교육기관 운영자는 체계적이고 합리적인 기관 운영관리의 필요성을 인식하고 최종 책임자로서 전문성을 갖추어 효율적인 운영을 할 필요가 있다.

2) 운영관리의 원리

유아교육기관을 운영한다는 것은 기관 운영과 관련된 여러 가지 의사결정을 끊임없이 수행하는 것을 의미한다(신동주, 이영자, 2017). 이를 위하여 유아교육기관의 운영자가 기관을 효율적으로 운영하는 데 있어 고려해야 할 원리를 살펴보면 다음과 같다.

① 타당성의 원리

유아교육기관 운영관리는 바람직한 교육계획과 실행계획을 세우고, 유아교육의 목적이 운영과 관리에 있어 목적이나 계획에 비추어 타당성 있는 운영이 이루어져야 한다는 원리이다.

② 민주성의 원리

유아교육기관의 운영관리는 계획의 수립에 있어 교직원들의 민주적인 참여와 의사를 반영하여 교육계획을 수립하고, 결정된 정책실행을 할 때에도 협조와 이해를 바탕으로 교직원의 의견과 요구를 수렴하여 진행되어야 하며 인사관리 및 의사결정이 민주적인 절차에 의해 이루어져야 한다는 원리이다. 기관장은 운영관리를 독단과 편견을 배제하고 민주적으로 진행할 때 전체적인 운영도 능률적으로 변한다.

③ 효율성의 원리

유아교육기관의 모든 운영관리는 합리적이고 효율적으로 수행되어야 한다는 원리이다. 효율성이란 최소의 노력과 경비로 최대의 효과를 낳는 것이다. 유아교육기관에서의 효율성이란 주어진 교육여건에서 낭비를 극소화하고 최대한의 교육목표를 달성하는 것을 의미한다. 그러나 교육의 효과는 단기간에 나타나는 것이 아니므로 경제적인 효율성보다는 최대한의 교육 목표를 달성하는 사회적 효율성이 강조되어야 한다.

④ 적응성의 원리

유아교육기관은 인간 교육을 담당하는 곳이므로 시대와 사회가 요구하는 인간상이 무엇인지를 파악하여 운영에 반영하여야 한다는 원리이다. 관련법, 사회의 제도나 정책의 변화 등 처해 있는 현실적인 상황을 충분히 고려해 시대변화에 순응해 가지만 그 변화를 질서 있게 조절해 나갈 수 있도록 조정하는 역할을 해야 한다.

⑤ 안정성의 원리

유아교육기관의 운영관리가 일관성과 지속성을 유지해야 한다는 원리이다. 사회 변화에 따라 조화적인 변화를 보여 주어야 하지만 지나친 변화는 오히려 혼란을 야기시킬 우려가 있다(박재환, 2002). 장기적 안목을 가지고 전통을 계승하고, 좋은 부분을 강화·발전시켜 나가는 것이다. 이 원리는 적응성의 원리와 상충되는 원리로 인식되지만 서로 보완관계에 있다.

⑥ 균형성의 원리

유아교육기관에서 행정에 관한 정책 수립을 수립하고 그것을 집행할 때 우선순위를 고려하여 자원과 노력을 공정하게 배분하여 민주성과 효율성의 원리 사이에서 균형을 이루며(양창삼, 2000) 유아교육의 목적을 효율적으로 달성해야 한다는 원리이다.

3) 운영관리의 요소

(1) 운영관리의 내용

① 교육과정 관리

유아교육의 목표를 달성하기 위한 교육과정의 계획수립 및 운영, 일과 계획 및 운영, 행사계획 및 운영, 현장 견학, 관찰 및 기록, 환경구성, 평가, 교사의 교수 기술 향상과 교육과정 운영의 개선 등이 포함된다.

② 원아 관리

원아의 모집과 재원 및 퇴원에 관한 제 문제, 학급 편성, 출석관리, 생활습관지도, 발달평가 및 관찰기록 등이 포함된다.

③ 교직원 관리

교직원의 자격, 교직원 채용에 관한 사항, 교직원의 업무 분장, 교직원의 장학지도, 교직원 회의, 교직원의 평가, 보수 및 근무 여건, 근태 및 재직과 퇴직 관리에 관한 사항 등이 포함된다.

④ 시설·설비 관리

기관의 제 시설을 실제 교육에 맞게 정비하는 것으로 시설·설비의 구입,

수리, 유지, 관리뿐 아니라 주변 환경 관리, 안전 관리, 청소와 같은 부분에 대한 내용도 포함된다.

⑤ 교재·교구 관리

교육활동에 필요한 교재·교구 등을 실제 교육에 맞게 구비하여 정비 및 관리하는 것이다.

⑥ 재무 관리

기관을 운영하기 위하여 필요한 제반 회계, 운영비의 수입과 지출, 예산, 지출항목, 물품 및 서비스를 위한 지침과 세부 절차 결산과 회계 감사 등에 관한 사항 등이 포함된다.

⑦ 사무 관리

유아교육기관 운영을 수행하는 과정에서 수반되는 제반 기록과 장부의 작성과 보관, 공문서 처리, 사무처리 조직 및 관리 등이 포함된다.

⑧ 학부모 관리

부모 요구에 대한 충족을 위한 방안, 부모 참여, 부모가 원장 및 교직원과 접촉하기 위해 거쳐야 하는 절차 등과 관련된 내용이다. 부모회의 조직과 운영, 부모 교육, 부모 상담, 가정통신, 수업 참관, 가정통신문 및 인터넷 활용 등의 부모와의 의사소통방법 등이 포함된다.

⑨ 지역사회와의 협력

기관 운영과 관련된 지역사회 인사의 참여, 지역사회의 유아교육기관 시설 활용, 다양한 유아교육 단체 및 지역사회와의 의사소통 등 관계 유지와 관련된 영역으로 지역사회기관 및 단체, 관련 행정기관과의 관계, 자원봉사자의 모집·운영과 같은 사항이 포함된다.

⑩ 건강·영양·안전 관리

유아의 건강검진, 진단, 예방 접종이나 정기적인 신체 측정, 응급처치와 사고처리 절차, 영양과 급간식 관리, 건강과 안전에 관한 교직원과 유아의 훈련 및 교육, 소방 훈련, 환경의 감독, 안전 점검 관리 등이 포함된다.

(2) 운영관리의 과정

운영관리 과정이란 유아교육의 교육 목표를 합리적으로 효율적으로 달성하기 위한 목표설정에서부터 그 수행과 평가에 이르는 운영관리 전체 흐름을 의미한다. 합리적이고 효율적으로 운영되기 위해서는 체계적인 절차가 필요하며 이러한 절차는 계획 - 조직 - 동기부여 - 조정 - 실행 - 평가의 과정을 거쳐 다시 새로운 목표설정으로 이끌어 가는 순환적 과정 전체를 의미한다.

① 계획(planning)

계획은 목적과 행동을 구체화하는 것으로 운영관리의 모든 활동은 계획하는 일에서부터 시작된다. 교육의 목표를 설정하고 목표 달성에 필요한 최선의 방법과 절차를 마련하는 사전 준비활동이 계획이다(주삼환, 천세영, 김택균, 신붕섭, 이석열, 김용남, 이미라, 이선호, 정일화, 김미정, 조성만, 2015). 계획은 유아교육기관의 효율적인 운영에 필요한 절차와 방법을 합리적이고 효과적으로 수행하기 위한 준비과정으로 일관성 있게 계획해야 한다.

효과적인 계획을 위해 기관장이 고려해야 할 사항은 다음과 같다(강문희, 윤애희, 이경희, 정정옥, 2007). 첫째, 운영 목적에 분명한 누구를 위해 어떤 활동을 하는지 등 프로그램의 궁극적 목적을 구체적으로 진술해야 한다. 둘째, '영유아보육법' 등 관련법을 따라야 한다. 그리고 교직원들이 그 법규와 허가에 대해 확실히 이해하게 한다. 셋째, 기관의 실제적이고 적합한 목적과 목표를 개발하여 연령, 프로그램의 철학 등에 따라 목적과 목표를 따라야 한다. 넷째, 필요하다면 새로운 프로그램과 계획을 개발하고 평가하고 수정한다. 다섯째, 운영위원회 위원, 교직원, 학부모를 비롯해 다른 사람들과 더불어 목적, 프로그램, 계획, 과정에 관해 정기적으로 협의한다.

② **조직**(organizing)

계획에 의해 유아교육기관의 교육목표와 방법, 절차가 설정되었으면 이 목표를 달성하기 위하여 인적·물적 요소를 적절하게 배정하고 각 요소들이 서로 유기적인 관련을 가지고 충분히 기능하도록 능률적인 조직을 갖추어야 한다. 목적을 이루기 위하여 누가, 무엇을, 어떻게 할 것인지, 사물과 사람을 적절한 위치에 배치하고 각 부서 간에 서로 유기적인 협력체계를 만든다. 또한 기관의 업무가 효율적으로 이루어질 수 있도록 공간, 자료, 시설, 설비를 정리하고 활용한다.

③ **동기부여**(stimulating)

동기부여는 교직원들이 조직의 목표를 자신들의 목표로 받아들이고 그것을 달성하기 위해 열심히 노력하는 것이다. 유아교육기관에서 기관장은 교육목표 달성을 위해 교사들에게 교수·학습활동, 생활 지도, 학급 운영 등의 업무를 자발적으로 잘 수행하도록 동기를 유발하여야 한다. 이 과정에서 서로에 대한 이해를 돕는 의사소통기술이 필수적으로 필요하며 일방적인 명령이나 지나친 권위의 행사가 아닌 민주적인 리더십의 발휘가 필요하다.

④ **조정**(coordinating)

조정이란 교육 목표 달성에 투입된 교직원의 노력과 각 부서의 활동 및 제반 물적 자원이 최선의 산출을 기할 수 있도록 통합하고 조절하는 것을 의미한다(김창걸, 1996). 기관장은 교직원의 성취를 객관적으로 평가하고 강점과 약점에 관하여 충분한 의사소통을 해야 하며 서로에 대한 이해를 돕는 경청, 설명, 정보교환, 의사소통, 기술적인 정보사용 등이 포함된 조정은 계획 초기 단계에서부터 이루어져야 한다.

⑤ 실행(practice)

계획을 실제로 수행하는 단계로 의사소통을 통해 조직, 인사, 재정, 시설, 사무, 교육활동 등이 기관의 교육목표 달성에 최적의 상태가 되도록 조화시킨 후 이를 실행한다. 이때 교직원 상호 간의 접촉을 통해 갈등을 해소하도록 하고 회의 및 운영회의를 통해 부조화를 조절하여 최대한의 목표를 달성할 수 있도록 노력해야 한다.

⑥ 평가(evaluation)

평가는 계획된 교육 목표가 어느 정도 달성되었는가를 알아보고 유지하기 위해 전반적인 과정 및 수행 결과에 대해 점검하는 과정으로 운영관리의 모든 요소에서 수시 혹은 정기적으로 평가한다. 운영과 관련된 문제 및 현안을 객관적으로 평가하고 운영평가 결과는 다음 계획에 반영되어야 하며 평가 결과를 잘 활용하고 기록을 보존하는 데도 노력해야 한다.

2. 유아교육기관 운영관리의 영역별 주요내용

〈표 12-1〉 운영관리 영역별 주요내용

	영역	주요내용
1	교육과정 관리	교육과정 운영, 교육 계획 수립, 일과 계획 및 운영, 행사 계획 및 운영, 현장 견학, 환경구성 및 영역의 구성 및 관리, 평가, 교사의 교수 기술 향상과 교육과정 운영 개선 등의 관리
2	원아 관리	원아모집, 재학, 퇴원에 관한 여러 가지 문제, 학급편성, 입학과 출석관리, 기본생활습관지도 등의 관리
3	교직원 관리	교직원의 채용과 훈련, 업무 분장, 근무 평정, 재직과 퇴직 관리, 보수 및 근무 여건, 결근과 근태, 장학지도, 교직원 회의 교직원의 사적인 활동 범위 규정 등의 관리
4	시설·설비관리	건물, 놀이터, 주변 환경관리, 안전관리, 시설·설비의 구입, 수리, 유지 등의 관리
5	교구·교재관리	교육활동에 필요한 교구·교재의 구입 및 관리, 시청각 교재 구입 및 관리 등
6	재무 관리	예산 편성, 교육비의 수납, 운영비의 지출, 회계 장부 기록, 결산서 작성, 감사 등의 관리
7	사무 관리	사무분장, 사무처리 조직 및 관리, 보고 서류, 법정 문서관리, 기록 서류, 통신, 사무기록과 교직원 인사 기록, 서류보관 및 관리, 기록에 관한 업무, 발달 및 관찰 기록 관리
8	학부모 관리	부모 참여, 부모회의 조직과 운영, 욕구 충족을 위한 방안, 건의 사항의 처리절차, 상담 및 참관과 관련한 업무, 가정통신문 및 인터넷 활용 등의 부모와의 의사소통 방법 등의 관리
9	지역사회와의 협력	지역사회 기관(경찰서, 병원, 소방서, 도서관, 박물관 등)과의 협력, 관련 행정기관과의 협력, 견학 기관과의 협력, 자원봉사자 등의 관리
10	건강·영양·안전관리	유아 건강 진단, 예방접종이나 정기적인 신체 측정, 응급처치와 사고 처리 절차, 영양과 급간식 관리, 건강과 안전에 관한 교직원 훈련, 소방 훈련, 환경의 감독, 안전 점검 등의 관리

1) 교육과정 관리

유아교육의 목표를 달성하기 위한 교육과정의 계획 및 운영, 일과계획 및 운영, 행사 계획 및 운영, 현장 견학, 환경구성 및 영역의 구성 및 관리, 평가, 교사의 교수 기술 향상과 교육과정 운영의 개선 등이 포함된다.

2) 원아 관리

원아의 모집과 재학, 퇴원에 관한 여러 가지 문제, 학급편성, 입학과 출석 관리, 기본생활습관지도 등이 포함된다. 유아에 대한 이해와 부모와의 관계를 형성하기 위해 유아의 흥미, 요구, 발달수준, 생활 습관 및 성격, 건강 상태나 특이 사항, 비상 연락처, 가정환경과 부모에 관한 신상, 가족 사항 및 환경 등을 포함하는 정보를 미리 세심하게 파악해 숙지하고 있어야 하며, 부모와의 협력 체계를 유지해야 한다. 생활기록부는 생활 습관, 인적사항, 학적사항, 건강 상태, 성장과 발달을 종합적으로 관리하기 위해 기록하는 동시에, 교육을 위한 기초정보로 활용할 학적에 대한 증명으로서의 기능을 갖는다. 생활기록부 내용은 각 개인의 신상 정보이므로 비밀이 보장되어야 하며 교육 목적 이외의 어떤 목적으로도 사용되어서는 안 된다.

3) 교직원 관리

유아교육기관의 교직원 관리는 교육목표를 효율적으로 달성하기 위하여 교육 활동에 필요한 인적 자원을 확보하고 관리 운영하는 것이다. 교직원의 채용과 훈련, 업무 분장, 근무 평정, 재직과 퇴직 관리, 보수 및 근무 여건, 결근과 근태, 장학지도, 교직원 회의 교직원의 사적인 활동 범위 규정 등의 관리 등이 포함된다. 유아교육기관의 교육 목표 달성은 교직원들의 업무수행 질에 의해 좌우되기 때문에 교직원 관리는 매우 중요하다. 유아교육기관에는 원장, 원감, 교사 등 교육을 직접 담당하는 교원과 영양사, 조리사, 사무원, 관리인, 운전기사 등 사무 및 업무관리를 담당하는 교직원들 모두가 유아교육기관에서 매우 귀중한 인적 자원이다.

4) 시설·설비 관리

시설·설비는 유아교육기관에서는 유아가 연령과 발달적 특성, 흥미에 맞춰 즐겁고 행복하고 안전하게 생활하며 발달을 촉진할 수 있도록 건물, 놀이터, 주변 환경관리, 안전관리, 시설·설비의 구입, 수리, 유지 등의 관리를 하는 것을 의미한다.

각 시설의 철학적 방향과 교육목표, 유아들의 연령과 발달 수준, 유아와 교직원의 안전, 교육 활동의 유형과 편의성, 비품과 교구 활용의 용이성, 장소와 놀이 및 인접성 등을 고려하여 제반 시설·설비를 갖추고 개선·보완하는 노력을 해야 한다. 유아교육기관의 시설은 기본적으로 유아들이 신체적·심리적으로 안정감을 느끼고 편안하게 생활할 수 있는 안락한 분위기여야 한다(이경화, 2010). 또한 유아들이 다양한 활동과 경험을 할 수 있도록 창의적이고 모험적인 놀이환경을 구성함과 동시에 안전한 시설·설비를 갖추어야 한다. 이를 위해 실내외 환경의 안전과 위생, 청결에 대해 수시로 민감하게 살펴보고 일, 월 단위의 안전 점검표에 따라 점검하여 위험 발생 요인을 사전에 제거하여야 한다.

[그림 12-1] 실내 공간 예시

실외 놀이터 식물 재배 공간 모래 놀이터 물놀이 시설

[그림 12-2] 실외 공간 예시

5) 교재·교구 관리

유아를 위한 교재·교구는 유아들에게 구체적 경험을 제공하고 유아의 활동을 학습하고 통합하도록 돕는다. 따라서 교재·교구는 그 구입이나 보관 및 활용을 효율적으로 하기 위해 적절한 기준에 의해 분류되어야 한다. 분류 기준은 유아의 연령, 발달 수준, 활동 유형이나 활동 목표, 비품 및 교구의 특성, 보관 등을 고려해야 한다.

교재·교구를 잘 활용할 수 있도록 하기 위해서는 활동 자료를 적절하게 배치하는 것이 중요하며, 교구의 현황을 파악하여 목록을 작성하고 보육 주제나 계절, 영유아의 연령이나 흥미를 고려하여 주제별, 영역별, 연령별, 활동별 등으로 체계적으로 정리하여 정기적으로 교재·교구 대장(비품대장, 소모품대장, 도서대장 등)과 비교하면서 현황을 파악하고 비품이나 교구를 정기적으로 청결하게 하고 도색하고 점검해야 한다. 훼손된 비품과 교구는 가능한 한 빨리 수선하며 보충, 폐기 등 유지관리 대책을 수립하여 세탁하고 보수 및 보완을 해서 보관한다.

6) 재무 관리

유아교육기관의 재무관리는 유아교육기관의 교육목적과 목표를 달성하기 위해 재화를 조달하고 지출하며 관리하는 활동을 총칭하는 것으로 예산편성, 집행, 결산으로 나누어진다(황윤세, 임미혜, 이혜원, 2011). 교육이나 보육을 위해 필요한 재원을 확보하여 관리, 운영하는 일련의 활동으로 교육·보육 활동에 필요한 경비를 조달하고 그것을 합목적적으로 관리하고 지출하는 경제 행위(이인원, 김호년, 전정희, 김의석, 김영애, 2012)를 의미한다.

유아교육기관의 재무 관리는 교육 활동에 반영된 사업이 차질 없도록 실행·지원하는 데 의의가 있다. 이를 위해 교육부에서는 일반적인 재정 관리의 원칙을 제시하고 있다(교육부, 2017). 첫째, 건전 재정 운영의 원칙으로 관련 법령 및 지침에 따라 투명하고 공정하며 효율적으로 운영해야 한다. 둘째, 수입의 직접 사용 금지로 모든 수입을 지정된 금융기관에 예치하여야 한다. 셋째, 예산 총계주의 원칙으로 수입과 지출을 모두 예산에 편입하여야 한다. 넷째, 성립 전 예산의 집행 금지로 성립한 예산이 아니면 집행하지 못하고 추가경정 예산의 절차를 밟지 않고서는 기정 예산을 초과하여 집행하지 못한다. 다섯째, 목적 외 사용금지(한정성의 원칙)로 세출 예산은 정한 목적 외에 사용하지 못한다. 여섯째, 공개성의 원칙으로 교직원 또는 학부모 등의 기관의 재정에 대해 알 권리 보호와 운영자의 독주 방지를 위해 운영위원회의 심의를 거쳐 확정된 세입, 세출 예산서 및 결산서를 공개하여야 한다. 매 회계 연도 개시 5일 이전에 관할청에 보고 및 홈페이지에 공개하고 유치원 또는 어린이집 정보공시에 공개하여야 한다. 일곱째, 회계연도 독립의 원칙으로 예산은 설정된 기간을 단위로 편성 집행하고 결산도 이 기간을 기준으로 구분하고 정리한다. 각 회계연도의 세입으로 충당해야 하며 매 회계연도의 세출 예산은 다음 연도에 사용할 수 없다.

7) 사무 관리

유아교육기관에서의 사무 관리는 일반적으로 교육이나 보육행정을 수행하는 과정에서 수반되는 제반 기록과 장부의 작성 및 보관, 공문서와 재고 처리 등의 문서관리를 집행하고 처리하는 업무를 의미한다(신화식, 이영미, 윤길근, 이희경, 김지영, 진성애, 심윤희, 김민선, 2014). 유아교육기관의 교육 활동이 커지고 그 내용이 복잡해짐에 따라 문서 관리는 중요시되고 있다. 사무분장, 사무처리 조직 및 관리, 보고 서류, 법정 문서관리, 기록 서류, 통신, 사무기록과 교직원 인사기록, 서류보관 및 관리, 기록에 관한 업무, 발달 및 관찰 기록 관리에서 합리적인 문서관리가 필요하다.

8) 학부모 관리

유아교육기관에서의 학부모 관리는 부모회의 조직과 운영, 부모 교육, 부모상담, 가정통신, 수업 참관, 행사 참여 등을 통해 이루어진다. 자녀 양육에 관한 지식 제공과 유대 관계를 이룰 수 있도록 돕는다. 부모에게 유아 발달에 관한 사실적 자료를 제공하고, 유아교육기관의 교과과정과 계획된 활동들을 부모들이 이해할 수 있도록 도와주며 학부모 오리엔테이션, 부모회(강연회, 좌담회, 소집단 토의, 심포지엄 등), 수업 참관, 부모 참여 수업, 가정통신문, 면담 등의 다양한 형태로 이루어진다.

〈표 12-2〉 학부모 관리 예시

	내 용
가정통신문	매주 1회, 교육활동과 그에 따른 가정에서의 협조사항, 기타 자녀교육에 필요한 정보제공
학부모 도서	현관 앞에 양육에 도움이 될 수 있는 부모 도서 비치하거나 대여 프로그램을 통해 제공
칼럼 및 부모 교육자료	양육에 도움이 되는 내용의 칼럼과 안전 및 육아와 관련된 교육 자료 제공
학부모 오리엔테이션	학기 초 혹은 입학 전, 생활에 대한 궁금증에 대한 부분과 기관 및 교사 소개, 교육활동 및 운영에 대한 전반적 소개
학부모 면담	정기적 면담으로 전반적인 기관 생활과 발달에 대한 이해를 돕고, 가정과의 연계를 통해 긍정적인 발달을 도모하기 위해 연 2회 이상 실시
학부모 참여 수업	교육과정, 체험 활동 등에 부모님과 함께 놀이에 참여하며 긍정적인 유대 관계를 형성하고, 자녀의 교육 활동과 일상생활에 대한 이해를 돕는 기회 마련

	내 용
학부모 교육	자녀 양육과 관련된 주제의 강연 외에도 기관의 이해를 돕고 학부모에게 도움이 되는 다양한 형태의 교육의 기회 제공
학부모 참관	자녀의 기관 생활의 궁금증과 염려를 해소하기 위해 참관실을 마련하거나, 기관과의 협의 후 일정 시간에 방문하여 참관할 수 있도록 기회와 환경 제공

9) 지역사회와의 관계

유아는 가정과 지역사회의 문화적 환경에 영향을 받으며 성장한다. 따라서 유아교육기관과 지역사회는 상호보완적인 협력관계를 형성 및 유지하여 지역사회의 특성과 요구를 충분히 고려하여 운영해야 하며 지역사회도 유아교육기관이 지역사회의 인적·물적 자원을 활용할 수 있도록 적극 협조하여 유아들이 지역사회 안에서 안전하게 보호받으며 성장할 수 있도록 해야 한다. 유치원과 어린이집, 가정, 지역사회 간의 협력적인 관계는 교육과 보육 활동뿐 아니라 가정과 지역사회에도 긍정적인 영향을 미친다. 유아교육기관과 지역사회의 협력은 유아교육기관의 교육 프로그램을 지역사회의 자원과 능력을 활용하여 유아들에게 통합적 성장과 발달을 이룰 수 있도록 하기 위함이다. 따라서 유치원은 교육청 및 유아교육진흥원, 어린이집은 시·군·구청 및 육아종합지원센터로부터 운영 전반에 대한 지원을 받으며 유아교육기관과 지역사회는 다양한 교류를 통해 유아들의 교육을 적극 지원해야 한다.

10) 건강·영양·안전관리

유아기는 신체 발달이 급격히 이루어지는 시기인 동시에 감염병에 대한 감수성이 높으며 자신의 건강문제를 능동적으로 대처하는 능력이 결여되어 각종 질병과 사고의 위험에 노출되기 쉽다. 최근에는 유아교육기관에서 이루어지고 있는 영양, 건강, 안전 관련 교육을 법적으로도 강제하고 있어, 교육의 내용과 방법뿐만 아니라 효과 차원에서도 많은 관심을 기울여야 한다. 따라서 유아교육기관의 기관장은 건강과 영양 그리고 안전에 대한 지식을 갖추어야 하며, 교직원들 또한 유아교육기관 안에서 일어나는 안전사고와 질병 등에 관해 유아를 보호해야 할 책임이 있다. 또한 건강, 영양, 안전 관련 교육을 감독하고 관련된 전문지식과 교육 방법에 대해 알고 있어야 하며, 학부모를 대상으로 가정과 연계할 수 있는 교육이 이루어져야 하고 관련 내용은 '영유아보육법'에서도 찾아볼 수 있다.

***영유아보육법에 제시된 건강, 영양, 및 안전과 관련된 조항**

제5장 건강 · 영양 및 안전

제31조(건강관리 및 응급조치) ① 어린이집의 원장은 영유아와 보육교직원에 대하여 정기적으로 건강진단을 실시하되, 「국민건강보험법」 제52조 및 「의료급여법」 제14조에 따른 건강검진으로 갈음할 수 있다. 다만, 영유아의 경우 보호자로 하여금 그 검진결과 통보서를 제출하도록 하고 제29조의2에 따른 어린이집 생활기록부에 기록하여 관리하는 등 건강관리를 하여야 한다.
② 어린이집의 원장은 영유아에게 질병 · 사고 또는 재해 등으로 인하여 위급 상태가 발생한 경우 즉시 응급의료기관에 이송하여야 한다.
③ 제1항에 따른 건강진단의 구체적인 기준과 내용 등 필요한 사항은 교육부령으로 정한다.

제32조(치료 및 예방조치) ① 어린이집의 원장은 제31조에 따른 건강진단 결과 질병에 감염되었거나 감염될 우려가 있는 영유아에 대하여 그 보호자와 협의하여 질병의 치료와 예방에 필요한 조치를 하여야 한다.
② 어린이집의 원장은 다음 각 호의 어느 하나에 해당하는 영유아, 어린이집 거주자 및 보육교직원을 교육부령으로 정하는 바에 따라 어린이집으로부터 격리시키는 등 필요한 조치를 할 수 있다.
1. 제31조에 따른 건강진단의 결과나 그 밖에 의사의 진단 결과 감염병에 감염 또는 감염된 것으로 의심되거나 감염될 우려가 있는 자
2. 「감염병의 예방 및 관리에 관한 법률」 제2조제15호의2에 따른 감염병의심자
③ 어린이집의 원장은 제1항의 조치를 위하여 필요하면 「지역보건법」 제10조와 제13조에 따른 보건소 및 보건지소, 「의료법」 제3조에 따른 의료기관에 협조를 구할 수 있다.
④ 제2항에 따라 협조를 요청받은 보건소 · 보건지소 및 의료기관의 장은 적절한 조치를 취하여야 한다.

⑤ 어린이집의 원장은 간호사(간호조무사를 포함한다)로 하여금 영유아가 의사의 처방, 지시에 따라 투약행위를 할 때 이를 보조하게 할 수 있다. 이 경우 어린이집의 원장은 보호자의 동의를 받아야 한다.

제33조(급식 관리) 어린이집의 원장은 영유아에게 교육부령으로 정하는 바에 따라 균형 있고 위생적이며 안전한 급식을 하여야 한다.

제33조의2(어린이집 차량안전관리) 어린이집의 원장은 영유아의 통학을 위하여 차량을 운영하는 경우 「도로교통법」 제52조에 따라 미리 어린이통학버스로 관할 경찰서장에게 신고하여야 한다.

제33조의3(등·하원 시 영유아 안전관리) ① 어린이집의 원장은 보육교직원을 대상으로 등·하원 시 영유아 안전에 관한 교육을 실시하여야 한다.
② 어린이집의 원장은 등·하원 시 영유아가 담당 보육교사나 부모 등 보호자에게 안전하게 인계될 수 있도록 조치하여야 하고, 모든 영유아가 안전하게 인계되었는지 여부를 확인하여야 한다.
③ 제1항에 따른 교육 및 제2항에 따른 인계조치 등의 방법·절차 등에 관하여 필요한 사항은 교육부령으로 정한다.

제33조의4(어린이집 위생관리) 어린이집의 원장은 감염병 예방 등을 위하여 교육부령으로 정하는 어린이집의 위생관리기준을 준수하여야 한다.

출처: 법제처 국가법령정보센터 「영유아보육법」 제5장.

① 건강관리

건강관리는 유아가 신체적·정신적으로 최적의 성장·발달을 이루도록 하는 데 목적이 있다. 이를 위하여 교사는 개개인의 신체적 건강 및 정서적 상태 등 전체적인 건강 상태를 세심하게 관찰하며, 정기적으로 건강 검진을 실시하여 그 결과를 기록·정리해 두어야 한다. 질병을 예방하고 건강을 유지하기 위해서는 건강 생활에 대한 올바른 태도와 습관이 지니는 것이 중요하다. 일상생활을 통해 손씻기, 이닦기, 배변, 수면 등에 대한 기초 지식과 기술, 태도를 가르치고 습관화하도록 반복적이고 일관성 있는 지도를 하여야 한다. 유아교육기관에서의 유아의 건강관리는 예방적인 서비스와 치료적인 서비스를 병행하여 계속적으로 건강상태와 필요를 점검하는 등의 다양한 방법을 적용하는 것이다. 더불어 교직원의 건강관리에도 세심한 배려를 하여 살피고 정기적인 건강 검진을 실시하는 등의 관리가 필요하다. 또한 청결 관리, 양호 공간 마련, 기본적인 의료 기구 및 의약품을 갖추어야 한다.

② 영양 관리

유아에게 영양과 성장 발달은 밀접한 연관이 있다. 건강한 성장과 발달을 위해 양질의 식품으로 골고루 준비된 식단에 의거한 식사 및 간식을 제공해주어야 한다. 적절한 영양공급은 유아의 건강과 발달을 도울 뿐 아니라 영양상태가 좋은 유아는 대체로 성격이 활발하고, 몰입을 잘하며, 신체 활동이나 학습경험으로부터 더 많이 배울 수 있다. 유아기의 영양공급은 일생의 건강과 발달에 지속적인 영향을 주고 먹는 즐거움과 심리적 안정감을 얻게 함으로써 정상적인 정신적 발달을 이루기 때문에 균형 잡힌 영양공급과 섭취를 위해 유아교육기관은 가정과 연계하여 적절한 교육과 환경을 제공해야 한다. 유아기는 음식에 대한 감각과 식습관이 형성되는 시기이므로 균형적인 식습관과 영양에 대한 정확한 지식을 익히고 활용할 수 있도록 도와주어야 한다.

③ 안전관리

유아들은 운동능력의 발달이 미숙하여 자신의 신체를 적절히 조절하지 못할 뿐 아니라 위험한 상황을 인지하고 사고의 가능성을 예측하여 미리 예방할 수 있는 능력이 부족하다. 따라서 교직원은 안전에 각별한 관심을 가지고 각종 안전사고를 예방하고 생명과 건강을 보호하기 위한 안전관리를 해야 한다. 안전관리의 목적은 사람이나 사물에 잠재하는 위험요인을 조기에 발견하고 이를 신속히 제거하여 사고나 재해를 미리 방지하고자 하는 것이다. 안전관리의 내용은 유아들의 모든 주변 생활환경이 사고요인이 될 수 있다는 전제하에 생활과 관련된 모든 부분이 해당된다. 사고를 예방할 수 있도록 실내외 각종 시설 설비와 비품 등의 안전성 여부를 점검하고 주기적 점검으로 관리하며 체계적인 안전교육을 실시하고, 문제가 발생된 즉시 개선 및 보완이 이루어져야 한다. 또한 교직원들이 응급 상황에서의 행동 요령을 숙지하여 안전사고 발생 시 신속하게 대처할 수 있어야 한다(문혁준, 백혜리, 김정희, 김혜연, 김민희, 2012).

안전교육을 통하여 안전에 대한 의식을 높이고 다양한 지식과 기술을 배우며 안전에 관한 올바른 태도를 형성해야 한다. 교사는 교육과정에 안전교육 내용을 포함하여 연간 안전교육계획을 수립하고 체계적으로 안전교육을 실시하여야 한다. 발달 수준에 적절하면서도 흥미를 유발할 수 있는 다양한 활동을 통해 이루어져야 하며 현장 관찰, 반복 실습, 역할 놀이, 그림 그리기, 관련 책 보기 등의 다양한 활동을 통해 효과적으로 전달해야 한다. 사고를 미연에 방지하기 위해서는 모든 위험요소를 제거하는 것은 불가능하므로 안전교육을 통해 사고를 예방하는 것이 중요하다. 「영유아교육법」에 따라 기관장은 교육대상 아동의 연령을 고려하여 대통령령으로 정하는 바에 따라 「아동복지법」에 근거하여 매년 성폭력 및 아동학대 예방, 실종·유괴의 예방과 방지, 약물의 오남용 예방, 재난대비 안전, 교통 안전에 관한 교육 계획을 수립하여 교육을 실시하여야 한다.

〈표 12-3〉 안전교육 기준(아동복지법 제31조 및 같은 법 시행령 제28조)

구분	성폭력 예방 교육	아동학대 예방 교육	실종·유괴의 예방·방지 교육	감염병 및 약물의 오용·남용 예방 등 보건위생관리 교육	재난대비 안전 교육	교통안전 교육
실시 주기 (총 시간)	6개월에 1회 이상 (연간 4시간 이상)	6개월에 1회 이상 (연간 4시간 이상)	3개월에 1회 이상 (연간 10시간 이상)	3개월에 1회 이상 (연간 10시간 이상)	6개월에 1회 이상 (연간 6시간 이상)	2개월에 1회 이상 (연간 10시간 이상)
교육 내용	1. 내 몸의 소중함 2. 내 몸의 정확한 명칭 3. 좋은 느낌과 싫은 느낌 4. 성폭력 예방법과 대처법 5. 성폭력의 개념 및 성폭력의 주체에 대한 교육	1. 나의 권리 찾기 (소중한 나) 2. 아동학대 및 아동학대 행위자 개념 3. 자기감정 표현하기 및 도움 요청하기 4. 신고 이후 도움 받는 방법	1. 길을 잃을 수 있는 상황 이해하기 2. 미아 및 유괴 발생 시 대처방법 3. 유괴범에 대한 개념 4. 유인·유괴 행동에 대한 이해 및 유괴 예방법	1. 감염병 예방을 위한 개인위생 실천 습관 2. 예방접종의 이해 3. 몸에 해로운 약물 위험성 알기 4. 생활 주변의 해로운 약물·화학제품 그림으로 구별하기 5. 모르면 먼저 어른에게 물어보기	1. 화재의 원인과 예방법 2. 뜨거운 물건 이해하기 3. 옷에 불이 붙었을 때 대처법 4. 화재 시 대처법 5. 자연재난의 개념과 안전한 행동 알기	1. 차도, 보도 및 신호등의 의미 알기 2. 안전한 도로 횡단법 3. 안전한 통학버스 이용법 4. 바퀴 달린 탈것의 안전한 이용법 5. 날씨와 보행안전 6. 어른과 손잡고 걷기
교육 방법	1. 전문가 또는 담당자 강의 2. 장소·상황별 역할극 실시 3. 시청각 교육 4. 사례 분석	1. 전문가 또는 담당자 강의 2. 장소·상황별 역할극 실시 3. 시청각 교육 4. 사례 분석	1. 전문가 또는 담당자 강의 2. 장소·상황별 역할극 실시 3. 시청각 교육 4. 사례 분석	1. 전문가 또는 담당자 강의 2. 시청각 교육 3. 사례 분석	1. 전문가 또는 담당자 강의 2. 시청각 교육 3. 실습교육 또는 현장학습 4. 사례 분석	1. 전문가 또는 담당자 강의 2. 시청각 교육 3. 실습교육 또는 현장학습 4. 일상생활을 통한 반복 지도 및 부모 교육

출처: 2025 보육사업안내. p. 117.

생각해 봅시다

1. 유아교육기관을 운영하게 된다면 교직원 인사관리에서 어떤 부분을 중시하고 싶은지 이야기 나누어 봅시다.

2. 유아교육기관 운영관리의 원리 중 현재 가장 필요한 것은 무엇인지를 해당 이유와 함께 제시해 봅시다.

참고문헌

강문희, 윤애희, 이경희, 정정옥(2007). **유치원 보육시설 운영관리**. 서울: 학지사.

교육부(2025). 2025년 보육사업안내. 세종: 교육부.

김동춘, 이선경, 신현정, 안혜진, 김정희, 김성원, 정희정(2019). **기독교 유아교육기관의 운영관리**. 서울: 창지사.

김수향, 이경하, 이용주, 이위환, 임영심(2009). **유아교육개론**. 서울: 청목출판사.

김옥련(1996). **유치원 경영관리**. 서울: 교육과학사.

김옥련, 권영례(1993). **유치원 운영관리**. 서울: 한국방송통신대학교 출판부.

김정원, 이문정, 이연규, 전선옥, 조화연(2022). **유아교육론**. 경기: 양서원.

김창걸(1996). **교육과정 및 교육평가**. 서울: 교학출판사.

문혁준, 김정희, 김혜연, 서기남, 이성복, 최윤희(2022). **어린이집 운영관리**. 서울: 창지사.

박재환(2002). **북한의 유치원교육**. 서울: 양서원.

법제처 국가법령정보센터 「영유아보육법」 제5장.

신동주, 이영자(2017). **유아교육기관 운영관리**. 서울: 창지사.

신화식, 이영미, 윤길근, 이희경, 김지영, 진성애, 심윤희, 김민선(2014). **유아교육기관 운영관리**. 경기: 양서원.

양옥승, 조유나, 신은미, 이옥주, 손복영, 이은정, 동풀잎, 양유진(2022). **유아교육개론**. 경기: 정민사.

양창삼(2000). **기독교 교육행정**. 서울: 대한예수교장로회총회.

이경화(2010). **유아교육기관 운영관리**. 경기: 공동체.

이상욱, 정희영, 최영해, 장은희, 황현주, 유은정, 신헌정, 김성원, 윤선화, 정희정(2011). **유아교육개론**. 서울: 학지사.

이인원, 김호년, 전정희, 김의석, 김영애(2012). **유아교육기관 운영관리**. 경기: 양서원.

주삼환, 천세영, 김택균, 신붕섭, 이석열, 김용남, 이미라, 이선호, 정일화, 김미정, 조성만(2015). **교육행정 및 교육경영**. 서울: 학지사.

황윤세, 임미혜, 이혜원(2011). **유아교육기관 및 보육시설 운영관리**. 경기: 공동체.

Decker Celia Anita, Decker John R(2001). *Planning and administering early childhood programs*. Upper Saddle River, N.J. : Prentice Hall.

Chapter

13

유아교육과 초등교육의 연계

유치원에서 5세 유아는 가장 높은 연령으로, 소위 '형님반'이라고 불린다. 그런데 유치원에서 가장 의젓하고 뭐든지 다 잘하는 존재인 5세 유아는 '동생반'으로부터 추앙을 받다가, 초등학교에 진학한 순간 그들은 제일 동생이 된다. 즉 제일 형님이었던 그들은 초등학교에선 제일 동생학년이 되는 것이다.

5세 유아는 학년 말이 되면 초등학생이 된다는 설렘과 동시에 두려움을 갖고 있다. 어쩌면 그들의 두려움은 취학 예정인 자녀를 둔 학부모의 걱정과 불안감에서 시작될지도 모른다. 따라서 본 장에서는 5세 유아, 학부모, 유아교사, 초등교사를 위한 유·초 연계교육의 개념을 살펴보고, 그 필요성을 파악하며 실제 운영 사례와 유·초 연계교육이 나아가야 할 방법에 대해 살펴보고자 한다.

학습목표

1. 유아교육과 초등교육을 연계하여 교육하여야 하는 필요성을 설명할 수 있다.
2. 유아교육과 초등교육을 효과적으로 연계할 수 있는 방법을 모색해 본다.

1. 유·초 연계의 개념 및 필요성

1) 유·초 연계의 개념

모스(Moss, 2017)는 유아교육이 오랜 기간 동안 전개 및 발전해왔으나, 교육의 분야로써 중요하게 인식하기 시작한 것은 최근이라고 이야기한다. 영유아기는 인간의 전 생애 중 가장 시작이 되는 시기로, 영유아기의 성장과 발달은 전생애에 큰 영향을 미칠 수 있다. 따라서 영유아기가 중요한 시기로 인식되게 되었고, 이러한 이유 때문에 교육의 분야로 자리 잡게 된 것이다.

헌법 제31조에는 교육의 의무가 명시되어 있다. 대한민국에서 의무교육에 해당하는 것은 초등학교, 중학교 교육이다. 대한민국 국민이라면 의무적으로 6년의 초등교육과 3년의 중등교육을 받아 총 9년의 의무교육을 받게 되는 것이다. 의무교육기관에 해당하는 대부분의 학교는 세계 인권 선언 26조와 대한민국 헌법 제31조에 근거하여 무상교육을 실시하고 있다. 유아교육기관은 의무교육기관에 해당하지는 않지만, 2023년 3월부터 서울특별시 전 유치원은 무상급식을 시행하였다. 그리고 서울을 포함한 전국 17개 시·도교육청이 현재 유치원에 무상급식을 지원하고 있다. 이것은 의무교육기관인 초등학교, 중학교와 같이 유아교육을 무상교육과 의무교육으로 나아가게 하는 첫걸음이라고 볼 수 있다. 이에 대한민국의 의무교육기관인 초등학교와 유아교육기관의 관계성을 찾아보고 연계교육을 위한 노력이 필요하다.

영유아기의 교육은 연령별 연계를 강조하고 있다. 이는 발달이 연속적이라는 특징을 가지고 있기 때문이다. 2024년, 초등학생 1학년을 대상으로 늘봄학교가 도입되었다. 교육부는 늘봄학교가 2025년 과도기를 거쳐 2026년 모든 초등학생에게 종합 교육 프로그램이 제공되도록 목표하고 있다. 초등학교가 '교육(education)'이라는 것에만 중점을 두었던 과거를 탈피하여 '돌봄(care)'영역으로 확장된 것이다.

유아기에 경험한 양질의 교육이 초등학교의 교육과 연속적이지 않고 단절

된다면 유아기에 얻은 교육적 효과는 점차 사라질 것이다(한유미 외, 2024). 영유아기의 긍정적·부정적 경험은 인간이 살아가는 데 매우 중요한 역할을 한다. 그렇기 때문에 질 높은 유아교육과 초등교육이 연계되어야 하는 것이다(OECD, 2017). 유·초 연계에 대한 관심은 국제적으로도 상당히 높아지고 있는 추세이다. UN이 수립한 지속가능발전목표 중 4번째 목표는 '양질의 교육 기회 제공'이다. 즉, 유아기에 양질의 교육을 경험하는 것은 초등교육에 대한 준비이며 중요한 기초가 되는 것이다(박은혜 외, 2023). 이미 노르웨이에서는 유아교육기관과 초등교육기관의 교육과정을 연계하고, 정책과 실무가 적절히 수행될 수 있도록 하는 등의 정책을 수립하여 유·초 연계의 필요성을 강조하여 실천하고 있다(최은영 외, 2023).

유치원과 초등학교의 연계교육(이하 유·초 연계)은 구체적으로 '유·초 연계 이음학기'로 전개되어 2024학년도까지 여러 유치원과 초등학교에서 시범적으로 운영하였고 2025학년도에는 시범사업을 넘어, 더 많은 유치원과 초등학교가 자발적으로 연계교육을 실시하고 있었다. 그리고 앞으로 유·초 연계의 추세는 더 확장될 것으로 보인다. 유·초 연계 이음학기는 유치원 5세 2학기 유아와 학부모를 대상으로 초등학교에 입학하기 전, 입학 적응을 돕도록 지원하는 학기를 의미한다. 그래서 유치원과 초등학교가 짝이 되어 5세 유아, 초등학생, 학부모, 유치원교사, 초등학교 교사가 참여하여 유·초가 연계된 교육활동과 보호자 교육, 교원학습공동체 등을 운영한다.

[그림 13-1] 유·초 연계 이음학기 리플렛

2) 유·초 연계의 필요성

(1) 발달적 측면

미국유아교육협회(NAEYC)에서는 0~8세 아동의 발달에 적합한 교육을 위한 지침(Bredekamp, 1992)을 마련하였다. 이는 이 시기에 해당하는 아동들에게 적절한 교육이 무엇인지 제시하고 발달에 적합한 교육을 실시하기 위함이다. 대한민국에서는 3~5세에 유치원교육을 받고, 6세에 초등학교 1학년이 되어 초등교육을 받는다. 미국유아교육협회(NAEYC)의 기준에 의하면 초등학교 1학년은 유아교육의 범주에 해당하는 연령이다. 인간의 발달은, 특히 유아기의 발달은 유기적이고 결합적이라 연령에 따라 명확하게 구분할 수 없다. 따라서 유치원과 초등학교로 교육기관이 구분된다고 할지라도 유치원의 5세와 초등학교의 6세는 발달적으로 유사한 특징을 가지고 있다. 그러므로 5세 2학기의 유치원 유아와 6세 1학기의 초등학교 아동은 비슷한 방법으로 교육을 받는 것이 더 효과적일 수도 있다(정수연, 2001). 미국유아교육협회(NAEYC)에 따른 기준뿐만 아니라 유아 발달 측면에서 보았을 때도 유·초 연계 교육은 필요하다.

① 인지발달 측면

피아제(Piaget)는 아동은 감각운동기, 전조작기, 구체적조작기, 형식적조작기로 구분한다. 피아제의 인지발달단계에 따르면 2~7세 아동은 전조작기에 해당하는데, 5세 아동과 6세 아동이 인지발달 측면에서는 전조작기로 동일한 단계임을 알 수 있다. 특히 4~6세는 전조작기 중에서도 직관적 사고를 하는 시기이다. 직관적 사고기는 사고발달이 불완전한 단계라서 보이는 대로 대상을 판단한다. 또한 합리적인 사고가 불가하여 단편적이고 지각에 의존한 사고를 하기도 한다.

② 사회정서발달 측면

에릭슨(Erikson)은 심리·사회적 발달 이론을 제시한 학자로, 인간 전 생애를 8단계로 나누어 설명하였다. 에릭슨에 의하면 3~6세는 '주도성 대 죄책감'의 시기로 이 또한 유치원 및 초등학교 1학년 아동이 공통적으로 해당하는 시기이다. 이 시기에는 과제를 적극적으로 수행하고자 하는 주도성이 획득되는 시기로, 지적 주도성이 발달하여 목표지향적 활동을 전개한다. 그러나 열의가 앞서 다소 자기 주장적이고 공격적으로 보일 수 있기 때문에 욕구와 충동에 의해 모든 생각이 행동으로 이어지지 않도록 성인의 적절한 중재가 필요하다.

이상에서 살펴본 바와 같이 유치원의 5세 유아와 초등학교 1학년 아동은 발달적 측면에서 보았을 때 유사한 범주 내에 있음을 알 수 있다. 따라서 유치원과 초등학교 1학년의 교육과정은 연계성을 가져야 하고, 교수-학습 방법을 유사하게 해야 하는 등의 연계가 필요하다.

(2) 교육과정 측면

연령에 따라 발달 특징을 명확히 구분할 수 없고, 발달은 유기적 영역이기 때문에 연속성의 원리와 계속성의 원리, 상호작용의 원리 등에 의해 이루어지듯이 교육과정 또한 그러하다. 교육기관이 유아교육기관과 초등교육기관으로 나뉘어 있다고 할지라도 완전히 단절된 교육과정이 아니라 유사성을 가진 교육과정이며 교사 간에 협력이 필요한 영역이다.

3) 유·초 연계의 효과

유·초 연계 이음학기의 효과는 대상자에 따라 세 가지 측면에서 나누어 생각해볼 수 있다.

(1) 유아

유아는 초등학교 입학 전, 기대감도 있지만 두려움과 불안감 또한 가지고 있다. 그런데 유·초 연계 이음학기를 운영하면 새로운 환경에 대해 낯설고 불안한 마음을 해소하여 안정적으로 적응할 수 있게 된다. 또한 5세 2학기에 초등학생들과 짝을 이루어 활동하게 되므로 초등학교 형님들 및 초등학교 선생님에 대한 친밀감을 가질 수 있다.

(2) 초등학생

초등학교에서 1학년은 가장 어린 학년이기 때문에 보호 받고 도움을 받아야 할 존재로 여겨진다. 그러나 1학년 아동들이 5세 동생들에게 도움을 주면서 본인들도 누군가에게 도움을 줄 수 있고, 그 도움이 타인에게 긍정적인 영향과 효과를 준다는 것을 알게 되면서 자기효능감을 증진할 수 있다. 또한 그로 인해 긍정적인 자아개념도 형성할 수 있다. 어린 연령을 배려하고 존중한 경험은 교사 및 또래와 협력하고 이해하는 태도를 형성하도록 돕기도 한다.

(3) 교사

그동안 유아교육기관과 초등교육기관은 독립된 기관으로 인지되었다. 그래서 초등학교와 같은 공간에 있는 병설유치원도 큰 교류가 없었던 것이 사실이다. 그러나 유·초 이음을 통해 상호교류를 함으로써 친밀감이 확대되었고, 감정적인 교류뿐만 아니라 교육과정에 대한 이해도가 향상되었다. 5세 교사는 초등학교 적응을 위한 교육을 하고, 초등학교 교사는 유아의 특성을 이해하는 기회가 되어 궁극적으로 유아가 초등학교에 입학하였을 때 안정적으로 적응할 수 있도록 도울 수 있는 요소가 되었다.

2. 외국과 한국의 유·초 연계

1) 외국에서의 유·초 연계

미국, 프랑스, 영국 등 외국에서는 유아교육을 일찍이 공교육화하여 유아교육과 초등교육이 잘 연계되어 있다(나정, 장명림, 1997).

(1) 미국

미국은 연방국가이기 때문에 주마다 학제가 다르지만 초등학교, 중학교, 고등학교를 12년간 다니며 교육받게 되어 있다. 그런데 미국의 교육은 취학전 교육인 유치원(Kindergarten)도 포함한 것으로, K-12학제(K-12 system)라고 불리기도 한다. 주마다 다르기는 하지만 미국에서 유아교육이 공교육화된 것은 1970년대부터이다. 미국의 주 정부는 유·초·중등교육에 대한 책임과 의무를 가지고 있는데 의무교육을 시행하며 교육과정을 체계적으로 연계하는 것은 양질의 교육적 효과를 보기 위함이다.

구체적으로 유·초 연계를 지원한 방법의 결과로 'P-3접근법(PreK-3rd Approach)'이 정책적으로 제안되었는데 유·초·중등을 연계하기 위해 교육행정가와 교사, 학부모 등을 대상으로 하는 연수를 하고 전문성을 신장하는 등 주 정부 차원의 노력을 하였다. P-3접근법의 구체적 내용은 [그림 13-2]와 같다.

[그림 13-2] P-3 접근법

출처: 메일진 해외교육동향 320회 기획기사(2018. 1. 31.) 참고.

(2) 영국

영국은 취학 전 단계의 교육이 질 높은 교육이 되어야 한다고 인식하고 있는 나라 중 하나이다. 이러한 인식이 반영되어 2013년 이후 대대적인 교육개혁을 하였는데 이때 취학 전 교육의 의무기준과 유치원교사 자격 기준 강화 등 여러 가지 변화가 있었다.

영국은 초등학교에서 유치원 교육과정을 운영하고 있는데 그러다 보니 학교가 운영되는 시간 동안 유치원이 운영되고 일선학교에서 교육과 보육을 제공하는 경우가 상당하다. 유치원에서 유아에 대해 자세히 기술한 '유치원단계개요서(Early years foundation stage profile)'는 초등학교 1학년 교사들에게 전달된다. 우리나라 유치원도 생활기록부를 작성하긴 했으나 이전에는 초등학교 교사에게 전달되기보다는 기록용, 보관용으로 작성이 되어왔다. 그러나 우리나라도 생활기록부를 통한 유·초 연계를 위한 움직임이 보이는데 교육부에서 제시한 「2024 유치원생활기록부 유아발달상황 작성을 위한 현장지원자료-5세 유·초 연계 이음교육 고려」가 그 예이다.

(3) 프랑스

프랑스는 유치원 교육을 초등교육의 첫 단계로 인식하고 있는 나라이다. 즉, 초등교육을 준비하거나 혹은 초등교육 이전의 교육이 아닌 공교육의 시작으로 인정하고 있는 것이다. 프랑스는 2013년 올랑드 대통령 정부 시절, '공화국 학교의 재건립' 계획을 발표하였는데 이때 초등교육 강화를 이야기하며 유치원 교육과정을 개혁하는 것 또한 주요 과제로 대두되었다. 우리나라의 유치원은 프랑스에서 '유아학교'라고 불리는데, 이 유아학교는 초등교육기관에 포함되어 있다. 즉, 초등교육기관에 유아학교와 초등학교가 함께 있는 것이다. 유아학교에서는 2~6세 유아가 교육을 받고 있지만 아쉽게도 의무교육 과정은 아니다. 그러나 프랑스 대부분의 유아는 유아학교에서 교육을 받고 있고, 6~11세는 의무교육이므로 초등학교로 자연스럽게 연계되어 교육을 받게 된다. 프랑스의 유치원과 초등학교는 수업시수가 같고 교사 양성이나 임용 체계

또한 통합되어 있다.

프랑스의 초등교육과정은 교육과정을 3단계의 사이클로 구성되어 있다. 첫째, '사이클 1'로 유치원 3년의 교육과정이 이에 해당한다. 둘째, '사이클 2'는 기초교육을 받는 초등학교 1~3학년이 이에 해당한다. 셋째, '사이클 3'은 심화교육을 받는 초등학교 4학년~중학교 1학년이 이에 해당한다. 프랑스 정부는 '사이클 1'에서 다양한 것을 배우고 개성이 발현되어야 하는 시기라고 인식하고 있는데, 이 시기를 잘 보내면 다음 단계로 올라가기 위한 마음이 생긴다고 보았다. 그래서 타인과 함께 놀이하고 문제를 해결하고 성공의 경험을 해봄으로써 '사이클 2'로 나아갈 수 있는 것이다.

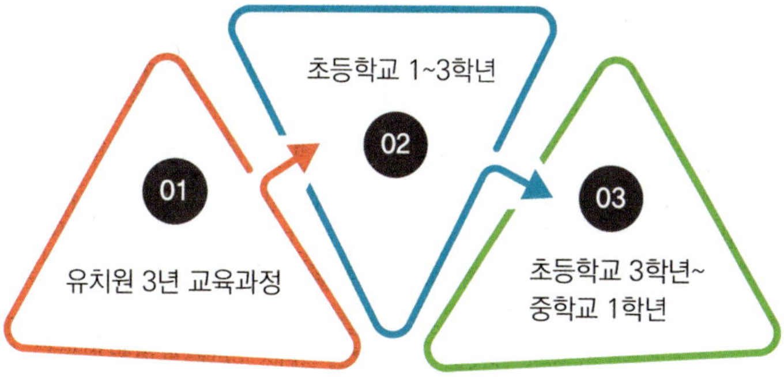

[그림 13-3] 프랑스의 초등교육과정

2) 한국에서의 유·초 연계

(1) 교육과정의 연계

과거에는 유아가 초등학생이 되기 전, 가정과 유아교육기관에서 초등교육을 받기 위해 준비하도록 하였다. 그러나 초등학교도 미취학 아동이 새로운 교육기관으로 진학할 수 있도록 준비를 해야 한다(한유미 외, 2024). 잘 준비된 환경은 유아가 초등학생이 되었을 때 학교에 빨리 적응하도록 돕고 유아가 가진 잠재력을 발휘할 수 있도록 한다. 따라서 유아교육기관과 초등학교의 긴밀한 협력이 요구되는 것이다(OECD, 2017).

한국에서도 유·초 연계에 대한 중요성이 인식되기 시작하면서 1980년대부터 유·초 연계와 관련된 연구가 꾸준히 이루어졌다. 교육현장도 이러한 흐름을 반영하여 여러 차례 교육과정을 개편하는 등 유아교육과정과 초등교육과정은 국가수준에서 연계하기 위해 노력하고 있다. 유아교육과정인 「2019 개정 누리과정」과 초등교육과정인 「2022 개정 초등교육과정」은 그 노력을 구체적으로 반영하였다. 예를 들어, 유아교육과정은 놀이중심의 교육을 중요시하는데 초등 저학년의 통합 교과인 '즐거운 생활'에도 놀이 중심의 성격을 반영하여 교육내용을 구성하였다. 이는 유아와 초등학교 저학년 학생의 발달특성이나 교육내용 등이 상당히 유사한 범위 내에 있기 때문에 교육내용을 연계하고자 하는 것이다(장명림 외, 2012).

외국의 유아교육기관과 달리 한국은 유아교육이 어린이집과 유치원으로 이분화되어 있기 때문에 어린이집과 유치원의 교육과정을 공통으로 묶는 과정이 필요했다. 그래서 정부는 유치원과 어린이집의 유아들이 비슷한 내용의 주제와 내용을 가지고 교육을 받게 하기 위해 국가수준의 교육과정인 「3-5세 연령별 누리과정」을 고시하였다. 첫 고시는 2012년에 이루어졌는데 이는 3~5세 유아를 위한 것으로 유·초 연계를 위한 초석이 되었다. 이후 유아교육과정을 개정하여 「2019 개정 누리과정」을 고시하였는데 이는 2015 초·중등 교육과정에서 강조된 역량을 반영하기 위한 노력으로 일환이라고 볼 수 있다. 특히 초등교육과정의 구성체계와 교육내용을 고려하여 유아교육과정에도 반영하였다.

(2) 사례를 통한 유·초이음

① 학교 시설 탐방하기

유치원 5세 2학기에는 초등학교에 진학하기 위한 준비를 하기 위해 질문목록을 만들어서 1학년 교실에 방문하곤 한다. 5세 유아들이 초등학교 1학년 학생을 만나는 일은 교실에서뿐이고 초등학교의 전반적인 시설은 5세 담임교사가 설명하는 식으로 그동안은 전개되어 왔다. 그런데 유·초 이음학기를 운

[그림 13-4] 학교시설 탐방하기
출처: 2023 유초 연계 이음학기 운영 사례자료집.

영하며 초등학교 1학년 아동과 5세 유아가 짝꿍이 되어 도서관, 급식실 등을 소개해주고 유아의 눈높이에서 설명하는 시간을 갖는 것도 한 방법이 될 수 있다.

② 행사에 함께 참여하기

유치원에서는 1년에 한 번씩 하는 행사 중에 초등학교 1학년 통합교과와 연계된 것이 있다면 교사들이 사전에 협의하여 함께 참여할 수 있다. 예를 들면 민속놀이 활동이나 김장체험 등이 이에 해당한다.

[그림 13-5] 행사에 함께 참여하기
출처: 2023 유초 연계 이음학기 운영 사례자료집.

③ 수업 공유하기

유치원에는 교과서가 따로 존재하지 않고 유아의 흥미와 발달 수준을 고려하여 놀이 중심으로 교육과정을 전개한다. 유·초 연계가 효과적으로 이루어지기 위해서는 유치원 교사와 초등교사 간의 활발한 상호교류가 필요하다. 현재 초등학교에서는 무엇을 배우고 있고, 유아들은 어떤 주제로 놀이하고 있는지 공유하는 과정이 요구되는 것이다.

서울의 한 A 유치원에서는 동화를 가지고 극놀이를 하였는데 극놀이 형태가 디지털극놀이로 전개되었다. 5세 유아가 읽어보고 재미있는 책이라며 초등학교 1학년 학생들에게 소개해주었고, 초등교사와 유아교사는 협의 후 같은 책을 교실에 비치해두었다. 5세 유아는 동화 내용을 기초로 한 디지털 극놀이를 완성한 후에 초등학교 1학년 교실에 방문하였다. 그리고 다 함께 감상하는 시간을 가졌다. 디지털극놀이를 감상한 후 1학년 학생들은 동생들에게 하고 싶은 말을 편지로 전하였다. 5세 유아는 교실로 돌아와 초등학교 형님들이 쓴 편지를 읽어보며 뿌듯함을 느낄 수 있었다.

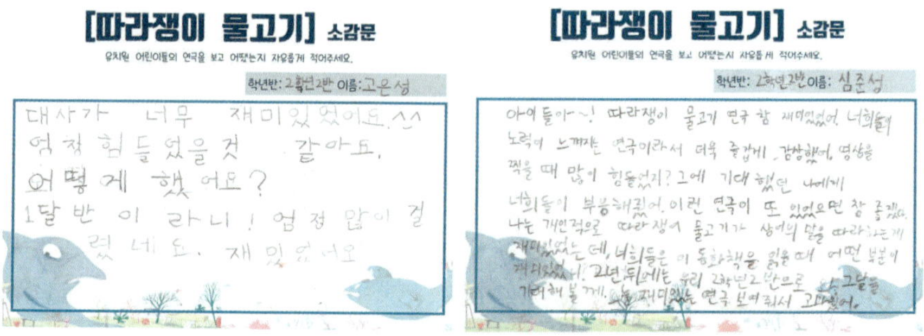

[그림 13-6] 수업 공유하기

3) 효과적인 유·초 연계를 위한 방법

(1) 교육공동체로 인식하기

유아교육기관과 초등학교의 교사는 별개의 교육기관이 아닌, 교육공동체로 이어져 있음을 인식하고 서로 협력할 필요가 있다. 유아가 초등학교로 진학할 때 이전 경험이 단절되지 않도록 이어지도록 하는 것이 유·초 연계이기 때문이다(김호 외, 2022). 하지만 현실적으로 지속적이며 체계적인 협력을 도모하기 위해서는 국가가 행정·재정적 지원이 이루어져야 한다(김은주 외, 2024). 한 기관이 유·초 연계의 책임을 가지고 시행하는 것이 아니라 유아교육기관과 초등교육기관이 모두 책임을 가지고 행정적, 재정적 업무를 나누어 분담해야 한다.

(2) 교수-학습 방법 개선하기

지혜원, 채진영(2022)의 연구에 참여한 교사들은 유·초 연계 활동의 문제점을 교육활동과 수업에서의 차이라고 이야기하였다. 초등학교는 교과서를 중심으로 수업을 하고, 유치원은 놀이를 중심으로 수업을 한다. 이러한 수업 형태의 차이는 유아로 하여금 혼란을 주거나 초등학교에서의 적응력을 떨어뜨릴 수 있다. 따라서 교육과정의 연계를 바탕으로, 교육목적을 달성하기 위한 교수-학습 방법에서 큰 차이가 없도록 개선될 필요가 있다.

(3) 학부모의 인식 개선하기

류지원, 이숙희, 권미량(2022)은 초등학교 1학년 언어지도 실태를 살펴보았다. 그리고 요구도에 따른 유·초 연계 방안을 모색하였다. 이 연구에 의하면 초등학교 1학년 학생들의 언어 실태는 개인차가 많았다. 그 이유는 언어지도에 대한 학부모의 요구 혹은 염려로 인해 조기교육이 이루어졌기 때문이다. 이 연구는 초등학생 1학년 교육과정에 대해 충분히 홍보하여 선행학습을 포함한 성급한 조기교육이 이루어지지 않도록 학부모의 교육적 합의가 필요하다고 강조하였다. 따라서 효과적인 유·초 연계를 위해서는 교육주체 중 하나인 학부모의 인식 개선도 중요한 요소임을 알고 학부모 교육을 해야 할 필요가 있다.

생각해 봅시다

1. 유아교육과 초등교육의 가장 큰 차이점은 무엇인지 생각해보고, 효과적으로 연계할 수 있는 방법을 고민해 봅시다.

2. 유·초 연계를 위해 가장 우선시되어야 하는 것은 무엇인지 토의해 봅시다.

3. 유아, 교사, 학부모의 입장에서 유·초 연계가 원활히 이루어질 시 어떤 효과가 있을지 생각해보고 각각 이야기해 봅시다.

참고문헌

김은주, 김정미, 이진아(2024). 유아교사가 경험한 유·초 이음교육: 부산시 유·초연계 이음학기 시범유치원을 중심으로. **교육혁신연구**, 34(3), 51-74.

김호, 김연진, 김택수, 김현경, 노현애, 서은총, 이성주, 장원호, 장혜진, 최은영(2022). 개정 누리과정에 기반한 유·보, 유·초 이음교육 지원자료. 세종: 교육부.

박은혜, 이성희, 박선혜, 장민영, 박보람(2023). 유치원 교육과정 연계를 위한 이음교육 이론편 교사용 안내서. 충청남도교육청: 교육부.

메일진 해외교육동향 320호 기획기사(2018). 각국의 유·초등 연계교육 현황.

이연섭, 방인옥, 조희숙, 조정숙, 이광자, 박찬옥, 지성애, 마송희, 유왕효, 김정규, 정갑순, 이윤옥, 엄기영, 노영희, 나정(2002). **유아교육개론**. 서울: 정민사.

장명림, 장혜진, 이환기, 이승미, 송신영, 최미미(2012). 5세 누리과정과 초등학교교육과정 및 3·4세 연계 방안 연구. 육아정책연구소.

지혜원, 채진영(2022). 유-초 연계에 대한 실태 및 교사 협력에 대한 요구 차이: 유-초 연계의 생태 역동 모델 관점에서. **한국유아교육연구**, 24(1), 112-142.

최은영, 김은영, 구자연, 김문정, 이승미, 장혜진, 이완정, 임여정, 권혜진, 김유미, 김지연, 신윤승, 정정희, 임수진, 김언경, 김윤희, 박건령, 이효림(2023). 미래형 영유아 교육·보육과정 설계 및 체제구축 방안(Ⅰ): 미래형 영유아 교육·보육과정 설계방안 탐색. 육아정책연구소, 경제인문사회연구회.

OECD(2017). Starting strong V: Transitions from early childhood education and care to primary education. OECD Publishing. Paris. http://doi.org/10.1787/9789264233515-en.

Peter Moss(2017). **유아교육과 의무교육 : 관계를 재개념화하기**. (정선화, 윤은주, 이진희 역). 서울: 창지사.

저자소개

김정희

총신대학교 유아교육과 교수

송 영

총신대학교 호크마교양교육원 겸임교수
해피드리머스 심리상담연구원 심리상담사

임미자

총신대학교 유아교육과 겸임교수
영락유치원 원장

김주영

서울윤중초등학교병설유치원 부장교사

박주현

구립로이어린이집 원장

조은정

홍덕IT밸리직장어린이집 원장

박채린

전) 일산에버나인어린이집 원장
Hands영유아지원센터 총괄실장

현장중심
유아교육개론

초판 1쇄 발행 / 2025년 3월 4일
초판 2쇄 발행 / 2026년 1월 5일

공저자 / 김정희 · 송 영 · 임미자 · 김주영
박주현 · 조은정 · 박채린
발행인 / 이 중 수
발행처 / 동 문 사

서울특별시 서대문구 홍제원 1길 12
(홍제동 137-8)
Tel : 02)736-3718(대), 736-3710, 3720
Fax : 02)736-3719
등록번호 : 1974.04.27. 제9-17호
가격 : 25,000원

ISBN : 979-11-6328-663-9 (93370)
E-mail : dong736@naver.com
www.dongmunsa.com